Realismo e Realidade na Literatura

Realismo e Realidade na Literatura

um modo de ver o Brasil

Tânia Pellegrini

Grafia atualizada segundo o Acordo Ortográfico da Língua Portuguesa de 1990, que entrou em vigor no Brasil em 2009.

Edição: Haroldo Ceravolo Sereza
Editora assistente: Danielly de Jesus Teles
Projeto gráfico e diagramação: Danielly de Jesus Teles
Capa: Mari Rá Chacon
Assistente acadêmica: Bruna Marques
Revisão: Juarez Antunes
Imagens da capa: Montagem feita a partir das imagens: *Seca no Brasil.* Autor: Leo Nunes (Via Wikimedia Commons); *Vítimas das secas de 1877/1878, no Ceará - Brasil.* Autor desconhecido (Via Wikimedia Commons); Imagem de divulgação do filme *O Invasor* (2002); *A convalescente*, Eliseu Visconti, c. 1896; *A redenção de Cam*, Modesto Brocos em 1895; *Enchente na Rua do Senado*, Rio de Janeiro, em 1902.

CIP-BRASIL. CATALOGAÇÃO NA PUBLICAÇÃO
SINDICATO NACIONAL DOS EDITORES DE LIVROS, RJ

P441r

Pellegrini, Tânia
Realismo e realidade na literatura : um modo de ver o Brasil / Tânia Pellegrini. - 1. ed. - São Paulo : Alameda, 2018.
282 p. ; 23 cm.
Inclui bibliografia

1. Literatura portuguesa - História e crítica. 2. Realismo. I. Título.

18-49452 CDD: 869.09
CDU: 821.134.3(09)

ALAMEDA CASA EDITORIAL
Rua 13 de Maio, 353 – Bela Vista
CEP 01327-000 – São Paulo, SP
Tel. (11) 3012-2403
www.alamedaeditorial.com.br

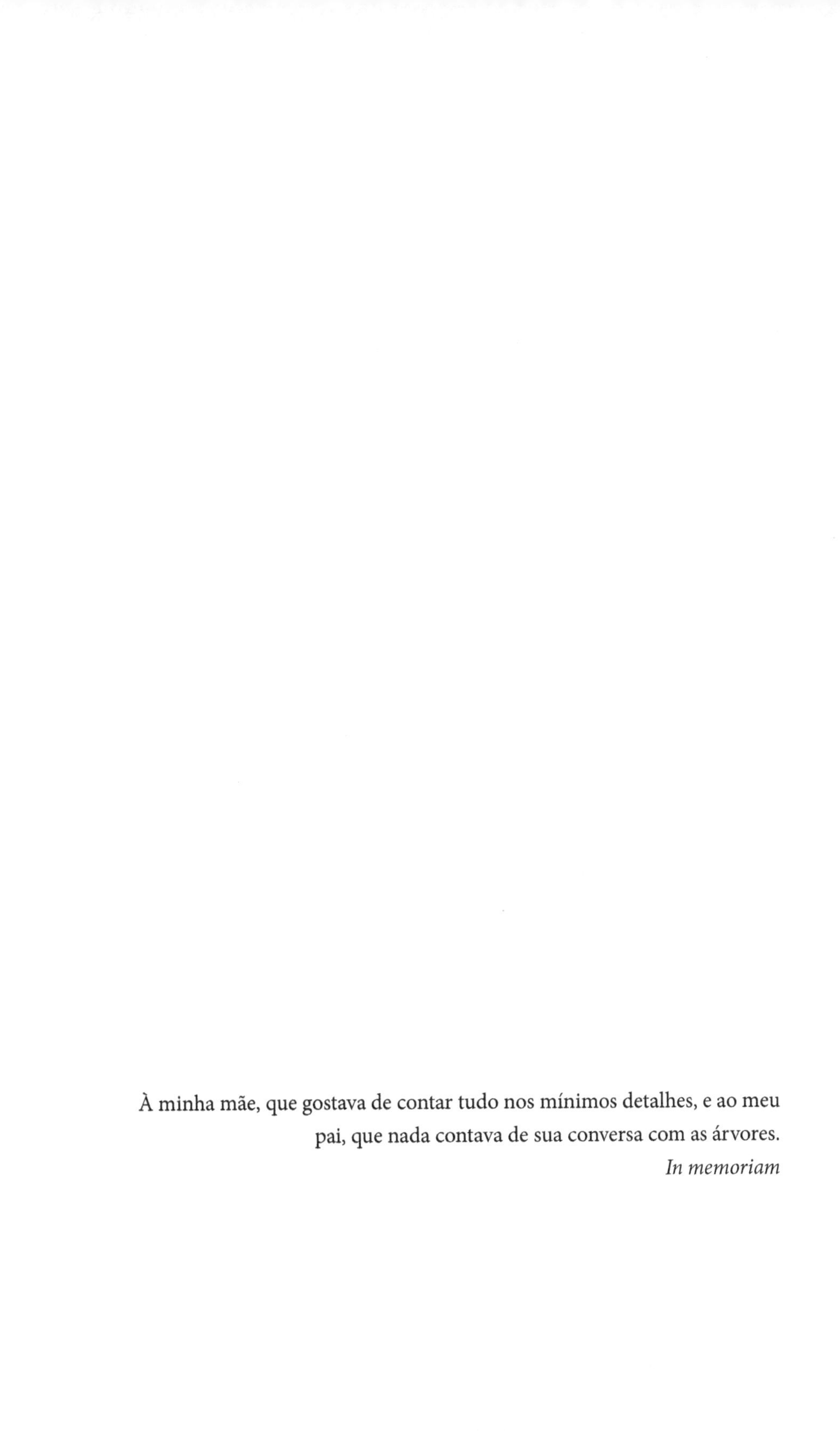

À minha mãe, que gostava de contar tudo nos mínimos detalhes, e ao meu pai, que nada contava de sua conversa com as árvores.

In memoriam

Sumário

Apresentação

Essa conversa, é claro, não saiu de cabo a rabo como está no papel. Houve suspensão, repetições, mal-entendidos, incongruências naturais quando a gente fala sem pensar que aquilo vai ser lido. Reproduzo o que julgo interessante. Suprimi diversas passagens, modifiquei outras.

Graciliano Ramos, *São Bernardo*

O realismo tem sido para mim um fenômeno artístico particularmente intrigante, a me perseguir desde sempre. A beleza que se desprendia de cada minúcia dos quadros estampados nos livros de pintura atentamente folheados, os detalhes preciosos do vestido da protagonista das histórias infantis, descritos com tantos adjetivos, encheram-me a meninice de encantamento e interrogações. Talvez venha daí meu interesse pelo realismo enquanto fenômeno, conceito, escola ou movimento.

Hoje compreendo que a ânsia de representar o real, em arte e literatura, foi sempre uma forma de expressar o desejo humano de se apropriar da concretude das coisas, com incidência, intensidade e características diversas ao longo da história, até desembocar no movimento artístico definido e organizado sob o nome do próprio fenômeno: Realismo. Aprendi que, na pintura, por exemplo, a imitação do que existe sempre foi uma constante, desde os primeiros desenhos pré-históricos nas paredes das cavernas. E que dizer da arte grega e romana, com a precisão escultórica do corpo humano? A Renascença atualizou esse desejo, buscando equilíbrio, harmonia, força e perfeição, que supunha existir na própria realidade. A delicadeza da pintura holandesa do século XVII, o "século de ouro", na minuciosa e fotográfica tentativa de reprodução da vida quotidiana não é também realista? A dor e a dúvida não estão realisticamente transfiguradas no barroco do Aleijadinho? A crítica social de William Hogarth não repousa na meticulosidade com que se retratam cenas e tipos populares da Inglaterra?

Nesse mesmo sentido, em literatura, é possível falar de realismo tanto em Homero como em Rabelais, Shakespeare, Alexandre Herculano e também em Balzac; todavia, em todos esses exemplos, o realismo ainda não é um objetivo em si e um conceito com bases próprias, não implica uma postura e um método conceitualmente definidos, como veio a acontecer depois. Por outro lado, sei também que sempre houve uma tendência oposta em direção a possibilidades não realistas de representação, que eclodiram nas vanguardas modernistas – para ficar no passado não tão distante –, aguçando a suspeita com relação ao próprio conceito de realidade e dando força à ideia de uma arte não figurativa. Logo, tanto em arte quanto em literatura, não existem respostas simples ou definitivas para a espinhosa questão trazida pelo conceito, e o debate, de grande complexidade, de nenhuma forma está encerrado.

Sempre me espicaçaram muitas dúvidas a esse respeito, e, aos poucos, desenhou-se um projeto de pesquisa, de que este livro é o resultado final. Seu fio condutor, de viés histórico-teórico e crítico, muito mais que analítico, é a ideia de que o pacto realista continua vivo e atuante, também na literatura brasileira contemporânea – há anos centro de meu interesse –, assumindo as mais diferentes formas expressivas, que incluem mesmo as rupturas e transformações efetivadas a partir do Modernismo. Nesse sentido, aventurei-me num longo percurso, por terras e tempos que mal conhecia – no qual, evidentemente, há muitos tropeços e previsíveis enganos –, acompanhando o desenvolvimento do conceito e de outros que lhe são correlatos, a partir do século XIX, perquirindo parte da bibliografia crítica, praticamente inesgotável, que registra sua fixação na chamada escola realista.

A bússola desse percurso apontava para um norte: tentar mostrar de que forma essa escola realista, saindo de Portugal, que a recebeu vinda da França e Inglaterra, articulou-se no Brasil e aqui se desenvolveu, atravessando todo o século XX, com presença maior ou menor, relacionando-se estreitamente com fatores políticos e sociais, assim chegando até a contemporaneidade, quando passou a ocupar de novo um lugar de destaque no conjunto da prosa de ficção. Assim, organizei o livro em capítulos, partindo de uma discussão do conceito e de suas repercussões em França e Inglaterra, nos dois primeiros; no terceiro, procurei descobrir seu desenvolvimento em Portugal, onde sobressai a figura de Eça de Queirós. Junto com Machado de Assis, ele é protagonista também do quarto capítulo, quando da publicação de seus romances no Brasil, que fizeram eclodir o gosto realista latente. A passagem do século XIX para o XX, com o "intervalo" pré-modernista trazendo o realismo de Lima Barreto, de Euclides da Cunha e dos regionalistas do período, ocupa o quinto capítulo, assim como o ímpeto da modernidade de 1920 dialoga com a força da tradição do romance de 1930, em um processo cheio de continuidades. São momentos em que, subjacente ou explícito, o realismo funciona como adjuvante ou oponente de um sistema hegemônico de representações, que serve inclusive a interesses ideológicos, daí a ideia da constituição de significados como "controle das representações", servindo como eixo argumentativo do livro. No sexto capítulo, que se ocupa da ditadura militar, tem-se o realismo a serviço da resistência, mas também começando a fazer parte do poderoso sistema de representações desenvolvido pela indústria cultural, quando, efetuando uma virada ideológica de grandes consequências, torna-se sua linguagem viva, desacomodando e desarticulando possibilidades críticas, o que fora sua força desde o início. É quando finalizo o livro, analisando, no último capítulo, alguns contos de autores brasileiros contemporâneos, que escolheram como via preferencial a representação realista da violência.

É possível que daquele infinito gosto infantil de observar representações da materialidade das coisas tenha surgido um trabalho que vejo como inacabado – digamos assim, para resguardar o fascínio do objeto –, pois, na verdade, trata-se apenas da tentativa talvez baldada de entender um pouco daquilo que me supera, pela sua importância e magnitude, num momento da história em que a chamada realidade virtual introduz horizontes ainda insondáveis.

Falta ainda dizer que, durante os tantos anos ocupados na elaboração do livro, premida pelas regras da produção acadêmica, senti-me obrigada a publicar primeiras versões do que hoje são alguns capítulos, em revistas do Brasil e do exterior. Assim, de mistura com capítulos inéditos, o que se tem aqui é a reelaboração total ou parcial de todos, às vezes uma completa reconstrução, a partir dessa publicação inicial e da sua repercussão, em diálogo com meus pares, em congressos ou colóquios. Alguns títulos e subtítulos foram mantidos, porque me pareceram ainda próprios, e outros foram trocados, porque não faziam mais sentido. Cabem, então, algumas referências sobre tais publicações: "Realismo: postura e método" in: *Letras de Hoje*, v. 42, p. 137-155, 2007; "Realismo: a persistência de um mundo hostil" in: *Revista Brasileira de Literatura Comparada*, v. 2, p. 11-36, 2010; "Belo, bom e justo: o realismo em Portugal" in: *Luso-Brazilian Review*, vol. 49, p. 120-144, 2012; "De bois e outros bichos: nuances do realismo contemporâneo" in: *Estudos de Literatura Brasileira Contemporânea*, v. 39, p. 37-55, 2012; "Relíquias da casa velha: literatura e ditadura militar, cinquenta anos depois" in: *Estudos de Literatura Brasileira Contemporânea*, v. 43, p. 151-177, 2014. Acrescento também que as traduções de línguas estrangeiras, no corpo do texto, são de minha responsabilidade, encontrando-se na bibliografia as referências completas dos originais.

O real não está na saída nem na chegada: ele se dispõe para a gente é no meio do caminho.

Guimarães Rosa, *Grande Sertão: Veredas*

Ah, e a gente ordinária e suja, que parece sempre a mesma,
Que emprega palavrões como palavras usuais,
Cujos filhos roubam às portas das mercearias
E cujas filhas aos oito anos – e eu acho isso belo e amo-o!-
Masturbam homens de aspecto decente nos vãos de escada.
A gentalha que anda pelos andaimes e que vai para casa
Por vielas quase irreais de estreiteza e podridão.
Maravilhosa gente humana que vive como os cães,
Que está abaixo de todos os sistemas morais,
Para quem nenhuma religião foi feita,
Nenhuma arte criada.

Álvaro de Campos, *Ode triunfal*

Realismo: compreensão estética da vida social

O arranha-céu sobe no ar puro
Lavado pela chuva
e desce refletido na poça de lama do pátio.
Entre a realidade e a imagem,
no chão seco que as separa,
quatro pombas passeiam.

Manuel Bandeira, *Estrela da vida inteira*

Refrações

Termo escorregadio e impreciso, realismo, na sua aparente obviedade, tem se mostrado dos mais difíceis de apreender e definir, tanto no campo artístico quanto no literário. De novo em terreno de forte disputa crítica, embora inúmeras vezes tenha sido decretado seu esgotamento, renasce sob múltiplas formas, na prática dos artefatos culturais. Mesmo depois da explosão das vanguardas artísticas do início do século XX, quando passou a carregar uma espécie de estigma, significando conservadorismo e atraso estéticos, seu potencial não se esgotou, permanecendo esmaecido no convívio com outras soluções expressivas, para ressurgir agora com força, suscitando novas interrogações. Principalmente porque, como indaga Fredric Jameson (2013: p. 2): "Realismo, a favor ou contra: mas oposto a quê? (...) realismo vs. romance, realismo vs. épica, realismo vs. melodrama, realismo vs.

idealismo, realismo vs. naturalismo (...) realismo vs. modernismo". Cercada de oposições desse tipo, a definição de realismo pede obrigatoriamente um enfoque histórico, que estabeleça periodizações, ainda que estas sempre carreguem doses de imprecisão, afirma o crítico. E acrescenta (p. 3): "Saber se tal foco na periodização necessariamente leva da história literária para a história cultural em geral provavelmente depende de como se situa o próprio capitalismo e seu sistema cultural específico na sequência em questão".

Assim, estudado como estilo artístico iniciado em meados do século XIX, na França, juntamente com as profundas transformações histórico-sociais ligadas ao desenvolvimento do capitalismo, sua denominação tem sido largamente usada para definir qualquer tipo de representação artística que se disponha a "reproduzir" aspectos do mundo referencial, com matizes e gradações, indo da suave e inofensiva delicadeza até a crueldade mais atroz.

Todavia, sendo as representações esquemas de entendimento e modelagem das estruturas e das relações sociais, suas formas sempre carregam consigo funções e efeitos diversos, de acordo com cada contexto histórico. Assim, sempre há esforços coletivos por trás das representações, com a presença de interesses antagônicos movidos por diferentes interpretações do real, o que estabelece disputas explícitas ou implícitas pelo controle delas, que parecem sempre isentas ou naturalizadas (Bourdieu, 1996: 107-116). Ou seja, as formas de nomeação e classificação do real são práticas que lhe atribuem sentidos, com efeitos efetivos na construção da realidade social, pois são apreendidas individualmente, como veremos no desenvolvimento do conceito na literatura. Cabem já, portanto, as primeiras considerações a respeito dos sentidos do termo aqui em questão: realismo.[1] A partir do século XVIII, na Inglaterra, e do século XIX, na França, mais que uma técnica específica, inclusive bastante relacionada à pintura, o Realismo foi compreendido como um modo de representar com fidelidade e detalhe o quotidiano burguês. Desse modo, seu sentido técnico não pode fugir de conteúdos referentes à realidade concreta dessa classe social (e também da classe proletária, a quem comumente se relaciona o naturalismo), em oposição a assuntos ligados a lendas ou feitos heroicos da aristocracia, que alimentavam as narrativas anteriores. Crônicas, histó-

1 O termo "realismo" trará aqui duas grafias: com minúscula, indica a reiterada tentativa de apreensão da realidade pela literatura, ao longo do tempo; com maiúscula, marca essa mesma tentativa já assimilada como estilo, escola ou movimento, consolidada a partir do século XIX, sendo que há momentos em que ambas se entrecruzam dialeticamente.

rias de cavalaria, hagiografias, fábulas, lendas etc., às vezes com passagens mágicas ou fantasmagóricas, formavam um sólido conjunto de relatos correspondentes às formações sociais que os inspiraram.

O sentido descritivo inicial do realismo aos poucos se expandiu e modificou – sobretudo quando transplantado para geografias diferentes –, sendo que, hoje, devido às suas múltiplas modificações e adaptações, uma maneira produtiva de entender o conceito parece ser tomá-lo como *uma forma particular de captar a relação entre os indivíduos e a sociedade*. Assim é possível ultrapassar a noção de um simples processo de registro, dependendo, para sua plena elaboração, da descoberta de novas formas de percepção e, em consequência, de representação artística, ocorridas ao longo do tempo e ainda atualmente, por força, inclusive, do desenvolvimento de novas tecnologias ligadas à produção e ao consumo de arte, cultura e literatura. A adoção desse ponto de vista permite uma visão histórica do conceito, tornando-o um princípio ativo, passível de acompanhar todas as transformações da realidade na qual está inserido, tomada essa como um processo dinâmico, no qual um momento prepara o outro, mesmo que haja nesse andamento episódios e movimentos contraditórios.

Sob esse enfoque, acredito que as formas narrativas contemporâneas – algumas das quais tratarei no final do percurso – tanto as verbais quanto as visuais, ainda levantam de forma aguda o problema, que não se esgota na propalada "crise da representação" e talvez aponte para uma "crise da crise da representação", a que é necessário dar mais atenção. Fragmentação e estilização, colagem e montagem, elisões e abstrações, de forte lastro modernista, *grosso modo* tidas como resultado da famosa crise e elevadas à categoria de valor literário quase absoluto, convivem hoje com outros modos de representação, muitos deles bastante antigos, num conjunto a que se poderia chamar de "realismo refratado". Procurando destruir a ideia de totalidade, mesmo assim traduzem as condições específicas de muitas sociedades contemporâneas: caos urbano, desigualdade social, violência crescente, combinados com a sofisticação tecnológica das comunicações e da indústria cultural, um amálgama contraditório de elementos integrado na globalização econômica. Esse novo realismo parece apresentar-se como uma convenção literária de muitas faces; daí a proposta de entendê-lo como refração, metaforicamente "decomposição de formas e cores", clara tanto nos temas como na estruturação das categorias narrativas e no tratamento dos meios expressivos, cuja análise – até certo ponto –, permite perceber a naturalização das representações.

Realidade e ilusão

Se o uso do termo realismo tem uma longa história no campo artístico, sendo atuante até o presente, é porque está também ligado a questões filosóficas de fundo, voltadas para os próprios conceitos de real e de realidade, também transformados ao longo dos séculos.

A despeito de sentidos anteriores, realismo surgiu como uma palavra totalmente nova apenas no século XIX; em francês, por volta de 1830, e em inglês, no vocabulário crítico, em 1856. A partir de então, segundo Raymond Williams (1983: p. 259), desenvolveu-se basicamente em torno de algumas significações: a) um termo para descrever o mundo físico como independente do espírito; b) a descrição daquilo que realmente *é* e não daquilo que se imagina (substituído por materialismo) e c): "como um termo para descrever um método ou uma atitude em arte e literatura – em primeiro lugar uma excepcional precisão na representação, depois, o compromisso de descrever eventos reais e mostrar as coisas como realmente existem".

Este último sentido é a base da grande controvérsia centrada na intenção de mostrar as coisas como realmente são; visto como uma *postura* geral (compromisso com a descrição fiel da realidade) – o que sempre contém um viés ideológico – e um *método* específico (excepcional acuidade na representação), é geralmente entendido como "ilusão referencial", o que, na verdade, é o seu aspecto de convenção, de "mentira", comum a todas as linguagens e estilos artísticos, *pois todos eles são convenções,* baseadas em esquemas de modelagem social. Ainda com Williams (p. 261):

> O meio pelo qual essa representação ocorre, seja linguagem, pedra, pintura ou filme, é radicalmente diferente do objeto nele *representado*, portanto o efeito de representação "igual à vida", a "reprodução da realidade" é, no melhor dos casos, uma convenção artística particular, no pior, uma falsificação, fazendo-nos tomar as formas de representação como *reais*.

A importância histórica ligada à questão do realismo é inegável, repousando, em última instância, no fato de que ele faz da realidade física e social, da maneira como se definiu, a base do pensamento, da cultura e da literatura ocidentais. Sua ascensão como movimento ou escola está relacionada também à conexão de seus pressupostos básicos com o abandono da crença em valores transcendentais, ou seja, com o "desencantamento do mundo" que o Iluminismo propôs, sendo que sua função de desmistificação se relacionava à secularização da sociedade e à erradicação de seus valores. A força que adquiriu como movimento, primeiro na França, deve-se, sobretudo aos acontecimentos históricos de 1830 e 1848,[2] intensificando sobremaneira a relação entre política, ideologia, arte e literatura; mas há também uma longa série de fatores de relevância – explorados por historiadores de renome[3] – que contribuíram para o surgimento do chamado novo estilo, constituindo-se em grandes causas ao longo de todo o século XIX europeu e que se relacionam diretamente com a força crescente do capitalismo. Dentre eles, por exemplo, a luta das minorias étnicas e linguísticas por autonomia e reconhecimento cultural; o surgimento do pensamento socialista e a organização dos trabalhadores nas fábricas e minas; a eliminação da crueldade contra as crianças operárias, nos países europeus de capitalismo mais adiantado; a emancipação católica na Inglaterra e Irlanda; o fim da servidão na Rússia; o fim da escravatura, começando com a proibição do tráfico, no início do século e terminando com a abolição no Brasil, em 1888.

Em linhas gerais, já não era mais possível afirmar que os assuntos de interesse social, cultural e artístico estavam restritos às classes aristocráticas e ignorar ou rejeitar o que se passava nas ruas ou no campo. Arnold Hauser (1962: p. 2, vol. 4) é bastante enfático ao acentuar o caráter de classe que assumiu o desenvolvimento do século XIX:

> O século XIX ou o que geralmente entendemos por esse termo começou por volta de 1830. Todos os traços característicos do século já se reconheciam por volta de 1830. A burguesia tem plena posse e consciência de seu poder. A aristocracia desapareceu da cena dos eventos históricos e leva uma vida completamente privada. A vitória da classe média está fora de dúvida e de qualquer contestação. Simultaneamente ao despertar da consciência de classe do proletariado, as teorias socialistas adquirem formas mais ou menos concretas e emerge também o programa de um movimento ativista que, em radicalismo e consistência, ultrapassa todos os movimentos anteriores de natureza semelhante.

---

2 A primeira data refere-se à revolução de julho, que reagiu ao caráter cada vez mais autoritário do regime de Carlos X, na França, pondo fim à dinastia Bourbon, substituída por Luís Felipe de Orléans; já 1848, refere-se à Primavera dos Povos, uma revolução de caráter republicano e socialista, que pôs fim ao governo do próprio Luís Felipe.

3 Vejam-se particularmente Hobsbawn, Eric. *A era das revoluções*. Rio de Janeiro: Paz e Terra, 1981 e Hauser, Arnold. *The social History of Literature and Art*. London: Routledge and Kegan Paul, 1962.

É desse contexto político-social europeu que emergem também hipóteses e descobertas em todos os domínios do saber, tais como no das ciências médicas, naturais e físicas; assiste-se ao espantoso progresso da biologia e da fisiologia; empreende-se a exploração dos sonhos, o estudo das alucinações, da loucura, da hereditariedade; questionam-se inclusive as origens do homem, como decorrência de novas descobertas em astrologia e geologia. Essas importantes descobertas científicas acarretam uma verdadeira revolução nos modos de vida, nas mentalidades e na sensibilidade artística. O desenvolvimento em todos os campos, a criação de bancos e de grandes lojas, a construção de redes ferroviárias e o funcionamento das primeiras linhas marítimas a vapor fazem crer que tudo é possível: o progresso é a ideologia propulsora desses tempos.[4]

Com relação à literatura, o crescimento de um movimento de vulgarização científica e de crença no poder do conhecimento e da razão para a resolução de problemas morais e sociais, bem como o desenvolvimento da imprensa de grande tiragem e do livro barato permitem o acesso à leitura de camadas mais amplas da população. Particularmente na Inglaterra, como exemplo, multiplicam-se escolas para educação dos trabalhadores, em que se oferecia "divertimento e informação para as horas de lazer daqueles que poderiam, de outro modo, ser expostos à tentação de leituras corruptoras ou más companhias" (Moran, 2006: p. 15). Uma das mais importantes instituições criadas para desenvolver o acesso das classes médias e trabalhadoras inglesas à literatura e à cultura em geral foram as bibliotecas circulantes, cujo acervo continha uma parte significativa de livros dedicados à ficção e à poesia. O desenvolvimento delas e sua disseminação pelo país demonstram o grande interesse pela leitura como forma de lazer, já provada pela influência dos jornais e revistas, inclusive na sua vertente cultural, que vinha se consolidando desde o século anterior, funcionando como um importante constituinte da formação da esfera pública burguesa (Vasconcelos, 2002). Pode-se dizer que, juntamente com o livro, jornais e revistas ocuparam um lugar fundamental no projeto iluminista europeu, funcionando como fonte de cultura e instrução; a educação passou a ser compreendida como conjunção entre conhecimento e moralidade, visão que se acentuou durante o período em foco, com gradações e nuances em diferentes países.

---

4 Entendo ideologia como uma rede de representações, as quais servem a interesses particulares, dando forma e conteúdo a uma visão complexa e englobante do mundo, contendo um sistema de valores que se impõe à realidade social e cultural como interesses universais.

Dessa forma, inevitavelmente, foram-se modificando os objetivos da própria literatura; ela passa a atender a um público cada vez mais amplo e menos versado nas sutilezas e idealizações do mundo aristocrático, que alimentavam a produção anterior; esse público está mais voltado para a leitura como informação ou entretenimento, apesar dos ainda baixos índices de alfabetização.[5] Nada interessa mais ao leitor médio – se é que aqui já se pode usar esse termo – do que ver representado nos textos o seu modo de vida, seus próprios sentimentos e anseios. Em outras palavras, a sociedade precisou atingir certo grau de complexidade, diversificação e mobilidade interna para que o Realismo pudesse acontecer; além disso, foi necessário surgir um mercado específico e uma classe social suficientemente esclarecida em meio à qual já existia ou pode ser criada uma demanda por esse tipo de representação. Referindo-se ao período vitoriano, Childers (2006: p. 77) argumenta:

> Dentre a imensa lista de bens e materiais produzidos durante a agressiva emergência do industrialismo na Grã-Bretanha, no início do período vitoriano, nenhum foi mais disseminado que a informação, nenhum foi mais instrumental para a vida diária, mais essencial para a formação da cultura industrial do que a informação (...). A bem documentada ascensão da alfabetização durante esse período revela a mútua dependência entre cultura da informação e industrialismo. O romance, tanto no crescimento de sua popularidade quanto na sua participação na formação das práticas culturais, é um exemplo particularmente bom dessa relação.

Pintura e literatura

Considerando todos esses aspectos, não se pode falar da ascensão e fortalecimento do Realismo enquanto movimento já articulado, em literatura, especialmente na França, onde ele foi muito mais poderoso que na Inglaterra, sem pelo menos mencionar sua forte ligação com a pintura. Ali, pintores e escritores formavam um mesmo grupo ativo e participante das discussões do momento, em que a necessidade de representar "as coisas como realmente são" era a preocupação central, inclusive em termos políticos. Estabeleceu-se, talvez mais que em qualquer outra época,

5 Segundo Hemmings (1974), na Inglaterra, havia ao todo mais ou menos cem mil pessoas que conseguiam ler a palavra impressa; além disso, o preço do livro era muito alto: 3 *shillings*, mais do que um trabalhador conseguia ganhar em uma semana.

uma forte analogia entre a literatura e as artes plásticas, pois essa geração acreditava firmemente na realidade do mundo sensível (Chartier, 2005: p. 92).[6]

Na eclosão definitiva do movimento, cabe um papel capital ao pintor Gustave Courbet. Até então, as convenções artísticas postulavam que apenas pessoas e temas tidos como elevados eram dignos de representação, o que excluía camponeses e trabalhadores em geral, a não ser para cenas do gênero das que antes pintaram os mestres holandeses e flamengos, de fundo moralizante; de outro modo, tais figuras serviam apenas para representações cômicas, farsescas ou alegóricas. Mas Courbet expõe, no Salão de 1849, em Paris, *L'après dîner à Ornans* (*A ceia em Ornans*), um quadro retratando uma cena da vida quotidiana, em que estão três homens sentados ao redor de uma mesa tosca, numa sala pobre. Outro em pé, toca violão; num canto, um cão deitado. O quadro provocou enorme escândalo, pois o pintor não procurou de modo algum celebrar as virtudes das pessoas humildes ou idealizá-las, como já faziam alguns pintores anteriormente ou alguns contemporâneos seus como François Millet, para quem a pintura devia "fazer do banal algo sublime", como se pode verificar, por exemplo, no seu quadro mais conhecido, *Angelus*, e em todos os outros cujos temas são o trabalho e os trabalhadores. Courbet rompe todos os códigos estéticos vigentes, representando a pobreza da vida quotidiana de pessoas simples, em grandes dimensões, reservadas apenas para cenas sagradas, históricas ou mitológicas, modelos canônicos dos séculos anteriores, pelo menos desde o Renascimento. Pelos mesmos motivos, seu outro quadro, de 1850, *"L'enterrement à Ornans" (Enterro em Ornans)*, causa enorme desconforto: sem nenhuma intenção caricatural, o pintor usa como modelos pessoas comuns de sua aldeia natal, em uma cena de enterro, na qual a própria banalidade da vida simples transforma-se em pompa e circunstância (Gombrich, 1984: p. 402-404).

O atelier do pintor era ponto de reunião dos defensores do Realismo nascente, entre os quais Baudelaire e Champfleury, pseudônimo do escritor Jules Husson.[7] Este último, também escritor, é tido como o iniciador do movimento

---

6 Chartier assinala, nesse momento, a influência do livro de Arsène Houssaye, *Histoire de la peinture flamande et hollandaise* (História da pintura flamenga e holandesa), de 1846, justamente por se referir a uma pintura muito próxima das coisas concretas, da vida quotidiana e dos temas populares.

7 Champfleury desenvolve sua batalha pelo realismo em duas frentes: em artigos e em seus romances. Entre estes, *Chien-Caillou* (1847), *Les aventures de Mademoiselle Mariette* (1853), *Le bourgeois de Molinchart* (1854) etc. Seus textos influenciarão inclusive Eça de Queirós, cujos romances contribuirão para a introdução do movimento realista no Brasil, como adiante se

em literatura, por ter usado pela primeira vez o termo realismo para qualificar a arte de Courbet, num artigo que está entre os reunidos, em 1857, em um volume intitulado *Le Réalisme*.[8] São reflexões esparsas, das quais se podem reter algumas ideias, embriões daquelas que alimentaram as discussões posteriores, entre as quais a mais forte – resumindo –, é a de que o escritor se deve apoiar na cuidadosa observação da realidade e escrever apenas sobre aquilo que conhece bem. Em uma carta à escritora George Sand, afirma (Lacambre, 1973: p. 166): "O triunfo do artista que pinta individualidades é responder às observações íntimas de cada um, de escolher, de tal maneira um tipo, que cada um acredite tê-lo conhecido e possa dizer: ele é verdadeiro, eu o vi!"

Foi também decisiva a importância do periódico *Réalisme*, do escritor Louis Emile Edmond Duranty, que, todavia, teve apenas seis números (novembro de 1856 a maio de 1857). A leitura de seus artigos revela a radicalização dos debates e uma tentativa de dar coerência ao novo ideário – inspirado também pelas convicções socialistas de muitos integrantes do grupo –, com a publicação das coordenadas essenciais do movimento, conforme assinala Chartier (2005: p. 95):

> O realismo não deseja, artistas, mais que o estudo de sua época (...); a melhor maneira de não errar nesse estudo é sempre tentar representar o lado *social* do homem, que é o mais visível, o mais compreensível e o mais variado, e cuidar também de representar as coisas que dizem respeito à vida da maioria, as quais se referem também à ordem dos instintos, dos desejos, das paixões (...). Pedindo ao artista a *verdade* útil, pede-se sobretudo o sentimento, a observação inteligente que perceba um ensinamento, uma emoção, em espetáculo de qualquer tipo, baixo ou nobre, segundo a convenção, e que retire sempre ensinamento e emoção desse espetáculo, sabendo representá-lo *completo*, articulando-o ao conjunto social.

---

verá. Cf. Coleman, Alexander. *Eça de Queirós and European Realism*. New York and London: New York University Press, 1980.

8 Hemmings (1974: p. 9-10) afirma que a mais antiga utilização da palavra, com sentido literário, diferente de suas aplicações filosóficas, está no periódico parisiense *Le Mercure français*, em 1826, no qual um jornalista define *realismo* como uma doutrina literária que postula a imitação não de obras-primas artísticas, mas dos originais que a natureza oferece. Por sua vez, J.H. Bournecque et P. Cogny asseveram que o "pai" do Realismo é Henri Monnier, que publicou, em 1830, *Scènes populaires*. In: Réalisme et naturalisme. Paris: Classiques Hachette, 1958. Já Chartier (2005: p. 92) acusa a primeira utilização do termo por H. Fourtoul, em 1834, na crítica a um romance seu contemporâneo, bem como sua utilização, de 1835 a 1837, em *La Revue des Deux Mondes*, depois cidadela de resistência ao novo movimento.

O que se percebe em todos os manifestos é seu caráter político, às vezes mais, às vezes menos explícito, com matizes e gradações. Evidentemente, nem os conceitos nem a prática eram novos, mesmo se a vida comum nunca tenha sido retratada com essa precisão; mas seu viés político e a mensagem social que contêm, a representação do povo sem nenhuma condescendência idealizante ou intenção satírica, isso é realmente novo e só pode emergir de forma autoconsciente nesses tempos, que lhe foram tão propícios. O *verdadeiro* tem um valor eminentemente pedagógico, útil, pois ligado à valorização das classes populares e à *vida da maioria,* que, pela primeira vez, são erigidos em matéria digna de figurar – sem nenhum interesse folclórico – como *leit-motif* da arte. Tal postura, em completa oposição às convicções artísticas de então, considerada crítica, avançada, vanguardista, moderna – quando não subversiva, haja vista os processos contra Flaubert e Baudelaire, por exemplo –, é filha dileta das concepções políticas socialistas ou, pelo menos, dos ideais igualitários da Revolução Francesa e de suas consequências.

O movimento realista deve ser visto, então, como um dos elementos resultantes de um longo processo histórico, com maior incidência inicial na França, e não como mera classificação estética; surgiu "no interior do próprio capitalismo, acompanhou seus diferentes estágios e, como tal, é (...) capaz de representar as contradições e os problemas sociais e individuais, sociológicos e psicológicos trazidos pela forma moderna do capital" (Cara, 2009: p. 65).

Enfim, enquanto *postura e método,* negou que a arte estivesse voltada apenas para si mesma e suas próprias convenções, ou que representar fosse *apenas* um ato ilusório, debruçando-se sobre as questões materiais concretas trazidas pelo desenvolvimento do capitalismo e suas consequências na vida das pessoas comuns, representadas no prosaísmo de seus dramas quotidianos. Assim, entrou na disputa pelo monopólio das classificações da vida social, pelo controle das representações e identidades, buscando desmistificar a isenção e a naturalização das regras estéticas em vigor.

Um novo sujeito

Em meio a toda a fermentação estético-política desses tempos, forças especificamente literárias trabalhavam para a lenta ascensão do então novo movimento. Desde o século XVII, os romances ingleses exerciam um papel extremamente significativo na formação de uma sensibilidade propícia ao surgimento do Realismo francês, devido a um grande e regular intercâmbio literário entre França e Inglaterra, provando existir uma dinâmica complexa entre texto e contexto, a impulsionar a ascensão e o desenvolvimento de um gênero literário e a transformação de suas técnicas (Richetti, 1992).

Foi a partir de 1740, segundo Ian Watt (1990), que se iniciou na França a publicação e depois a tradução dos romances ingleses: *Pamela, or Virtue Rewarded* (de 1740), depois *Clarissa (1748)*, de Richardson, e os de Daniel Defoe, Henri Fielding, Laurence Sterne e Tobias Smolett. O impacto inicial de *Pamela*, tanto na Inglaterra quanto na França, deveu-se à forma pela qual o autor organizou a história, introduzindo a notação "verdadeira" do meio social das camadas mais baixas, a particularização detalhista dos cenários e a individualidade "autêntica" das personagens, já com claras conotações psicológicas. Essas características iam contra a rejeição da representação literária das classes médias e baixas, mas também da ficção *per se*, simplesmente porque, por definição, tudo o que fosse ficção não era verdade.

A novidade de Richardson foi a montagem de uma estrutura bem articulada, em que cada fato contribuía para o plano geral, organizando-se em termos de causa e consequência, eliminando situações desligadas entre si, característica das narrativas de períodos anteriores, bem como introduzindo a representação dos conflitos internos das personagens, o que criou certo andamento psicológico de caráter mais real.

A força inovadora de *Pamela* foi tanta que, em 1761, Dennis Diderot publicou o seu famoso *Éloge de Richardson* (Glaudes, 1995: p. 155), louvando as qualidades originais do romancista inglês.

> O mundo em que vivemos é o lugar da cena; o fundamento de seu drama é verdadeiro; suas personagens têm toda a realidade possível; seus traços são tirados do meio da sociedade; seus incidentes estão entre os costumes de todas as nações conhecidas; as paixões que pinta são tais, que as reconheço em mim; são os mesmos objetos que as emocionam; elas têm a energia que conheço; os reveses e as aflições das personagens são da natureza dos que sem cessar me ameaçam; ele me mostra o curso geral das coisas que me cercam. Sem essa arte, minha alma estaria ligada apenas a visões quiméricas, a ilusão seria apenas momentânea e a impressão fraca e passageira.

De acordo com Maurice Larkin (1977: p. 19-20), a consolidação do romance inglês enquanto gênero, já no século XVIII, principalmente com os autores citados, coincide com a revisão do conceito de realismo filosófico, de raízes em John Locke e René Descartes, cujo princípio de que o indivíduo pode descobrir a verdade por meio dos seus sentidos se reproduz de alguma maneira, em aspectos próprios ao romance. Também para Thomas Hobbes, afirma ele, o destino está encapsulado na realidade material, cujos movimentos determinam todas as coisas e cujas forças reduzem a vontade apenas a uma ilusão subjetiva, "a uma quimera como a alma imortal" (p. 21). Esse princípio estaria relacionado com a última acepção de realismo acima mencionada, desde que, particularmente para Locke, o que o homem pensa e faz depende daquilo que seus sentidos percebem; assim, meios diferentes sempre produzem homens e ações diferentes.

Guy Larroux (1995: p. 11) destaca, nesse ponto, a conexão que aparentemente existe entre essa nova atitude epistemológica, entre essa visão materialista da realidade e o espírito do romance: gênero novo, ainda livre de qualquer convenção e por isso apto a emprestar da realidade contemporânea seus assuntos e sua linguagem.

Certamente Larkin e Larroux apoiam-se em Ian Watt (1990: p. 30-31) para desenvolver sua argumentação. Este último enfatiza a relação entre a consolidação do romance e o clima de experiência social e moral que se vivenciou na Inglaterra desse período. Considera o realismo como o traço determinante que distingue, da ficção precedente, as obras desses romancistas, guardando analogias indiscutíveis com o que chama de moderno realismo filosófico. Isto é, o mais importante é a especificidade da experiência conduzida pelo indivíduo, acompanhando a tendência de substituir a tradição coletiva pela individual, que se observa desde o Renascimento. Daí a libertação de dogmas e crenças e a atribuição de especial importância à correspondência entre vida e literatura, conferindo ao romance moderno de então sua ênfase nas questões de identidade pessoal e, como consequência, a percepção assumida pela dimensão temporal como uma força configuradora da história e da vida humanas.

Ainda segundo Watt (1999: p. 31), atribuir aos sentidos a primazia na percepção da realidade circundante, situar a especificidade da sua experiência como determinante da relação com o mundo, enfatizar o indivíduo e não o conjunto significa construir uma nova concepção de sujeito, o sujeito moderno racional, situado no centro do processo cognitivo, que só pode surgir efetivamente nas condições dadas pelo processo histórico em questão. O surgimento desse novo sujeito, uma identidade pessoal que é superior a um "lugar ou função" ocupados numa hierarquia estabelecida, permite a percepção das particularidades da vida humana, o encadeamento das ações do indivíduo no tempo e no espaço, enlaçando causas e consequências. Como decorrência, a ficção assume novas características e um novo método (p. 31):

> O método narrativo pelo qual o romance incorpora essa visão circunstancial da vida pode ser chamado de realismo formal; (...) um conjunto de procedimentos narrativos que se encontram tão comumente no romance e tão raramente em outros gêneros literários (...), organizados segundo a premissa de que o gênero constitui um relato completo e autêntico da experiência humana, e, portanto, tem a obrigação de fornecer ao leitor detalhes da história, como a individualidade dos agentes envolvidos, os particulares das épocas e locais de suas ações – detalhes que são apresentados através de um emprego da linguagem muito mais referencial do que é comum em outras formas literárias.

O estudioso não nega que o realismo formal obviamente não passa de uma convenção, e reitera o fato de que a transposição da realidade não leva necessariamente à criação de uma obra fiel à verdade ou dotada de valor literário permanente. Mas enfatiza que tal técnica, mais do que outras, permite uma tradução mais imediata da experiência individual situada em contextos precisos. Na verdade, não se trata de uma questão ligada apenas ao objeto (o tipo de vida representada), mas ao ponto de vista (a nova maneira pela qual a realidade é representada).

Trata-se, portanto, de um realismo crítico e inovador, sendo seu método o estudo dos elementos da experiência de um indivíduo liberado – pelo menos em princípio –, de dogmas religiosos, de noções de um passado determinante e da crença na tradição, possibilitando que ele volte seu interesse para a realidade sensível. Já se atribui, assim, uma importância particular ao problema semântico das relações entre palavras e coisas, que será um dos focos de atenção dos realistas franceses. Pode-se dizer que o caminho estava aberto para os minuciosos painéis balzaquianos e a precisão cortante de Flaubert.

No final do século XVIII, portanto, o romance, gênero ainda em formação, torna-se o representante literário ideal para dar forma à nova atitude epistemológica, ela também gerada pelas circunstâncias históricas. Dando conta de um novo conteúdo social, é a expressão artística de um espírito mais igualitário, fruto dos ideais iluministas e das revoluções que mudaram o mundo. Fazendo da experiência individual a pedra de toque do conhecimento, transforma em seu campo teórico central o confronto entre o novo sujeito e o mundo transformado; o romance passa a ser a "moderna epopeia burguesa" e o prosaísmo da vida corrente a matéria de que se nutre. Assim, não é acidental o fato de que o desenvolvimento do romance seja coextensivo da história do realismo, pois este reflete, organiza e refrata uma transformação radical: o deslocamento do indivíduo comum e da vida prosaica para o epicentro de um movimento histórico irreversível.

Realidade e representação

O enfoque histórico-social aqui proposto para o conceito, em literatura, requer um diálogo com análises de outro viés, sobretudo as conhecidas genericamente como "formalistas",[9] que se desenvolveram a partir de outra concepção: a de "arte pela arte", de certa forma já presente em Gustave Flaubert. Em geral enfatizando que as formas e estruturas dos textos não devem ser "contaminadas" pela atenção a elementos externos, repõe-se o problema da representação realista como um modelo textual que funciona de modo particularmente sobredeterminado.

Philippe Hamon (1964: p. 69), por exemplo, assevera que a estética realista repousa sobre um pacto de leitura entre o autor e o leitor, de acordo com um conjunto de regras, do qual as principais são: a dignidade do real compreendido como objeto de conhecimento; sua reprodutibilidade pela linguagem e a adesão do leitor à verdade da informação proposta pela ficção. Além disso, descreve o texto realista como aquele que, privilegiando a descrição, "[é composto] de significantes associados uns aos outros segundo a estrutura de um significado central, [estando] as suas associações de tal forma bem concatenadas que qualquer significado deste sistema pode servir de metonímia ao conjunto".

Ou seja, toda a complexa problemática realista reduz-se a uma questão de linguagem, de organização discursiva pura e simples. Roland Barthes (1964: p. 164), considerando alguns outros aspectos, chega a conclusões semelhantes,[10] mas

---

9 Cabe assinalar que utilizo o termo "formalistas" de maneira absolutamente genérica, referindo-me em bloco às correntes teórico-críticas centradas mais na seleção e articulação de aspectos formais da obra literária, nos seus procedimentos textuais, a despeito das consabidas diferenças epistemológicas e metodológicas entre elas.

10 Não se pode esquecer, entretanto, que Barthes enfrenta especificamente o realismo socialista institucionalizado na Rússia, sendo seu livro *Le degré zéro de l'écriture*, de 1953, um marco

conclui o que era claro desde o início, para os primeiros realistas: as coisas e a linguagens são duas realidades distintas e opostas, não podendo a segunda ser cópia fiel da primeira:

> O realismo não pode ser, pois, a cópia das coisas, mas o conhecimento da linguagem; a obra mais 'realista' não será a que 'pinta' a realidade, mas a que, servindo-se do mundo como conteúdo (este mesmo conteúdo é, aliás, alheio à sua estrutura, isto é, ao seu ser), explorar o mais profundamente a realidade irreal da linguagem.

Reconhece-se aqui a argumentação de Jakobson (Todorov, 1965: p. 32), em texto de 1921, "Du réalisme artistique" (O realismo artístico). Para ele, o realismo é claramente uma convenção que pretende fazer esquecer o seu aspecto convencional, na medida em que, em qualquer texto, sempre subjaz um projeto de autor, concebido como deformação das convenções ou como adequação a elas. Além disso, ele identifica um realismo percebido pelo leitor, que pode também acatar as regras estéticas ali postas ou rejeitá-las como desvios ou alteração da realidade. Desse modo, existem procedimentos textuais específicos, dominados por determinadas figuras de linguagem, que organizam a criação e a aceitação do realismo como reprodução da realidade.

Em linha semelhante, Michel Rifaterre (1990: p. 14-15) defende que a verdade da ficção não está baseada na experiência dos fatos e nem que sua interpretação ou avaliação estéticas requeiram uma verificação na realidade.

> Ao contrário, a verdade na ficção reside na verossimilhança, um sistema de representação que parece refletir no texto a realidade externa, mas só porque é conforme à gramática. A verdade narrativa é uma ideia de verdade criada de acordo com as regras dessa gramática. (...) A verdade narrativa é, portanto, um fenômeno linguístico.

Outra maneira de tentar explicar o realismo é amarrar o conceito ao acúmulo de algumas técnicas narrativas muito claras, cuja maior ou menor presença produz maior ou menor "efeito de real" (termo barthesiano): uma estrutura orquestral altamente elaborada, da qual o sentido emerge naturalmente; uma organização sinfônica dos temas; paralelismo e/ou oposição de personagens e eventos altamente controlados; mudanças sutis nas tensões narrativas; modulações inteligentes e oportunas

---

importante nesse sentido.

dos pontos de vista; justaposições irônicas e, finalmente, a técnica da impessoalidade (ou narrador onisciente neutro), já usada por Flaubert. Com esse conjunto de procedimentos, o autor obtém uma estrutura de persuasão aparentemente autônoma, que cria uma perfeita "ilusão de realidade" (Williams, D. A.: 1978, p. 12).

A essas concepções ainda hoje muito fortes, com variações, contrapõe-se o ponto de vista de que o problema do realismo sempre teve uma importância histórica e social, que é preciso incluir no debate e examinar com cuidado. Essa importância repousa, em última instância, no fato de que ele faz da realidade física e social a *base* sobre a qual se assentam o pensamento, a cultura e a literatura. Aceitar, desse modo, que a literatura esteja voltada apenas para si mesma ou que nada se representa além do próprio texto é escamotear a própria ideia de representação – no sentido que uso aqui –, num jogo autorreflexivo em que o objeto representado desaparece. Retomando a velha metáfora do espelho, ter-se-ia uma superfície refletindo o nada, não importando se essa superfície é côncava ou convexa, íntegra ou estilhaçada. Ou seja, pode-se dizer que o realismo sempre fez parte do ato de representar, pois, seja qual for o tipo de linguagem empregada, o que se busca é "reapresentar" a realidade exterior (concreta) ou interior (abstrata).

Desde Platão e Aristóteles, a despeito das diferenças fundamentais entre ambos, este é um ponto fulcral; a *mimesis* de que tratam, a mais antiga de todas as categorias literárias, parecer ter hoje como tradução mais adequada justamente "representação" e não "imitação". Não cabem aqui longas explanações sobre essas diferenças; vale apenas ressaltar o ponto de vista de Aristóteles, em cuja *Poética* a *mimesis* é encarada como fato cuja classificação se dá a partir de suas aplicações e das especificidades dos vários gêneros e subgêneros da literatura, estabelecendo assim um nexo de base para a discussão a respeito da relação entre a arte e o real.

Tal visão é possível graças a uma nova maneira de encarar justamente a questão da realidade e da verdade. Consciente da natureza particular da representação artística, Aristóteles substituíra o princípio de *verdade* em arte pela ideia de *verossimilhança*. Esta acentua o fato de que existe um princípio organizador e regras de composição para a arte e que o ato de representar depende delas, do seu caráter de construção interna. Essa concepção vai alimentar todas as reflexões subsequentes e muitas vezes antagônicas, no interior da crítica e das teorias estéticas, ao longo da história. Todavia, outro elemento importante pode ser daí depreendido – e que também gerará antagonismos –, a dependência de todas as artes em relação às coletividades humanas de que surgem. No caso da literatura, se ela é uma representação da vida real, a representação é justamente o lugar em que a vida real, com toda sua complexidade social e subjetiva, entranha-se na literatura (Mitchell, 1990: p. 15). Desse modo, a representação não deixa de ser um mecanismo formal de modelagem, de atribuição de significados e de controle da vida social, carregando consigo funções e efeitos importantes.

O próprio Barthes (1984: p. 92), quando trata da descrição, reconhecida técnica preferencial do realismo, afirma: "[ela se] justifica, senão pela lógica da obra, pelo menos através das leis da literatura: o seu 'sentido' existe, depende da conformidade, não ao modelo, mas sim às regras culturais da representação".

Por conseguinte, pode-se dizer que o realismo, enquanto postura e enquanto método, sobretudo no período em que gradativamente passa a *movimento* literário, a partir do século XVIII, agudiza a problemática da representação do mundo na ficção, uma vez que carrega consigo implicações culturais e conceituais milenares. Nesse sentido, é importante assinalar mais uma vez que existem esforços e interesses antagônicos por trás das representações, movidos por diferentes interpretações do real. Assim, como formas de classificação do mundo, ligadas à construção de identidades e práticas sociais, interessam muito aos grupos em disputa, seja no campo da crítica ou fora dele, as classificações, aceitações e rejeições, as quais, uma vez institucionalizadas, asseguram sua permanência no tempo.

Como uma forma de tentar conciliar vários antagonismos, outro conceito, o de *mediação,* também de longa história, firma-se a partir do início século XIX, em diversas acepções que caracterizam o pensamento moderno. Desafiando a ideia de arte e literatura como "reflexo", como "efeito de sentido" ou "discurso" – e estes termos designam diferentes visões críticas do fenômeno –, a mediação pretende descrever um processo ativo, que não se limita a simples reconciliação entre opostos, dentro de uma totalidade. Ou seja, não se pode pretender encontrar realidades sociais *refletidas diretamente* na arte, pois estas passam por um processo de mediação, no qual seu conteúdo original é modificado, o que envolve, inclusive, as questões ideológicas de base que se traduziriam em controles normativos conscientes ou inconscientes, aparentes ou latentes. Portanto, isso não significa simplesmente que existe um "meio" (a linguagem, as cores, os volumes, etc.) a traduzir a realidade, pois "todas as relações ativas entre diferentes tipos de ser e consciência estão antes inevitavelmente mediadas e esse processo não é uma instância separada – um 'meio' –, mas intrínseca às propriedades dos tipos postos em relação" (Williams, 1979: p. 101).

Na verdade, a mediação *reside já no objeto em si*, como produto das relações sociais e dos pontos de vista em disputa –, não em alguma coisa entre o objeto (a realidade) e aquilo a que é levado (a representação artística). Trata-se de um processo intrínseco à realidade social e não um processo a ela acrescentado depois, o que permite analisar cada produto cultural como efetivamente constitutivo das relações sociais.

Imitação em profundidade

Geralmente, o realismo em literatura aparece ligado às formas narrativas, mais especificamente ao romance, e não é por acaso que as grandes teorias sobre esse gênero, que acompanharam sua consolidação enquanto forma moderna, a partir do século XVIII, venham ligadas a questões referentes aos modos de representação da realidade. Para Tzvetan Todorov, por exemplo, nesse período, " o realismo em literatura (mesmo quando o termo é omitido) é um ideal: o da representação fiel do real, o do discurso verídico, que não é um discurso como os outros, mas a perfeição para a qual todos os discursos devem encaminhar-se" (Todorov, 1984: p. 9). E acrescenta que, já na segunda metade do século XX, tratava-se de um estilo literário desvalorizado, do qual é possível se descreverem as regras, respeitando-se apenas o fato de que ele assegura ao leitor a impressão de um contato imediato com o mundo real.

O conceito de "realismo formal", trazido por Watt (1991), foi discutido sob muitos outros focos interpretativos, mas sua contribuição ainda hoje é fundamental, porque relaciona o conceito com a história e as mudanças sociais, não o tratando apenas como um campo discursivo definido e delimitado por questões de linguagem, como aponta o Todorov citado ou Roland Barthes (1970: p. 173), para quem "o artista realista não coloca de modo algum a 'realidade' na origem do seu discurso, mas apenas e sempre, por mais longe que se pretenda ir, um real já escrito, um código prospectivo, ao longo do qual nunca se avista mais do que uma ilimitada sucessão de cópias".

Apoiando-se nas concepções de Ian Watt, Sandra G. Vasconcelos (2002: p. 21) trabalha o desenvolvimento de temas relacionados ao realismo no romance inglês do século XVIII, os quais, de alguma forma, para ela, já esboçam características reconhecíveis nas narrativas atuais, como produto justamente do desenvolvimento histórico local dos seus sentidos e da transformação deles em traços temáticos e/ou estilísticos próprios. Baseando-se em ampla bibliografia, aponta como características desse realismo:

> Credibilidade e probabilidade; familiaridade, existência cotidiana e personagens comuns; língua liberta da tradição; individualismo e subjetividade; empatia e vicariedade; coerência e unidade de concepção; inclusividade, digressividade; fragmentação; autoconsciência da inovação e da novidade; (...) presença do surpreendente, do proibido, do bizarro, do estranho, do inexplicado, também elementos que pertencem à ordem da experiência humana.

Até hoje, a mais considerada obra integralmente consagrada ao realismo na literatura é *Mimesis,* de Erich Auerbach, publicada em 1946. Percorrendo um amplo arco temporal desde os tempos homéricos até o início do século XX e escolhendo autores específicos, ele utiliza uma análise estilística e filológica escrupulosa e fina, mesclando-a a uma ampla visão sócio histórica, com o objetivo de resgatar e valorizar as bases da cultura ocidental, expressas na literatura. Chega, assim, a um conceito de texto realista, que, no seu entender, vai gradativamente se construindo ao longo da história, à medida que incorpora elementos expressivos cada vez mais eficazes para imitar a realidade, vista como um enfrentamento de forças sociais, em que a representação da vida de indivíduos comuns é o elemento primordial na composição. Este se mostra, então, no final do percurso, um "texto sério", com vários registros estilísticos, cuja principal característica é de fato inserir no curso geral da história a vida das personagens individuais de todas as classes (Auerbach:1976, p. 440). Desse modo, o realismo moderno vem a ser:

> o tratamento sério da realidade quotidiana, a ascensão de camadas humanas mais largas e socialmente inferiores à posição de objetos de representação problemático-existencial, por um lado – e, pelo outro, a estreita vinculação de personagens e acontecimentos quotidianos quaisquer ao decurso geral da história contemporânea.

Nesse sentido, apenas no século XIX francês, com Stendhal, Balzac e depois Flaubert, nessa ordem, a vida real quotidiana de pessoas comuns passa a ser vista como coisa absolutamente séria, podendo ser considerada de modo trágico, abandonando-se a antiga dicotomia gênero baixo vs. gênero alto, instaurando-se o que ele chama de "seriedade objetiva". Assim, essa vida real não é mais tratada de modo cômico, farsesco ou satírico, como até então, o que implica a compreensão da história como um *processo* ininterrupto com muito mais atores, apresentado enquanto movimento quase imperceptível, mas universal.

Em texto onde contesta noção de "efeito de real", de Barthes, Jacques Rancière (2014: posição 70)[11] sublinha que esse modo de escrever é testemunha de um novo mundo social, cujo sentido político, que escapou a Barthes, refere-se a pessoas cuja vida é insignificante. Para ele, trata-se do oposto ao que sucede no romance tradicional, dos períodos monárquico e aristocrático, "que se beneficiou do espaço criado por uma hierarquia social claramente estratificada" (posição 78), ao que se opõe a democracia do romance realista, que ele explica como a possibilidade de representação de todas as classes sociais, ou seja, a "distribuição de capacidades da experiência sensível, de saber o que os indivíduos podem viver ou experienciar e até que ponto os seus sentimentos, gestos e comportamentos merecem ser contados ao público de leitores" (posição 92).

O surgimento da seriedade trágica e existencial do realismo, que permite essa distribuição de capacidades do sensível, está em estreita correlação, portanto, com o grande movimento romântico de mistura de estilos, condenado pelos modos clássicos de representação. Essa mistura, por sua vez, está em consonância com as transformações ocorridas no interior das sociedades europeias, desde a Revolução Industrial e da Revolução Francesa, como se viu: o desenvolvimento do capitalismo, o poder crescente da burguesia, o surgimento dos movimentos operários e do pensamento socialista, a concepção de *povo*, o acento especial nas questões ligadas à identidade pessoal e o aumento e transformação do público leitor, este como decorrência direta ou indireta de todos os aspectos anteriores.

Cabe frisar, então, que os novos modos de representar a realidade não surgem apenas das formas artísticas em si; não são apenas um conjunto de regras ou convenções, embora precisem delas para se exprimir; toda nova forma – e seu conteúdo – surge como produto histórico e é uma necessidade das próprias transformações sociais. Desse modo, o processo mimético efetivado pelo realismo não é de dimensão apenas denotativa, técnica, referencial, descritiva, fotográfica; trata-se de *imitação em profundidade*, cuja dimensão conotativa está inextricavelmente ligada à história e à sociedade.

11 As referências a este texto são da edição Kindle.

Dentro e fora

No período em que se afirma o realismo, visto aqui como postura e método, o romance passa a ser o gênero literário dominante porque expressa, da forma mais compreensível e profunda, o agudo problema cultural do período: a antítese entre o indivíduo e a sociedade; não é mais possível caracterizar uma personagem sem atender à sociedade, bem como admitir sua evolução fora de um meio social específico. Portanto, "a definição social dos personagens é agora o critério da sua realidade e verossimilhança e os problemas sociais de sua vida, pela primeira vez, são assuntos adequados ao novo romance" (Hauser,1988: p. 906, vol.2).

Sendo imitação em profundidade, a etapa seguinte aconteceria no início do século XX, com a incorporação da representação dos movimentos da consciência, como forma de buscar uma visão completa da personagem, seu *dentro* e seu *fora*, em inextricável relação; um mergulho na interioridade individual que, a despeito de si própria, incorpora os movimentos da história, mesmo que pareça, às vezes, não existir nenhuma realidade objetiva exterior a essa consciência. O desencanto com o projeto iluminista, as modificações na concepção e na percepção do tempo, o desenvolvimento de novas tecnologias diretamente ligadas à comunicação e à produção de cultura, a descoberta do inconsciente, etc. constituem o terreno propício para múltiplas e diversas refrações, que exigem outra postura do escritor diante da realidade concreta.

Este não consegue mais interpretar as ações, situações e caracteres com a segurança objetiva de antes; ele não é mais a instância suprema que observa e categoriza. Esta passa a ser a consciência das próprias personagens, consciência que tudo percebe, sente, transforma e refrata, instaurando-se então a "crise da representação", um embate profundo entre o interno e o externo, entre consciência e matéria, cuja expressão aguda são as vanguardas. O monólogo interior e/ou o fluxo de consciência, a estilização, a abstração, a fragmentação, a colagem, a montagem, necessidades estilísticas desse momento, de certo modo, são quase o ponto final do percurso empreendido pela *mimesis* e correspondem a um conceito de realidade totalmente modificado, que inclui como concretas e *representáveis*, as profundas tensões e ambivalências da consciência humana. Para Antonio Candido (1993: p. 123), estas são possibilidades mais efetivas de conduzir literariamente a realidade:

> Isso leva a uma conclusão paradoxal: que talvez a realidade se encontre mais em elementos que transcendem a aparência dos fatos e coisas descritas do que neles mesmos. E que aquele realismo, estritamente concebido como *representação da naturalidade do mundo*, pode não ser o melhor condutor da realidade.

Portanto, o realismo, entendido como refração, não desaparece. Apenas agencia novas soluções formais tentando, justamente, representar o que parece irrepresentável. Pode-se dizer que, *grosso modo*, seu gradativo esgotamento, enquanto estritamente concebido como reprodução fiel da realidade concreta, antecedendo a "crise da representação", deve-se, sobretudo à *débâcle* da situação europeia em geral, com o sabor amargo dos frutos tardios da desenfreada industrialização da Europa, que ainda não fora possível sanar. Como lembra Moran (2006: p. 40-6), com diferenças nos vários países, relacionadas ao ritmo do avanço da revolução industrial, as infraestruturas urbanas rapidamente se tornaram inadequadas e assim ficaram por muito tempo; as estradas permaneceram sujas e congestionadas; os rios estavam poluídos pelo lixo das fábricas e pelos esgotos; cidades superpovoadas, casas dilapidadas, saneamento inexistente ou inadequado, alimentação deficiente e doenças caracterizavam a vida da maior parte dos trabalhadores; com a economia competitiva sujeita a frequentes flutuações, indo da estagnação à expansão, estes muitas vezes eram forçados a uma vida de crimes e vício, simplesmente para sobreviver.

Se esse panorama, num primeiro momento, alimentara o movimento realista, despertando seus fundamentos de solidariedade humana, com intenção documental, política e pedagógica, na década de 1890, limiar do século XX, acabará gerando rejeição e reação em sentido contrário: não interessam mais representações da miséria e do sofrimento, mesmo porque, em termos sociais, aos poucos, uma série de atos e intervenções dos diversos governos começara já a tentar solucionar alguns pontos críticos, que funcionavam antes como matéria fértil para a ficção (Deirdre, 2006: p. 19-20). Além disso, acrescenta Hemmings (1974: p. 373),[12] o

12 O termo *sociologia* fora cunhado por Auguste Comte, em 1830 (em inglês, em 1843), mas foi a publicação de *Regras do método sociológico*, de Emile Durkheim, em 1895, que institucionalizou a nova ciência, coincidindo com uma grande onda de reação pública contra o realismo e o naturalismo, este percebido como um momento em que a literatura assume francamente o cientificismo.

surgimento da sociologia como ciência vai substituir com acuidade verdadeiramente documental os retratos da realidade dos ficcionistas.

Aos poucos fica cada vez mais difícil, portanto, acreditar na possibilidade de conseguir objetividade genuína ou apenas confiável por meio da ficção e assim está posta uma pergunta fundamental: a desconfiança novamente levantada contra a ficção significaria um abandono total da "forma mais alta de consciência literária", o realismo (como queria Lukàcs), ou, ao contrário, sinalizaria sua abertura para as exigências de um novo tempo?

Os artistas em geral passam, assim, a questionar a inteligência – a razão –, o mais importante de todos os instrumentos de perquirição do mundo herdados do Iluminismo; a especificidade da experiência material do indivíduo como determinante na relação com o mundo desaparece aos poucos. Percebe-se o poder de conhecimento que pode advir da impressão, da sensação, da volição, numa espécie de aprofundamento do caráter cognitivo das emoções e sentimentos, que os românticos da primeira metade do século ou os realistas da primeira hora não chegaram a perceber. É outra vez um momento de redefinição do sujeito; a unidade e a permanência da subjetividade positivistas que se impuseram antes agora são relativizadas, inclusive pela ascensão das forças do inconsciente, com Sigmund Freud, o que vai exigir novos códigos e convenções de representação.

No campo filosófico, muito sob a influência dita pessimista de Friedrich Nietzsche e Arthur Schopenhauer, surge uma crítica sistemática à concepção de realidade, que, segundo Grant (1970: p. 9), agora não é mais algo que envolve estabilidade e concretude, algo que se pode conhecer por meio da observação e comparação e cujo objetivo é documentar, delimitar e definir, mas sim algo cuja obtenção é um processo contínuo da mente, portanto, subjetivo, o que nunca permite a estabilização do conceito:

> A realidade está sempre mudando; localiza-se na mente, mas à mercê dos humores e caprichos da mente, dilata-se e se contrai de acordo com o grau de atividade da consciência. [...] O conceito de realidade é completamente atomizado pela extrema subjetividade do ponto de vista.

Ou seja, a realidade objetiva torna-se fragmentada, dispersa em meio a um sem número de subjetividades em conflito; não é mais uma substância sólida, concreta, exterior ao sujeito, mas a soma de suas percepções e ilusões, sendo que a *ilusão mais plausível* vem a ser a descrição de uma realidade.

No campo tecnológico, outros elementos contribuem para essa transformação: o aperfeiçoamento dos meios mecânicos de reprodução, como apontará Walter Benjamin mais tarde, determinando novas formas de percepção do mundo, questionando a própria ideia de criação artística e contribuindo para desvalorizar a ambição figurativa da literatura e das artes, pois os aparelhos agora desempenham melhor e mais rapidamente a função de representar.

Todas essas questões indicam alguns dos diversos modos de compreender os sentidos possíveis que o termo realismo assumiu e ainda assume até hoje, visto continuar a ser uma postura e um método vigorosos, que sobreviveu às transformações das concepções sobre a realidade e à "crise da representação". Definido como uma relação essencial entre indivíduo e sociedade, que não se esgota em nenhum dos termos, sendo, portanto, uma *mediação* entre ambos, o realismo vem a ser uma categoria fundamental para a interpretação para algumas das narrativas que hoje se produzem. Nesses termos, a acepção de Raymond Williams é importante (2001, p. 304-305):

> Nenhum elemento, a sociedade ou o indivíduo, é prioritário. A sociedade não é um pano-de-fundo contra o qual as relações pessoais são estudadas, nem os indivíduos são meras ilustrações de aspectos dos modos de vida. Cada aspecto da vida pessoal é radicalmente afetado pela qualidade da vida geral, mas a vida geral, no seu âmago, é totalmente vista em termos pessoais. Em todos os sentidos, cada aspecto da vida geral é valorizado, mas o centro dessa valorização é sempre a pessoa humana – não um indivíduo isolado, mas as muitas pessoas que formam a realidade da vida geral.

Para o autor, toda a tradição realista está vinculada ao romance, que cria e atribui valor às especificidades de um modo de vida, em termos e características específicas dos sujeitos; isso confere valor ao conjunto, a uma sociedade maior que qualquer dos indivíduos que são parte dela e, ao mesmo tempo, considera-os importantes e absolutos em si mesmos.

Desse modo, a oposição comumente estabelecida entre vida e literatura, que sustenta as várias e distintas correntes críticas, fica enfraquecida, pois a própria estrutura da representação permanece viva e atuante, hoje sob outras formas e com outras implicações, funções e consequências, dadas as novas condições que as tecnologias de reprodução da imagem instauram, influenciando sensivelmente a produção de textos.

É importante ficar claro que o realismo entendido como *movimento realista* não poderia ter surgido antes de os tempos lhe serem propícios, bem como não poderia ter se enfraquecido se os tempos não lhe fossem adversos. Como se viu, novas pressões e limites, resultantes das grandes transformações trazidas pelas revoluções anteriores, consolidaram uma nova sensibilidade. A derrocada da antiga estratificação social não permitiu apenas que o homem comum surgisse em número significativo acima da superfície do que se considerava socialmente importante ou digno de nota, pela primeira vez, mas que emergisse também como sujeito capaz de influenciar significativamente o rumo dos acontecimentos. Até então, a aristocracia, detentora dos códigos estéticos de controle social, digamos assim, praticamente ignorava as classes populares, a ponto de fingir que não existiam; portanto, como representá-las, a não ser tangencialmente ou de maneira cômica ou farsesca? Em termos artísticos, a nova sensibilidade tornou impossível continuar a acreditar que o interesse da representação "elevada" estivesse restrito apenas à vida aristocrática.

Mais tarde, então, outra sensibilidade vai ultrapassar o limiar das possibilidades de representação da vida de sujeitos comuns, ingressando nas câmaras escuras de seu inconsciente, tornando móveis e instáveis os pontos outrora inarredavelmente fixos do real. Hoje, com os recursos antes inimagináveis trazidos pelos meios digitais de reprodução, mais uma vez o realismo aparenta ser categoria questionável, dispensável e superada para a crítica, pois esses novos meios desafiam até o limite as estratégias conhecidas de representação e de seu controle, problematizando tanto a criatividade literária e artística quanto sua crítica.

Todavia, creio que ainda se pode usar o conceito de realismo em literatura com o sentido de uma tomada de posição diante de novas realidades (postura), expressas justamente na característica especial de observação crítica muito próxima e detalhada do real ou do que é tomado como real (método), que em literatura não só a técnica descritiva representou e muitas vezes ainda representa, ao lado de outras, podendo, deste modo ser encontrada em várias épocas, como refração da primeira, até os dias de hoje.

Talvez assim a tarefa crítica possa avançar um pouco mais em termos de reflexão e análise, introduzindo novas perguntas, mesmo que sem respostas satisfatórias.

A persistência de um mundo hostil

A luta de minha vida foi exprimir as coisas que existem fora de mim, que me precederam neste mundo e aí ficarão depois que eu já tiver sido apagado dele. Na linguagem abstrata, isso se chama realismo.

Louis Aragon. Prefácio de *Um realismo sem fronteiras.*

Realidade e gênero literário

Convivendo hoje com outras possibilidades expressivas, o realismo vem sobrevivendo, sustentando-se agora na veia imaginativa preferencialmente urbana, que o alimentara desde o início como movimento, fértil de todo tipo de matéria humana, das mais elevadas às mais ignóbeis. Essa persistência estimula o pensamento crítico e faz pensar em possíveis razões e motivos desse eterno retorno: a que se deveria a sobrevida das representações documentais, explícitas, figurativas que ele consolidou? Que força teria para ainda inspirar o pensamento e a criação, competindo com a consagração das soluções modernistas? Qual seria o sentido social dessas reconfigurações miméticas da realidade até o tempo presente? Quais seriam os significados a ele atribuídos, em termos de mecanismos de controle?

De modo geral, qualquer que seja o ponto de vista teórico, se aceita que o realismo emergiu do processo histórico-social específico da realidade oitocentista, do qual traduz a natureza turbulenta; corresponde ao poder crescente da ideologia burguesa europeia, procurando dar forma própria à cultura e trazendo o povo para o centro da cena, com uma postura politicamente revolucionária. Democrático, libertário, subversivo, confiante, contestador de tradições e instituições, filho dileto de um século de revoluções, para dizer como Hobsbawn (1981), encarnava então o que havia de mais moderno em termos de arte e literatura, por revelar em sentido negativo a constituição da sociedade burguesa. Dessa maneira cresceu e se ramificou, fazendo da objetividade da experiência do indivíduo comum, de sua vida articulada e contínua e de sua luta contra um "mundo hostil" o tema preferencial. No entanto, como pondera Jameson (2013: p. 5), o realismo contém uma ambiguidade de fundo, pois, mesmo criticando a sociedade burguesa, participa de sua construção. E, para apreendê-lo, torna-se necessária uma visão dialética, que o assuma enquanto "um processo histórico até revolucionário, no qual positivo e negativo estão inextricavelmente combinados e cuja emergência e desenvolvimento, num único e mesmo tempo, constituem sua própria e inevitável anulação, sua própria decadência e dissolução".

Aceitar, pois, que ele sempre elabora uma refração da realidade e não uma cópia permite perceber a evolução do conceito naquilo que apresenta de ambíguo e contraditório, pois são muitos os ângulos, recortes e facetas prismáticas que o enformam ao longo da história, na sua intrínseca relação com o "mundo hostil" que um dia o confirmou como estilo.

Justamente por isso foi o romance que a ele se acomodou de modo mais que perfeito (ou vice-versa), por sua incompletude e berço incerto e por eleger como epicentro da narração um indivíduo determinado. De ossatura ainda não consolidada, segundo Mikhail Bakthin, o gênero era capaz de refletir "mais profundamente, mais substancialmente, mais sensivelmente e mais rapidamente a evolução da própria realidade" (Bakthin, 1988: p. 400). Para este autor, tanto o romance quanto o Realismo são um fenômeno literário e um sintoma da pluralidade da vida social; são veículos de uma intensa polifonia, reconhecimento e expressão da multiplicidade das vozes sociais democraticamente inseridas na narração.

A relação entre a constante modificação da forma romance e a transformação da realidade é que deu ao gênero abertura para a incorporação do povo como um critério maior ou menor de veracidade, num momento histórico em que a pressão das massas se afirmava como poder e como ameaça. Viu-se, então, que o também chamado "realismo clássico" ou "burguês" – independente da extração social dos seus autores – é a *representação necessária e profunda de uma nova realidade*, em que o confronto das forças sociais e a figuração da vida de sujeitos comuns são tomados de modo sério e até mesmo trágico (Auerbach, 1974), de acordo com a nova ordem social e o novo gênero narrativo, cuja forma lhe corresponde, ingressando assim na disputa pelo controle das representações. A representação séria e circunstanciada desses sujeitos não aristocráticos e de sua vida está ligada principalmente à dimensão biográfica no interior da qual o romance os coloca, construindo para eles espaços e tempos sem transcendência; não existem mais deuses, nem o peso do destino ou do sangue, mas uma carga de determinações diversas, como o meio, a hereditariedade e a própria história, tão terríveis quanto a imponderabilidade do *fatum*.

Alguns estudiosos identificam no realismo do século XIX dois traços essenciais: uma *exigência* e uma *contradição*. A exigência consistiria na palavra-chave "verdade", que, para eles, acabou por destronar, na escala dos "valores estéticos e morais", outros valores mais importantes como o "bom gosto e o sentimento", relacionados à aristocracia. A contradição residiria no estatuto da representação, pois, escolhendo representar o homem médio ou inferior, corria-se o risco de cair no estereótipo e no clichê, dos quais precisamente se pretendia escapar, pois representar "uma personagem simples impede o aprofundamento psicológico" (Larroux, 1995: p. 76).

Outras opiniões apontam a contradição apenas em termos de um conflito difícil de resolver entre a subjetividade do artista e a objetividade que almeja; assim, o realismo seria melhor percebido, não em termos de uma objetividade inatingível, da cópia fiel, mas da técnica da impessoalidade, por meio da qual o artista elabora uma estrutura de persuasão aparentemente autônoma, nada mais que uma ilusão de realidade forte e convincente (Williams, 1978: p. 13). Para Jameson, pensar o conceito dialeticamente, com base em sua contradição e ambiguidade intrínsecas, ou em suas "antinomias", como prefere, é o que garante sua unidade, não como síntese, "mas de preferência como antagonismo, como unidade de atração e repulsa, a unidade do conflito" (Jameson, 2013: p. 7). O que é justamente o centro do conceito de representação que venho utilizando.

Na forte disputa crítica em que se enfrentam diferentes visões de conteúdo e forma, redundando em uma espécie de aporia, a visão de Jameson, centrada na tensão entre opostos, permite ultrapassar a concepção tornada senso-comum de quem considera o realismo uma "estética ruim", superada pelas rupturas criadas pelas vanguardas modernistas. O que introduz no jogo a necessidade de refletir ainda um pouco mais sobre os conceitos de *realidade* e de *representação*, mutáveis ao longo da história.

Realidade e mentira

A possibilidade de uma representação fiel, isto é, a complexa relação estabelecida entre o sujeito criador e o objeto criado já era um problema bem consciente para os realistas da primeira hora. Champfleury e Duranty já apontavam as "deformações" inerentes ao ato de representar, como comprovam os inúmeros artigos escritos para os debates em que se envolveram, durante o alvorecer do novo estilo. Afirma o primeiro (1973, p. 171):

> A reprodução da natureza pelo homem nunca será uma reprodução nem uma imitação, mas sempre uma interpretação. A que se deve essa diferença? A que o homem, por mais que faça para se tornar escravo da natureza, é sempre levado por seu temperamento particular, que o prende das unhas aos cabelos e que o leva a tomar a natureza de acordo com a impressão que dela recebe.

Flaubert, discordando deles, já nesse tempo almeja fazer uma obra com o mínimo possível de matéria real, como se depreende do conhecido fragmento de uma carta a Louise Colet, em 1852 (Glaudes, 1999: p. 187):

> O que me parece belo, o que eu gostaria de fazer, é um livro sobre nada, um livro sem ligação exterior, que por si mesmo se mantivesse, devido à força interna de seu estilo, como a terra se mantém no ar sem sustentação, um livro que quase não tivesse assunto ou cujo assunto fosse quase invisível, se isso é possível.

De modo geral, os "realistas clássicos" procuram adquirir primeiro uma competência específica em relação à matéria selecionada, para depois criar, a partir de um acúmulo de informações. Contudo, não renunciam ao ato representativo propriamente dito, pois sabem que a arte realista não copia o real, mas pretende fazer crer que remete a uma realidade verificável. Daí a ideia de ilusão, de mentira, que se perpetuou, pois existe um sujeito, um olhar que enquadra, recorta, organiza e confere um sentido àquilo que se observa e documenta ainda como desordem e ausência de significado.

É o que atesta também uma carta de Emile Zola ao seu amigo Antony Valabrègue, em agosto de 1864, no auge das grandes discussões a respeito da afirmação do novo movimento artístico:[1]

> Permito-me, de início, uma comparação um tanto arriscada: toda obra de arte é como uma janela aberta sobre a criação; existe, encaixada na esquadria da janela, uma espécie de tela (*écran*) transparente, através da qual se percebem os objetos mais ou menos deformados, com modificações mais ou menos sensíveis nas suas linhas e cores. (...) A realidade exata é, portanto, impossível em uma obra de arte. (...)Há deformação do que existe. Há mentira (Becker, 2005: p. 154.).

A história do surgimento e evolução do Realismo na França, suas obras, manifestos, artigos e cartas pessoais dos envolvidos - hoje já exaustivamente analisados pelas mais diferentes linhas teóricas - deixa entrever uma polêmica com traços muito semelhantes àqueles que, a partir da eclosão das vanguardas modernistas, consideraram morta a própria ideia de representação, e mesmo os debates da atualidade, quando possibilidades e dimensões criadas pelas tecnologias digitais aguçam outras perspectivas, novos (ir)realismos, novos ilusionismos.

Como se viu, toda a tradição realista está ligada a um tipo de literatura que cria e confere valor próprio às especificidades de um modo de vida individual; mas isso atribui valor próprio também a todo o conjunto, a uma sociedade maior que qualquer dos indivíduos que são parte dela e, ao mesmo tempo, considera-os importantes e absolutos em si mesmos. No interior dessa tradição de representação realista há, com certeza, múltiplas hesitações, variações ou graus de êxito, mas esse ponto de vista, buscando uma apreensão específica da relação entre indivíduo e sociedade, relativiza a transparência ou a opacidade da "janela", a espessura da "tela". Valoriza-se a organização e o amálgama de diversas modalidades de experiência representadas: individual e social, subjetiva e objetiva, reflexiva e prática, pessoal e geral, uma refletida na outra, de modo a compor uma visão do todo, incluindo tudo o que diz respeito às atividades humanas, quaisquer que sejam elas. Daí as antinomias de Jameson, pois, na medida da representação de diversas modalidades de experiência, viu-se que estas carregam todas as mediações das

1 Sob o termo realismo, nesse momento, abrigam-se ainda vários significados, às vezes coincidentes, às vezes contraditórios. Apenas em 1879 define-se o naturalismo como um movimento diferente e articulado, com a publicação de *O romance experimental*, de Zola.

próprias relações sociais e que as técnicas narrativas empregadas para sua representação fiel são, assim, outras tantas mediações entre os assuntos e as formas do presente histórico.

Por conseguinte, o conceito de realismo pode ser aplicável a qualquer época, na medida em que são historicamente transformáveis e transformados sua postura e seu método. Tal postura sempre teve forte componente moral, quando não ideológico e político; tal método é preferencialmente documental, sendo esses dois adjetivos aqui empregados em sentido lato, significando, em conjunto, um compromisso de descrever os fatos e coisas como "realmente existem". Além disso, o realismo assume *funções* e causa *efeitos*, também mutáveis ao longo da história, que se podem revestir de variadas formas, relacionadas aos conteúdos expressos ou suprimidos pelos mecanismos de controle em vigor e pelas disputas do campo teórico. Daí a pletora dos modalizadores que se justapõem ao realismo: forte, fraco, mágico, fantástico, feroz, sujo, traumático, afetivo, lírico, romântico, neo, hiper, pós. Na verdade, são tentativas de apreender um fenômeno cheio de hesitações, ambiguidades e antinomias, tal como a própria realidade social.

Realidade e refração

Posto nesses termos, o realismo adquire um sentido trans-histórico – o que apoia e explica em parte sua persistência – e volta a conferir importância particular ao próprio conceito de representação.

A representação realista, aspirando levar os objetos a uma espécie de evidência imediata, empenha-se em apagar a distância que os separa da realidade, mas sempre considerando ser a imitação do real menos uma questão de semelhança que de conformidade a regras de composição. E os autores do movimento realista, desde o início, sabem que, baseada em *representações compartilhadas* com o público, cada obra constrói seu próprio objeto, essencialmente fictício, em referência às imagens mentais que preexistem à obra.

A referência à *presença* está no centro da ideia de representação. Na origem, representar qualquer coisa é fazê-la aparecer, é mostrá-la *in praesentia*. Pensando em termos históricos, Glaudes (1995: p. 8-10) ensina que o cristianismo aceita, em nome da encarnação, a figuração de Deus, ao passo que as religiões monoteístas veem perversão da natureza divina em toda imagem concreta de Deus e de sua criação. Desde a Antiguidade, o culto à imagem viva do Imperador, considerada divina, conferiu dignidade à representação; em decorrência, a teologia cristã nascente, definindo suas condições a partir de dogmas - sobretudo a criação do homem à imagem de Deus - faz nascer a literatura e a arte cristãs, legitimando a ambição de representar. Durante a Idade Média, a representação procurava estabelecer no mundo sensível o que, pela própria natureza, era inacessível aos sentidos, compensando uma ausência concreta dificilmente tolerável, em relação às crenças e valores coletivos da época. Assim, as imagens proliferaram, contendo em si o espiritual e o temporal, afirmando a presença de Deus na Terra.

Depois de um longo período em que se mesclam prevenção e liberação, inclusive com a Reforma Protestante, que provocou uma regulação rígida das formas de culto, associou-se o gênio do artista ao estado místico, colocando o sublime acima do belo, na escala dos valores estéticos, o qual, na verdade, não reside em nenhum objeto da natureza, mas apenas no espírito. Desse modo, coloca-se a arte fora da esfera da representação, elevando-a ao infinito. Para Glaudes (1995), ganha corpo, portanto, uma espécie de prevenção religiosa ligada à parte mais sensível e concreta da representação, alimentando todos aqueles, desde Baudelaire até os surrealistas e abstracionistas - que tentarão escapar dos limites tradicionalmente atribuídos à figuração, essência da concepção estética realista -, bem como a crítica que defende a arte pela arte.

A noção de *representações compartilhadas*, acima citada, reintroduz o dado conceitual básico - fonte de antigos e não resolvidos antagonismos -, que norteia minha reflexão: a dependência de todas as artes em relação às coletividades humanas de que surgem, inscrita na própria história da representação. Pois, "se literatura é representação da vida, a representação é exatamente o lugar em que a vida, em toda a sua complexidade social e subjetiva, penetra no trabalho literário" (Lentricchia e McLaughlin, 1990: p. 15).

Por conseguinte, pode-se dizer que o realismo, tomado como nova postura e novo método, sobretudo no período em que aos poucos passa a estilo nomeado e dominante na literatura e na pintura, a partir do século XIX, aguça a problemática da representação do mundo, pois, desde então, estão postos os termos modernos do debate sobre as relações entre literatura e sociedade: os modos de percepção e de compreensão do mundo social, que sustentam a representação, correspondem às formas sociais e culturais a que pertencem. À diversidade dos objetos a representar corresponde uma diversidade de modos de composição que organiza globalmente essa representação, em cada autor e em cada época. Assim, o processo representacional realista não é de qualidade apenas referencial; trata-se de *imitação em profundidade*, como apontei, cuja perspectiva geral está inextricavelmente ligada à história e à sociedade.

Em Lukàcs encontra-se a abordagem histórico-teórica mais abrangente que se conhece a respeito de realismo no romance, de que são tributários, com diferenças, Erich Auerbach e também Raymond Williams. Para o pensador húngaro, o realismo é o paradigma artístico por excelência e o romance do século XIX a sua mais alta realização, devido à complexidade da representação da vida humana em seu contexto histórico, como totalidade. Sua forma é essencialmente marcada pela capacidade de registrar as problemáticas e irreconciliáveis contradições de uma modernidade puramente secular, a qual identifica como o próprio capitalismo. Assim, passa a ser critério essencial de valor a relação da obra com esse contexto:

> Os novos estilos, os novos modos de representar a realidade, não surgem jamais de uma dialética imanente das formas artísticas, ainda que se liguem às formas e sentidos do passado. Todo novo estilo surge como uma necessidade histórico-social da vida e é um produto necessário da evolução social (Lukàcs, 1968: p. 57).

No entanto, no conhecido ensaio de 1936, "Narrar ou descrever", acima citado, o autor lamenta o abandono da "clarividência e onisciência" pelos escritores realistas e "modernos", estabelecendo uma distinção entre as técnicas de narrar e de descrever, conferindo maior qualidade ao narrar. Para ele, trata-se de um método de representação próprio de um período do capitalismo em que ainda era possível, de alguma maneira, participar dos seus rumos de modo progressista; já o descrever, que ele rejeita, seria próprio de uma sociedade já cristalizada, consolidada, que teria relegado os escritores e suas personagens a uma posição de meros observadores, mesmo sendo críticos.

> O realismo moderno, baseado na observação e na descrição, tendo perdido a capacidade de representar a efetiva dinâmica do processo vital, reflete a realidade capitalista de modo inadequado, atenuando e minimizando suas características. A humilhação e a mutilação do homem pelo capitalismo são mais trágicas; a bestialidade do capitalismo é mais abjeta, feroz e cruel do que podem fazer supor as imagens que dela é fornecida pelos melhores romancistas que adotam o método descritivo (Lukàcs, 2010, p. 184).

Claro que o método descritivo não produz apenas esse efeito; não tem necessariamente o sentido de desistência ou de acomodação, pois a descrição de cenas, planos e objetos funciona como componente de conjuntos socialmente traçados, construindo um panorama de grande especificação social. Cabe aqui, portanto, lembrar Bertolt Brecht,[2] que, com acerto, reclama um conceito de realismo mais amplo que o lukacsiano: "Não é o conceito de estreiteza, mas o de amplitude que cabe ao realismo. A própria realidade é ampla, variada e está cheia de contradições: a história cria e rejeita modelos (Brecht, 1973: p. 257).

Para Lukàcs, a literatura tem função política e a grande obra é aquela que rompe as máscaras sociais, evidenciando os processos perversos do capitalismo, contestando-o e não apenas constatando-o, sendo que, para isso, é preciso entender a obra literária como um *reflexo* da realidade, sendo a principal função da arte contribuir para a transformação da consciência do indivíduo. Ele não nega a importância de aspectos internos e específicos da obra, mas aponta esse procedimento como auxiliar na compreensão das ligações entre ela e o processo histórico; defende a existência de um fio que liga forma e conteúdo, sendo esse fio o quadro de problematizações das relações sociais.

As posições de Lukàcs sobre o realismo no romance foram muito questionadas por Theodor W. Adorno, no ensaio *Posição do narrador no romance contemporâneo*, de 1954, em que ele nega veementemente a possibilidade de representação totalizante da realidade, construindo uma crítica negativa do ato de narrar e afirmando que este só se concretiza pela apreensão incompleta e insuficiente dos conflitos sociais. É muito conhecida sua afirmação de que "não se pode mais narrar, embora a forma do romance exija a narração" (Adorno, 2003: p. 55). A visão iluminista de perfeição e totalidade humanas possibilitadas pela razão, como meio de superação de conflitos sociais, para ele não é mais possível, assim como os procedimentos formais que privilegiam a objetividade. O ano de publicação desse ensaio, 1958, é significativo; pouco mais de uma década depois da experiência avassaladora da Segunda Grande Guerra, as condições históricas para a produção literária já não são mais compatíveis com a representação "fiel" do real, estabelecendo-se, na visão do filósofo, uma "crise da objetividade literária" (Adorno, 2003:

2 As proposições das vanguardas, que desafiavam as concepções do realismo (realismo socialista) aceito pelas posições políticas dominantes dentro do marxismo de então (1937-1938) suscitaram um amplo debate entre vários críticos, entre os quais se destacam Georg Lukàcs, Bertolt Brecht e Theodor W. Adorno, de cujos textos há inúmeras publicações.

p. 57). Para ele, a representação mimética torna-se um ato de indiferença perante o processo histórico e a representação realista nada mais faz do que mascarar os conflitos sociais: "Se o romance quiser permanecer fiel à sua herança realista e dizer como realmente as coisas são, então ele precisa renunciar a um realismo que, na medida em que reproduz a fachada, apenas a auxilia na produção do engodo" (Adorno, 2003: p. 57).

Criticando severamente o apego de escritores a um "realismo de exterioridade" (Adorno, 2003: p. 58), preso à pura descrição de comportamentos diante de situações de conflito, que não penetram na subjetividade humana, para onde convergem as tensões absorvidas da violência do processo histórico, ele assegura que a palavra literária, esvaziando-se de sentido, precisa ser transformada para apreender a realidade. Torna-se necessária, portanto, a anulação ou diminuição da distância estética, uma "tomada de partido contra a mentira da representação" (Adorno, 2003, p. 60), que faz a compreensão do romance menos clara e objetiva, menos imediatamente fácil e prazerosa, em contraposição ao ponto de vista fixo do romance tradicional.

Desse modo, a fragmentação passa a ser a categoria essencial da forma do romance moderno, sendo que a obra deve ser constituída por meio de "antagonismos formais", os quais revelam a precariedade dos conflitos sociais, sendo a realidade percebida como categoria negativa dentro do processo histórico; as relações sociais se estabelecem por meio do conflito entre indivíduo e sociedade, situação em que se revelam a pobreza da experiência e a incompletude do ser humano.

A rápida exposição aqui da diferença entre os critérios de valoração estética, criados por dois importantes teóricos do realismo, explicita a imensa divergência conceitual da crítica posta pelos processos históricos da primeira metade do século XX, que criaram um mundo pós-catástrofes, em que as experiências sociais e intelectuais não são mais as mesmas em relação às da era burguesa. Os critérios lukacsianos deram conta de uma forma de composição literária, referente aos grandes escritores do século XVIII e início do XIX, em uma dada etapa do desenvolvimento do capitalismo, mas eles apresentam pontos discutíveis como instrumentos de crítica de uma produção literária que já formaliza uma realidade histórica totalmente diferente, uma nova fase, em que a harmonia, a perfeição, o equilíbrio e a fidelidade ao real, construindo uma totalidade fechada, não têm mais condições de existir.

Por conseguinte, é possível que a ideia de *refração*, com sua multiplicidade de ângulos, linhas e matizes, possa acolher a catástrofe, o horror e as contradições de uma realidade danificada, contudo, sem ignorar ou abrir mão da tentativa de continuar a apreender a totalidade, mas sempre de forma negativa, enfrentando a história, que mais uma vez obriga a rever os conceitos de real e realidade, mergulhados nas possibilidades virtuais das novas tecnologias.

Outro caminho

Assumindo, então, que o realismo é sempre imitação em profundidade e sua refração o conceito que permite representar esteticamente a realidade, volto a seguir o percurso histórico traçado por Auerbach (1974: p. 491). Como afirmei, um passo adiante em relação ao "realismo burguês" do século XIX deu-se com a incorporação da representação dos movimentos da consciência, no início do século XX. Esse realismo exigiu outra posição do escritor diante do real, como notou Adorno mais tarde, pois ele perdeu sua segurança objetiva, dada pela certeza cientificista, que supunha a apreensão e a reconstrução de uma realidade concreta ainda não inteiramente vivenciada pelo sujeito. Antes, "ainda não era dado ao sujeito viver plenamente a realidade econômico-social, que apenas despontava, nem os resultados mais complexos da revolução industrial" (Cara, 2009: p. 134). Agora, porém, o narrador onisciente não é mais o senhor da verdade retratada, a instância soberana a efetuar os recortes do real; é a consciência das personagens criadas que elabora mediações e refrações, revelando uma experiência mais profunda e mais ampla da totalidade social, aglutinando ao mesmo tempo sujeito e objeto. Como frisa Luís Costa Lima (2009: p. 174): "A compreensão da realidade passa a depender do acordo prismático de várias subjetividades e não mais é ditada pelo ponto de vista e pela imaginação do sujeito mediador, isto é, o narrador".

O recurso estilístico correspondente a tais transformações, vimos, é a narração em primeira pessoa (*grosso modo* monólogo interior ou fluxo de consciência), mais frequente a partir da década de 1920, que tenta captar e simular a confluência e simultaneidade de estímulos do real, assumindo uma ótica subjetiva em direção às profundezas da mente humana, não mais objetiva, como na narração realista em terceira pessoa, mas subjetiva, evidenciando a passagem da ação para a impressão. Virginia Woolf, por exemplo, em "Ficção moderna" (2014, p. 109-10), ensaio de 1919, entende como mais moderna a narrativa que tenta expressar a multiplicidade de estímulos do real.

> Examine a mente comum num dia comum por um momento. Miríades de impressões recebe a mente – triviais, fantásticas, evanescentes ou gravadas com a agudeza do aço. E é de todos os lados que elas chegam, num jogo incessante de átomos inumeráveis; (...) Registremos os átomos, à medida que vão caindo, na ordem em que eles caem na mente, e tracemos o padrão, por mais desconexo e incoerente na aparência, que cada incidente ou visão talha na consciência.

O escritor mais marcante da passagem da descrição da ação para as impressões e estados de consciência é Marcel Proust, que conseguiu representar uma dimensão completa da sociedade francesa, refratada em apenas uma subjetividade. *Em busca do tempo perdido* (publicado entre 1913 e 1927) é uma interrogação dos incontáveis signos por meio dos quais se manifestam as pessoas e as coisas; seu objetivo é o *desvelamento* da realidade vivida, uma realidade refratada na consciência do narrador, tal como Virgínia Woolf percebe. E como afirma Adorno, explicando a "técnica micrológica" proustiana: "O narrador parece fundar um espaço interior (...) – e o que quer que se desenrole no exterior ocorre (...) como um retalho interior, um momento da corrente de consciência." (Adorno, 1980: p. 271). Assim, Proust ultrapassa a objetividade realista burguesa e também a subjetividade pura e simples, por meio de uma gama de incontáveis refrações, que, mesmo questionando a ideia de totalidade, remete a ela em cada fragmento representado, como também Antonio Candido (2004: p. 127) ensina:

> Ao contrário, a arte do narrador [Proust] pretende descrever de muitas maneiras, recomeçar de vários ângulos, ver o objeto ou pessoa de vários modos, em vários níveis, lugares e momentos, só aceitando a impressão como índice ou sinal. É uma visão dinâmica e poliédrica, contrapondo-se a outra, estática e plana.

Dostoievsky, descrevendo as dúvidas e angústias de suas personagens, já antecipara o que Franz Kafka, James Joyce e Virginia Woolf realizariam logo depois. Manifestações tênues, lábeis, difusas, que acompanham nossos pensamentos e atos quotidianos, aparentemente insignificantes, tornam-se matéria da narração; o romancista penetra em meandros desconhecidos dos realistas da primeira hora, aprofundando a pesquisa de antes em direção aos refolhos da consciência: busca-

-se então um real interior, recôndito, o fundo obscuro dos estados psicológicos, muito além da concretude das coisas exteriores.

O enfraquecimento do realismo burguês ou realismo clássico, e seu viés naturalista, firmado depois, deveu-se principalmente às consequências da industrialização desenfreada que efetivamente não abrira as portas do paraíso para todos; é outra fase do capitalismo, inaugurando mais um estágio do desenvolvimento das formas artísticas, correspondente a ele, revelando "a impotência do sujeito frente a supremacia das coisas", como quer Adorno. A unidade e a permanência subjetivas positivistas são relativizadas, inclusive pela ascensão das forças do inconsciente,[3] o que exige novos códigos de representação.

A partir da última década dos oitocentos, assiste-se, então, ao crescimento de uma crítica cerrada às convicções realistas e também naturalistas, no centro das quais, na França, estão Flaubert e Zola. Desde a morte de Flaubert, em 1880, começam a surgir dissensões, entre elas a ideia de um romance psicológico, mais voltado para as questões interiores, espirituais, mentais, a que se seguiriam depois o decadentismo e o simbolismo. Entre os inúmeros artigos e declarações às vezes virulentas que se levantam, principalmente contra o naturalismo, são dignos de nota os de Huysmans,[4] o qual sempre desenvolvera temas caros aos naturalistas, mas agora propõe a necessidade de encontrar um novo caminho, como no excerto abaixo, retirado do primeiro capítulo de seu romance *Là-bas*, de 1891.

> Seria preciso guardar a veracidade do documento, a precisão do detalhe, a língua abundante e nervosa do realismo, mas seria preciso também mergulhar na alma e não querer explicar o mistério por meio das doenças dos sentidos. (...)Em uma palavra, seria preciso seguir o largo caminho aberto por Zola, mas também seria necessário traçar no ar um caminho paralelo, uma outra rota, alcançar o daqui e o de lá, fazer, em uma palavra, um naturalismo espiritualista (...) (Becker, 2000, p. 180).

Aos poucos fica cada vez mais difícil, portanto, acreditar na possibilidade de conseguir objetividade genuína por meio da literatura, mesmo porque essa objetividade significa agora a aceitação passiva da positividade do próprio mundo hostil

3 Importante assinalar novamente a influência de Freud, que publica, em 1895, seu *Estudo sobre a histeria* e, em 1899, *A interpretação dos sonhos*.

4 Joris Karl Huymans (1848-1907), escritor e crítico de arte. Publicou, entre outros mais, *À rebours* (1884).

que a gerara e a alimentara até então, com as consequências visíveis, em todos os campos da vida social: especulação, negociatas, corrupção, possibilitando enriquecimentos e aumentando a miséria, reorganizando a sociedade em termos de maior desigualdade e maior despolitização.

Recusa e invenção

Como resposta a tudo isso, assiste-se a uma completa perturbação do regime tradicional da representação, a crise da representação, já mencionada, traduzindo-se ao mesmo tempo no questionamento ou recusa das práticas anteriores e na invenção de novas poéticas ou modos expressivos. Mas a rejeição da interpretação realista não despojou a ficção de sua ambição de representar o real. É uma concepção de realismo que se esgotou: o da civilização calcada na razão iluminista, a qual, pretendendo ser emancipadora, levara o mundo ocidental à mais sangrenta guerra do século XX; a que encarnava o espírito burguês empreendedor e positivista e transformara a arte em mercadoria. Já não é mais possível "se entregar ao mundo com um amor que pressupõe que o mundo tem sentido" (Adorno, 1980: p. 269). Buscam-se, então, novos caminhos como possibilidades de resistência: emerge, como negação radical, a enorme multiplicidade de soluções encontrada pelas vanguardas do início do século XX, notadamente o Surrealismo.

Enquanto o realismo de então, de modo geral, determinara racionalmente o sentido da representação, definindo os códigos de leitura e de apreciação, sem dissipar a ilusão da transparência – a verdade da mentira –, as novas tentativas expressivas remetem às falhas, às fissuras da representação – às fissuras da própria realidade social –, pois "a realidade possui uma miríade de formas; a experiência nunca é limitada ou completa; é uma sensibilidade imensa (...) é a verdadeira atmosfera da mente", tal como define Henry James – cuja obra o demonstra – no seu conhecido texto *The art of fiction (A arte da ficção)*, de 1884.[5]

Seja como for, a ênfase no não-dito, proveniente da experiência individual e da visão subjetiva, torna-se cada vez mais acentuada, até atingir sua forma final no Surrealismo. Em 1924, André Breton define, no seu *Manifesto do Surrealismo*,[6] a natureza do movimento, procedendo a uma implacável condenação do realismo e insistindo na procura de outros rumos, que não os da razão e da lógica.

---

5 Disponível em www.mantex.co.uk/ou/aa810/james-o5.htm Acesso em 09/03/07.

6 Disponível em www.culturalbrasil.org/zip/breton.pdf. Acesso em 04/03/2007.

> O processo da atitude realista precisa ser instaurado, em seguida ao da atitude materialista. (...) a atitude realista, inspirada no positivismo, de São Tomás a Anatole France, parece-me hostil a todo impulso de liberação intelectual e moral. Tenho-lhe horror, por ser feita de mediocridade, ódio e insípida presunção.[7]

O que está em jogo e se desenha como a questão central para o Surrealismo é o julgamento do que se entende por realidade; nesse sentido, a nova postura é lutar por um novo conceito de real e pela possibilidade de instaurar formas também novas de representação. Fica bastante clara a determinação de um território de disputa teórica e conceitual. Qual é, pois, a realidade do sonho e do desejo? Como representá-los? A escrita automática foi a possibilidade proposta, apoiada nas contribuições de Freud, que Breton saúda: "Talvez esteja a imaginação a ponto de retomar seus direitos. Se as profundezas de nosso espírito escondem estranhas forças capazes de aumentar as da superfície, ou contra elas lutar vigorosamente, há todo interesse em captá-las".[8] Mas aqui é importante lembrar que o impulso inicial do realismo burguês se baseara também num julgamento da realidade social de então, todavia vista como concretude exterior ao sujeito, apesar, muitas vezes, de um inequívoco toque de "exotismo" de alguns dos autores, como afirma Cara (2009: p. 233), "quando tratam da camada popular em tom moralista e superiormente humanitário de 'grãos-burgueses' e 'semiaristocratas' destinados a representar literariamente os direitos do povo". Veja-se a espécie de condescendência nobilitante, no fragmento retirado do prefácio de *Germinie Lacerteux*, dos irmãos Goncourt, em 1865 (Chartier, 2005: p. 152):

> Vivendo no século XIX, época de sufrágio universal, de democracia e liberalismo, perguntamo-nos se o que se chama de "classes baixas" não teria direito ao romance; se esse mundo abaixo do mundo, o povo, deve continuar esmagado pela proibição literária e o desprezo dos autores (...). Perguntamo-nos se existem ainda, para o escritor e para o leitor, nesses anos de igualdade em que estamos, classes indignas, infelicidades baixas demais, dramas tão pouco elevados, catástrofes de um terror tão pouco nobre, (...) se num país sem castas e sem aristocracia legal, as misérias dos pequenos e dos pobres falariam ao interesse, à emoção e à piedade, tão alto quanto as misérias dos gran-

---

7 Idem, p. 2

8 Idem, p. 5.

> des e ricos; se, em uma palavra, as lágrimas que se choram embaixo poderiam fazer chorar como aquelas que se choram em cima.

A tendência surrealista, portanto, parece inverter o princípio do realismo em vigor, pois se refere a um mundo puramente interior, rejeitando os elementos da realidade concreta e o impulso transformador da sociedade, que fora vista como indigna, cruel e injusta, de acordo com a postura moral que sustentara o movimento oitocentista. Mas, numa leitura mais atenta, percebe-se que Breton acredita "na resolução futura destes dois estados, tão contraditórios na aparência, o sonho e a realidade, numa espécie de realidade absoluta, de *surrealidade*, se assim se pode dizer".[9]

Na verdade, é possível pensar que na junção desses dois aspectos, sonho e realidade – vista como interioridade –, estabelece-se apenas uma refração do real e não seu desaparecimento, uma vez que um depende intrinsecamente do outro, articulando-se esteticamente no princípio da montagem, a linguagem surrealista por excelência. Concretiza-se, portanto, nova possibilidade de representação, outro caminho, que não exclui a realidade empírica, apenas considera suas refrações. Como analisa Adorno (2003: p. 136):

> As composições surrealistas podem ser consideradas, no máximo, como análogas ao sonho, na medida em que a lógica costumeira e as regras do jogo da existência empírica são descartadas, embora respeitem nesse processo os objetos singulares retirados à força de seus contextos, ao aproximar seus conteúdos, principalmente os conteúdos humanos, da configuração própria aos objetos. Há decomposição e rearranjo, mas não dissolução.

Pouco depois da segunda Grande Guerra, em 1950, Nathalie Sarraute publica um artigo intitulado "*L'ère du soupçon*" (A era da suspeita), com feições de manifesto, no qual assume sua posição em relação ao romance, rejeitando a antiga receita realista: "Entramos na era da suspeita" (Sarraute, 1997: p. 63).

Percebe-se no subtexto de Sarraute a ideia já cristalizada pelas vanguardas, em geral, de que uma totalidade perfeitamente apreensível pelo olhar do artista tornou-se inviável; o próprio processo histórico encarregou-se disso por meio das duas grandes guerras, que, como já disse, além de fazer esmorecer qualquer

9 *Manifesto do Surrealismo*, cit., p. 6.

impulso de ação política, destruíram a ilusão da representação total. Suspeita-se agora do mundo reconstruído à imagem e semelhança da burguesia; suspeita-se de sua estética; suspeita-se, portanto, dos ambientes minuciosamente descritos, dos fatos perfeitamente documentados, dos narradores isentos e impassíveis, das personagens construídas segundo um estatuto de verdade, a fim de manter intactas a "mentira", a ilusão da referência, a "paisagem através da janela".

Em suma, na esteira do Surrealismo – embora com diferenças, impossíveis de explorar aqui –, Natalie Sarraute postula "outra realidade" como inspiração para o romance, composta da tentativa de representar inquietações profundas, movimentos indefiníveis deslizando rapidamente nos limites da consciência e que estão na origem dos gestos, das palavras e dos sentimentos manifestos, parecendo constituir a fonte secreta da existência: "Só é possível comunicá-los ao leitor por meio de imagens que lhes sejam equivalentes e façam-no experimentar sensações análogas" (Sarraute,1997: p. 8).

A representação continua necessária, pois ainda há algo a representar; como refrações – a decomposição, a fragmentação, a atomização, – pode-se representar aquilo que para a autora são os tropismos, a essência de sua busca, constituindo mais uma resposta à interminável crise da representação. A impossibilidade da figuração transparente do mundo administrado torna-se clara para uma consciência traída pela "irrealidade da realidade", pela impotência dos atos e da própria linguagem. É possível aventar que as inquietações de Sarraute e dos surrealistas testemunham a tensão entre "a busca de uma liberdade subjetiva em uma situação de não-liberdade objetiva" (Adorno, 2006: p. 138), acentuando-se então a interrogação sobre os signos, descartadas sua concretude e transcendência.

Provavelmente, o último assalto à ideia de um realismo clássico tenha surgido com o *nouveau roman (novo romance)*, de Alain Robe-Grillet. Recusando expressamente o que chama de mitos das profundezas de Sarraute, ele se levanta contra qualquer tentativa de exprimir "a alma oculta das coisas". E afirma que o novo romance deve se concentrar sobre a reprodução literal de um mundo reduzido apenas a superfícies, que diluem e desarticulam as personagens, em descrições longas e minuciosas; daí o nome de "escola do olhar". Denunciando qualquer interioridade, todavia também não aceita a objetividade de tipo naturalista, pois pretende apenas um registro puro e simples da concretude das coisas. No seu texto de 1963, *Pour un nouveau roman* (Por um novo romance), o autor pondera que o romance tradicional cria uma ilusão de ordem e significado inconsistente em relação à natureza radicalmente descontínua e aleatória da experiência moderna. Resultando de uma tensão não resolvida entre as palavras e as coisas – que evidentemente não vale apenas para o romance, desde Mallarmé, Valéry e Rimbaud – a tarefa do novo romance seria, portanto, dispensar qualquer organização ou interpretação da realidade, simplesmente porque a realidade "está lá": "Trata-se da velha ambição de Flaubert: construir alguma coisa a partir do nada, que se mantém em pé sozinha, sem ter que se apoiar em nada exterior à obra; essa é hoje a ambição de qualquer romance" (Robe-Grillet, 1963: p. 137-39).

De Flaubert a Robbe-Grillet parece ter-se desenhado um círculo perfeito. O pai do Realismo já intuíra aquilo a que se chegaria, em termos de possibilidades de representação, um século depois; foi também a recusa insistente do realismo que aguçou as condições de possibilidade de suas múltiplas refrações.

Apesar das diferenças radicais entre si, tanto Sarraute quanto Robbe-Grillet não pretendem opor a aparência à essência, ou seja, o concreto ao abstrato, pois, segundo Chartier (2005: p. 191), suas formulações teóricas não são isentas de resquícios de positivismo: se, na primeira, persiste um sujeito que interroga e analisa, no segundo está sempre presente o olhar de um observador. De qualquer modo, ambos procuram dar, às exigências do mundo pós-guerra, conturbado pela ascensão de novas formas de exploração e controle, em meio aos quais se debate um sujeito destituído de certezas, algumas respostas que decididamente passam longe de qualquer interpretação fácil.

Olhando para trás, hoje se pode afirmar que as tentativas do *nouveau roman* situam-se a meio caminho entre as conquistas das vanguardas, principalmente do Surrealismo, e as postulações pós-modernas de morte do sujeito, fluidez de subjetividades, descentramento, etc., deles derivadas, que continuam a incidir diretamente sobre as concepções de realismo. Sua tonalidade austera e anódina, com descrições físicas precisas e estáticas, elevado sentido de ambiguidade dos pontos de vista, radicais disjunções de tempo e espaço, comentários autorreflexivos dos processos de composição e obediência à lógica dos próprios textos, na verdade representam – ainda e sempre – as vivências absolutamente novas do período pós-guerra, em que um "eu mínimo" se vê perdido e só num mundo em que já reina a gestão tecnológica e a mercadoria, tanto quanto a objetividade fotográfica do realismo burguês representou a potência de um "eu soberano", racional, seguro de seus poderes e prerrogativas, o "eu solar", cartesiano, de que fala Luís Costa Lima (2000: p. 84).

Eterno retorno

A ideia de refração, que procurei desenvolver até aqui, acompanhando a história do realismo, parece-me operacional, nos tempos que correm, para o dilema da representação realista, uma vez que, em nenhum momento, desde o surgimento de um movimento realista consciente, articulado e sistemático, correspondente ao sujeito positivista, até a sua aparente destruição, cem anos depois, com a crise da representação – o mais sério e duradouro assalto que se lhe fez – , ele deixou de resistir, escondendo-se sob as mais diversas aparências. Desde a transparência absoluta da tela, no início, até sua total opacidade, no final, ele resistiu, estilhaçado, para ressurgir reconstituído e forte, sobretudo na produção narrativa de massa, mas também em muitos textos considerados de qualidade.

Cabe perguntar, mais uma vez, a que se deve esse eterno retorno. Evidentemente não pode haver resposta conclusiva para uma questão de tal envergadura – e nem é essa a pretensão –, mas pode haver uma pista para discussão no viés escolhido desde o início: aquele fornecido pela conceituação de Raymond Williams, que encara o realismo como um *modo de representar as relações entre o social e o pessoal*, que não se limita a um simples processo de registro e/ou descrição, pois sempre depende, para sua plena elaboração, da *apreensão das formas dessas relações*, além da capacidade de também *manejar as formas de percepção e de representação artística, mutáveis ao longo da história*. Nesse sentido, trata-se de um modo de compreensão estética do mundo social, que o representa em profundidade, repito, e não uma forma de representação presa apenas a aspectos aparentes ou a possibilidades dadas pela linguagem em si.

Evidentemente existe aqui um anseio de totalidade que não aceita por completo a crise da representação, a que assume a fragmentação, a atomização, o estilhaçamento, a fresta e a fissura como únicas formas possíveis de representação de um mundo repetidamente dilacerado, tornado maior e menor pelas tecnologias de comunicação, administrado pelo espetáculo e desestabilizado das antigas certezas em relação às identidades e papéis sociais e à eficácia da própria linguagem. A negação cabal do realismo e sua condenação crítica como uma "estética ruim" não basta como resposta possível a esse admirável mundo novo.

Fragmentação, atomização, elisão, indeterminação, etc., traduzindo conceitos herdeiros das vanguardas e muito ativos no contexto histórico presente, assumidos como critério único de valor estético e crítico, são elementos que acabam por enfatizar apenas a recusa individual como esfera de sentido. Desse modo, o mundo exterior – quando é considerado – passa a ser apenas um dado material de que o eu se alimenta, que existe fora de si como mera contiguidade. Tal postura, na verdade, reitera, com sinal trocado, a busca da impassibilidade e da distância científica positivista, marcas formais da escola realista. Assim desaparece qualquer possibilidade de completude, de complementaridade, de interdependência ou mesmo de contato entre sujeito e objeto, o que desobriga de qualquer compromisso.

O ponto a reter aqui é que, talvez, justamente pela exacerbação desses aspectos, o realismo, saindo pela porta da frente, volta sempre pela dos fundos, como um modo – uma forma – de impor ao sujeito a presença inescapável da existência empírica do mundo, dos sujeitos e de suas consciências. Volta como afirmação da própria impotência da criação autônoma diante do "superpoder do mundo-coisa" (Adorno, 1980: p. 270), do "mundo hostil", infinitamente multiplicado e reiterado pelo espetáculo, que é sua linguagem. Volta despido de sua postura libertária dos primeiros tempos, de seu sentido coletivo, da intenção de penetrar profundamente no reino dos objetos para devorá-los por dentro, pois essa seria a prova – ilusória – da integridade e da potência do sujeito que os representa. Volta como mais uma refração, como um modo de representar as relações de hoje entre o social e o pessoal; volta como sintoma e diagnóstico de um estado de coisas de alguma forma parecido com o do momento em que ele eclodiu como necessidade histórica de sistematização. Assim, a violência, o choque, o trauma e a barbárie, mais que temas realistas, tornam-se estratagemas estéticos e o real avassalador volta congelado em texto e imagem (como tento mostrar no último capítulo deste livro), cobrando caro o preço do espetáculo, não como simples "paisagem através da janela" ou como "efeito de real", mentira, ilusão, mas sim "como testemunha da reversão da liberdade abstrata em uma supremacia das coisas" (Adorno, 2006: p. 139).

As energias do tempo: o Realismo em Portugal

> *Não entendo como você pôde escrever tudo isso! – onde não há absolutamente nada de belo, nem de bom! E certamente virá o dia em que você vai perceber que tenho razão. Para que revelar tudo o que é esquálido, miserável... ninguém consegue ler este livro sem se sentir mais infeliz e ruim.*
>
> Carta *de Gertrude Tennant a G. Flaubert, sobre* Madame Bovary, 1857.

A discussão teórica, proposta nos dois capítulos anteriores, pretende ser um alicerce – ainda que incompleto e instável – para a compreensão dos que vêm em seguida, sustentando o percurso que efetuou o realismo, desde o nascedouro, até adquirir consistência estética e conceitual, como Realismo, principalmente na França, considerada então o centro do mundo. A partir de agora, examinando a entrada e a repercussão do conceito e de sua consolidação, na literatura portuguesa, procuro explicar o papel que ali exerceu principalmente Eça de Queirós, como uma espécie de vetor literário das ideias do tempo, para, depois, no capítulo posterior, analisar como alguns de seus romances somaram forças para a eclosão do movimento no Brasil, já em gestação bem antes. De toda a obra do escritor português, emerge um debate profundo a respeito das condições sociais e das concepções estéticas de seu país, naquele momento, que repercutiram com estrondo no campo das disputas críticas brasileiras e no gosto do público leitor.

Tanto lá como cá

Em *Os Maias*, publicado em 1888, romance que faz parte do projeto inacabado do autor, *Cenas da vida portuguesa*, Eça de Queirós cria um amargo painel da vida lisboeta de seu tempo, em que as personagens se destacam como superficiais e sem perspectivas, gastando as horas em passeios, teatros e jantares, nos quais, entre outros assuntos, fustiga-se e se ridiculariza Portugal, sua política, cultura e hábitos atrasados. Em um dos inúmeros encontros dessas personagens, ensaia-se inclusive uma discussão sobre o realismo, a "maré torpe" que se alastrava na literatura:

> Isto levou logo a falar-se do *Assomoir*,[1] de Zola e do realismo: e o Alencar imediatamente, limpando os bigodes dos pingos de sopa, suplicou que não se discutisse, à hora asseada do jantar, essa literatura "latrinária". Ali todos eram homens de asseio, de sala, hem? Então, que não se mencionasse o "excremento"! Pobre Alencar! O naturalismo; esses livros poderosos e vivazes, tirados a milhares de edições; essas rudes análises, apoderando-se da Igreja, da Realeza, da Burocracia, da Finança, de todas as coisas santas, dissecando-as brutalmente e mostrando-lhes a lesão, como a cadáveres num anfiteatro; esses estilos novos, tão novos, tão preciosos e tão dúcteis, apanhando em flagrante a linha, a cor, a palpitação mesma da vida, tudo isso (que ele, na sua confusão mental, chamava a "Ideia Nova"), caindo assim de chofre e escangalhando a catedral romântica (Queirós, s/d: p. 162-163).

Como essa, várias referências ao "naturalismo, com suas aluviões de obscenidade" (p. 163), surgem ao longo do romance, cujo enredo se passa em 1875. Mas, em 1888, a Ideia Nova era ainda discutida e fustigada em Portugal, de fato e não só na ficção. Tanto que, no texto "Idealismo e Realismo", já de 1879, que serviu parcialmente de prefácio à segunda edição de *O crime do Padre Amaro*, publicado em Portugal, em 1875, Eça (1948: p. 391-407) escreve:

> Foi por ocasião do aparecimento destes meus livros, *O crime do Padre Amaro* e *O Primo Basílio*, que se começou a falar em Portugal no Realismo e numa outra instituição que me dizem chamar-se *Ideia Nova*. (...). Eu sou, pois, associado a estes dois movimentos, e se ainda ignoro o que seja a *Ideia Nova*, sei pouco mais ou menos o que chamam aí a *Escola Realista*. Creio que em Portugal e no Brasil

1 Traduzido para o português como *A taberna*.

> se chama *Realismo*, termo já velho em 1840, ao movimento artístico que em França e em Inglaterra é conhecido por "Naturalismo" ou "Arte Experimental". Aceitemos, porém, Realismo, como a alcunha familiar e amiga pela qual o Brasil e Portugal conhecem uma certa fase na evolução da arte.

O tom aparentemente ligeiro deste fragmento, inserido nas muitas considerações do texto sobre Realismo e Naturalismo, tentando estabelecer uma diferença entre ambos e pendendo para o segundo, revela também a atitude combativa assumida pelo escritor, apenas alguns anos antes, quando da eclosão do Realismo em Portugal, fruto de uma postura e de um método assumidos então, enquanto diretrizes fundamentais de sua produção literária, naquele momento.

Seria ocioso traçar um panorama resumido do complexo movimento realista português, recuperar minimamente concepções e posições em questão – e nem é esse o propósito –, pois se trata de uma rede intrincada, produto da convivência de fenômenos e atitudes estéticas e políticas bastante diversificadas, dentro e fora do campo literário, desde há muito explorados por especialistas. Portanto, o objetivo deste capítulo é destacar o tal movimento como um fenômeno de bastante interesse para o Brasil, sem o qual pouco se entenderia como se desenvolveu aqui a nova ideia.

Juntamente com a francesa, a influência de Portugal, nessa época, encarnada na figura de Eça de Queirós, abriu caminho, como *ponto inicial apenas aparente*, para a consolidação do realismo brasileiro, como técnica expressiva persistente até os dias de hoje. Isso obriga à retomada de alguns pontos sensíveis, como as implicações não apenas estéticas da obra do escritor português, que criaram uma relação específica com a crítica do tempo, tanto lá como cá, reitere-se. Assumindo esse viés, parece interessante começar destacando a seguinte observação de Gilberto Amado (1956: p. 45-46):

> Andei passando a vista em números de *O País* destes anos de 1910 e 1911. (...) o que tomou maior espaço no jornal, foi a proclamação da república portuguesa com as lutas e peripécias políticas em torno do acontecimento. Páginas inteiras. (...) Hoje, quarenta e cinco anos depois, não se faz ideia entre nós de quanto o Brasil era português. A imprensa estava, em grande parte, em mãos de imigrantes lusos. Eram portugueses o gerente e cronista do *Jornal do Comércio*,

> o cronista e o gerente do *Correio da Manhã*. Era portuguesa a direção da *Gazeta de Notícias*.

Dentre todos os portugueses que aqui se destacaram na imprensa e na literatura, Eça de Queirós provavelmente foi o mais querido, apreciado e imitado, como frisa Antonio Candido (2000: p. 11), em uma "voga impressionante, (...) uma verdadeira rede nacional de apreço que, digo eu, estendeu-se até minha geração e mesmo depois dela." No ensaio de título "Eça de Queirós, passado e presente", o crítico conta que Gilberto Freyre, em pesquisa sobre hábitos, costumes e preferências, realizada com pessoas nascidas pouco antes ou depois da República e relatada em *Ordem e Progresso,* enfatiza a quase unanimidade do escritor. Com efeito, Gilberto Freyre (2004: p. 483) escreve:

> Eça de Queirós [...] foi tanto como Alencar e Bilac uma dessas preferências da parte dos brasileiros requintados, do norte ao sul do País, que, como preferências nacionais em sua extensão e em sua significação, concorreram para unificar a aristocracia intelectual do Brasil em torno dos mesmos cultos ou de iguais devoções.

E acrescenta que, temperando o ufanismo e o nacionalismo dominantes com um ceticismo às vezes exagerado, "além dos contos, romances e pequenos ensaios de Machado de Assis" (...) "os romances de Eça: tão lidos, de norte a sul, pela elite brasileira da época e tão imitados por escritores novos" tiveram enorme ascendência. Além disso, Candido sublinha (2004: p. 504) outro curioso nível de admiração:

> Aliás, pode-se em parte atribuir a preferência dos brasileiros elegantes ou semi-elegantes dos dias aqui evocados, pelo corte inglês de roupa de homem, à influência do Fradique, de Eça, que também parece ter sido responsável pelo uso, por alguns dos mais requintados dentre esses elegantes, de monóculo e polainas.

Pode-se perceber, portanto, que já no seu tempo eram muitos os "requintados" leitores brasileiros de Eça e isso foi constituindo um capital para o profuso afloramento de um então novo estilo literário, o Realismo, chegado a Portugal vindo da França, trazendo, além de um método novo de criação literária, a objetividade descritiva da realidade, uma franca atitude de crítica social, alimentando anseios históricos de transformação.

A Ideia Nova

Tal como se verá no Brasil, a nova escola literária não eclodiu em Portugal abruptamente; houve um tempo de maturação, um tempo de transição significativo desde o Romantismo, fato referendado por críticos que consideram a fase realista como uma espécie de terceiro romantismo.[2] Nos períodos de transição, em geral, aos poucos se instalam novas sensibilidades e concepções, concretizando aspirações e tendências latentes – estruturas de sentimento –, que buscam, ainda de forma inconsciente e inconsistente, transformar-se em dominantes, como frutos de condições históricas propícias. Ao contrário do que afirma Fidelino de Figueiredo (1946: p. 18), que "o Realismo não [foi] uma lenta e lógica derivação do romantismo, como era em França, mas sim uma moda importada, num tom agressivo", nada aflora rapidamente, sob o impulso de um ou outro autor, de um ou outro grupo; é necessário que as energias do tempo se acumulem aos poucos, para depois encontrar seus canais de expressão nos autores e obras. Assim, o período que marca o gradual surgimento do Realismo português está marcado por uma sociedade em crise, em que o descontentamento geral atingia quase todos os setores, devido à dependência econômica, em especial da Inglaterra.

Afirma-se que faltou ao país uma revolução industrial. De fato, a partir da Regeneração (1851-1910), opera-se aos poucos uma política econômica que incentiva a produção agrícola, beneficiando proprietários de terras, os quais passam a residir nas cidades; cresce uma classe média urbana, sustentada por atividades comerciais, não por industrialização significativa. Mesmo assim, esse crescimento urbano possibilitou a ativação da vida cultural, com jornais, revistas, literatura, teatro etc., criando-se as bases para a representação da realidade quotidiana, abordando questões ligadas à vida de um novo público, no interior do qual se destacava uma pequena intelectualidade, alimentada pelas novas ideias, vindas principalmente da França. Ou seja, o Realismo chega a Portugal vindo do exterior, trazido pelos setores politicamente mais progressistas, em geral afinados com o

---

2 Ver Saraiva, Antônio José e Lopes, Oscar. *História da Literatura Portuguesa*. Porto Editora Ltda, 6ª. Edição, s/d. Ver também Sena, Jorge. "Realismo romântico e Realismo", in Ribeiro, Maria Aparecida. *História Crítica da Literatura Portuguesa – Realismo e Naturalismo*. Lisboa: Editorial Verbo, 2000, p. 62-66. Este volume servirá de principal base documental para este capítulo, pois reúne parte bastante significativa das fontes primárias e do material crítico referente ao tema em questão.

socialismo, sendo que suas tendências encontraram terreno já bastante adubado pelas condições anteriores.

Apesar da interferência direta, no campo artístico e literário, de um pequeno grupo ilustrado e militante, liderado por Antero de Quental, vanguarda ativa na reivindicação de uma literatura representativa das necessidades sociais e culturais de Portugal, a transição para o Realismo fez-se lentamente. Veja-se, apenas como exemplo, a obra de Júlio Dinis, uma espécie de prenúncio do "estilo novo", segundo a fortuna crítica: em texto de 1869, "Algumas ideias que me ocorrem" (Ribeiro, 2000: p. 45), o autor já propõe uma recusa às narrativas cheias de imaginação e peripécia – a receita romântica dominante –, preferindo maior aproximação da verdade, ou seja, da realidade da vida corrente.

> A verdade parece-me ser o tributo essencial do romance bem construído, verdade nas descrições, verdade nos caracteres, verdade na evolução das paixões e verdade enfim nos efeitos que resultam do encontro de determinados caracteres e determinadas paixões.

Considerando-se a sociedade portuguesa de então, cuja mentalidade conservadora ainda recebia com gosto e aplauso obras de tratamento romântico, tais como as de Camilo Castelo Branco e do próprio Júlio Dinis – ressalvadas as diferenças entre elas –, a exposição barulhenta das aspirações realistas e seu ímpeto revolucionário, alardeados nas Conferências do Casino Lisbonense, em 1871, causaram impacto enorme e uma atitude pública de negação e censura.

Tanto o Realismo como o Naturalismo, *grosso modo*, aparecem atrelados à *Questão Coimbrã*, em 1965; pouco depois, o grupo de amigos saídos de Coimbra criou o *Cenáculo*, transportando para o âmbito de Lisboa seu ímpeto reformador, consolidado na realização das *Conferências*. É a chamada *Geração de 70*, cuja maior aspiração era empreender uma campanha de reforma da nação, com base em ideais republicanos e socialistas, sendo as Conferências o momento central de sua constituição pública. A França e, por meio dela, a Alemanha e a Inglaterra, foram as principais inspiradoras desses jovens.

Mas foi forte o incentivo de fatores internos, como a fraqueza da educação, a rarefação da cultura letrada da maioria da população, a prosperidade da grande burguesia rural escondendo as más condições de vida de operários e camponeses, de que a grande emigração para o Brasil era testemunho. Esse conjunto de aspectos era visto, pela elite educada, como estagnação e mesmo como decadência; pediam-se então mudanças, que, aos poucos, começaram a arrastar consigo antigas referências, deslocando fronteiras de interesses e posições, nos diferentes campos de atuação. Traçavam-se as novas linhas do espaço social e político, nas quais ia se inscrevendo o texto do Realismo.

Nunca é demais ressaltar que, nesse contexto, tanto o enfoque político quanto o estético dos componentes do grupo têm gradações e matizes, variando de um indivíduo para outro; em comum havia revolta, ímpeto e irreverência. No que se refere em especial à literatura, é muito conhecido o fragmento abaixo, do artigo inicial d'*As Farpas,* redigido por Eça de Queirós (Queirós; Ramalho,1871: p. 23-24):

> A literatura - poesia e romance - espreguiça-se devagar, sem ideia, sem originalidade, bocejando, cheia de esterilidade, conservando o antigo hábito de ser vaidosa, e costumando-se sem grande repugnância à sua nova missão de ser inútil. Convencional, hipócrita, falsíssima, não exprime nada: nem a tendência coletiva da sociedade em que vive, nem o temperamento individual do escritor. Tudo em torno dela se transformou, só ela ficou imóvel. De modo que, pasmada, absorta, nem ela compreende o seu tempo, nem ninguém a compreende a ela.

No interior dos objetivos críticos do grupo em questão, há muitos textos, não só literários, que, por seus propósitos e valor documental, pela sua circulação e permanência, virão a ser muito significativos para a compreensão do desenvolvimento da cultura e da literatura no Brasil, principalmente das tendências ligadas ao Realismo.

Foi, portanto, a partir das Conferências Democráticas do Casino Lisbonense, cuja realização só foi possível devido à lenta mudança na configuração e combinação de fatores de ordens diferentes, incentivando sentimentos de inadequação e rebeldia, não só estéticos, que se começou a falar de forma direta sobre o Realismo, visto então pelo grupo inicial já como uma necessidade histórica.[3] Assim, de um programa inicial ambicioso e bastante amplo, apenas quatro dessas conferências

---

3 Um pequeno inventário literário e artístico evidencia a defasagem: enquanto, em Portugal, Júlio Dinis e Camilo Castelo Branco, em 1865, ainda defendiam o romantismo, Claude Bernard publica *Introdução à Medicina Experimental* e Hyppolite Taine inicia a publicação da *Filosofia da Arte*; em 1866, Dostoievski publica *Crime e Castigo*, seguido de *O Idiota*, em 1868; Marx trouxe à luz o primeiro volume de *O Capital*, em 1867; em 1868, saem *Teresa Raquin*, de Zola, *Guerra e Paz*, de Tolstoi, *Poemas em Prosa*, de Baudelaire, *Cantos de Maldoror*, de Lautréamont, obras que marcaram importantíssimas inflexões no pensamento, na arte e na literatura do século XIX.

puderam ser proferidas, pois foram suspensas por ordem do governo, sob a alegação de que defendiam doutrinas contrárias à religião e ao Estado.[4] Contra a proibição, Eça de Queiros (1948: p. 92) escreveu n'*As Farpas*, além de outros, um texto indignado, em julho do mesmo ano:

> Antes de haver conferências no Casino havia ali cançonetas. Mulheres decotadas até o estômago, com os braços nus, a panturrilha ao léu, a boca avinhada, cantavam, entre toda a sorte de gestos desbragados, um repertório de cantigas impuras, obscenas, imundas! Num verso bestial, a um compasso acanalhado, ridicularizava-se aí o pudor, a família, o trabalho, a virgindade, a dignidade, a honra, Deus! Eram também conferências. Eram as conferências do deboche. E havia muitos alunos. Pois isso que era a obscenidade, a crápula, parecia ao Sr. Marques d'Ávila compatível com a moral do Estado! As conferências, que eram o estudo, o pensamento, a crítica, a história, a literatura, essas pareceram ao Sr. Marquês incompatíveis com toda a moral!

A conferência de abertura, em 19 de maio de 1871, por Antero de Quental, desenvolvia temas como o distanciamento de Portugal em relação à renovação que agitava a Europa e a necessidade urgente de preparar o país para o futuro; a segunda, também de Antero, "Causas da decadência dos povos peninsulares", em 24 do mesmo mês, apontava o catolicismo, o absolutismo e as "conquistas longínquas", ou seja, a exploração das colônias ultramarinas, como elementos centrais "[d]o abatimento, [d]a prostração, [d]o espírito nacional pervertido e atrofiado (...)", gerando "a incerteza, o desânimo, o mal-estar da nossa sociedade contemporânea" (Ribeiro, 2000: p. 87). Este foi um dos textos de maior repercussão, pois constitui uma espécie de resumo da visão histórico-ideológica do grupo:

> Somos uma raça decaída por ter rejeitado o espírito moderno: regenerar-nos-emos abraçando francamente esse espírito. O seu nome é Revolução: revolução não quer dizer guerra, mas sim paz: não quer dizer licença, mas sim ordem, ordem verdadeira pela verdadeira liberdade. (...) Pois bem, meus senhores: o cristianismo foi a Revolução do mundo antigo: a Revolução não é mais do que o cristianismo do mundo moderno (QUENTAL, In: RIBEIRO, 2000, p. 89).

---

4 Não há unanimidade entre os autores consultados a respeito da data de cada conferência.

Realismo e revolução

Eça de Queirós, tendo publicado até então apenas algumas crônicas e contos, por volta de 1865, e uma narrativa em folhetins, *O mistério de Estrada de Sintra*, com Ramalho Ortigão, em 1871, surgiu como um apaixonado defensor da nova estética. Tomando a palavra, na quarta conferência,[5] em 12 de junho, ele relaciona transformação social com renovação artística, retomando o substrato político do primeiro Realismo francês, fonte de maior inspiração. Tendo por objeto a sociedade contemporânea e escolhendo o método científico, reivindica uma espécie de função pedagógica para a literatura, sobretudo para o romance, quase como uma instrumentalização empenhada na moralização da sociedade.

É importante assinalar que a palavra *revolução*, como a empregou Antero de Quental, com inspiração no socialismo de Proudhon, aparece muito nas Conferências, às vezes também com outras interpretações, mas sempre combatendo a "decadência", outra palavra comum relacionada ao estado da sociedade e da cultura em Portugal. De acordo com Saraiva (1982: p. 94), "este sistema de ideias (...) é o proudhonismo, comum a todo o grupo do Casino (particularmente a Antero e a Oliveira Martins (...) e que se encontra nas origens do socialismo militante português".[6] Por meio desse ideário, a Geração de 70 tentou compatibilizar ação política e criação estética, propondo uma revolução que juntasse ordem moral e natureza artística, numa relação indissolúvel entre a regeneração do país e a renovação da literatura.

O texto original da conferência de Eça, de título *A literatura nova (O Realismo como nova expressão da arte)*, perdeu-se; o que se tem hoje é uma reconstituição, a partir dos jornais da época (*Revolução de Setembro, Jornal da Noite, Diário de Notícias, Diário Popular*), no livro *História das Conferências do Casino*, de Antônio Salgado Jr. (Ribeiro, 2000: p. 92-95).[7] Cabe destacar, nesse texto, o esteio político claro, com vistas a uma transformação ampla da sociedade, num processo contínuo, no qual a arte deveria ter um papel fundante. Afirma Salgado Jr.: "Eça de Queirós principiou por integrar sua conferência no espírito revolucionário (...)".

---

5 As outras foram: "A literatura portuguesa", de Augusto Soromenho, e "O ensino em Portugal", de Adolfo Coelho, em 19 de junho.

6 Sabe-se que o "socialismo utópico" de Pierre-Joseph Proudhon (1809-1865) prega a revolução por meios pacíficos, num sentido mais reformador.

7 "A literatura nova" (Conferência feita por Eça de Queirós) [1871], in: Salgado Júnior, Antônio. *História das Conferências do Casino*. Lisboa: Tipografia da Cooperativa Militar, 1930.

Esse espírito é "uma manifestação concreta da lei natural da transformação constante, [é] um fato permanente (...) que só na arte estava encontrando uma exclusão persistente, sistemática e premeditada até". Então surge o seu famoso conceito de realismo (p. 95):

> Que é, pois, o Realismo? [Para Eça] não é simplesmente um processo formal: é uma base filosófica para todas as concepções do espírito, uma lei, uma carta de guia, um roteiro do pensamento humano, na eterna região artística do belo, do bom e do justo. Assim considerado, o Realismo deixa de ser, como alguns podiam falsamente supor, um simples modo de expor – minudente, trivial, fotográfico. Isso não é Realismo: é o seu falseamento. É o dar-nos a forma pela essência, o processo pela doutrina. O Realismo é bem outra coisa: é a negação da arte pela arte; é a proscrição do convencional, do enfático e do piegas. (...) É a análise com o fito da verdade absoluta. Por outro lado, o Realismo é uma reação contra o romantismo: o romantismo era a apoteose do sentimento; o Realismo é a anatomia do caráter. É a crítica do homem. É a arte que nos pinta a nossos próprios olhos – para nos conhecermos, para que saibamos se somos verdadeiros ou falsos, para condenar o que houver de mau em nossa sociedade (p. 95).

Aparecem noções mais concretas, sempre alinhadas às concepções dos primeiros realistas franceses, principalmente Champfleury e Duranty, que também as beberam em Proudhon: "O realismo deve ser perfeitamente de seu tempo, tomar sua matéria na vida contemporânea"; "deve proceder pela experiência, pela fisiologia, ciência dos temperamentos e dos caracteres"; "deve ter o ideal moderno [...]: a justiça e a verdade" (Ribeiro, 2000: p. 94). Mas o ponto de maior interesse são as considerações a respeito do empenho moralizante e pedagógico da nova literatura:

> É no Realismo que se pode fundar a regeneração dos costumes. Deve, pelo menos, tentar-se a regeneração dos costumes pela arte. E assim, consideraremos obra superior aquela que obedeça a três condições: ser bela, ser justa, ser verdadeira. Quer dizer: quando a ciência nos disser: a ideia é verdadeira; quando a consciência nos segredar: a ideia é justa; e quando a arte nos bradar: a ideia é bela, teremos a obra de arte superior (p. 94).

Nesse aspecto, o romance *Madame Bovary* (1857) e o tema do adultério são utilizados como exemplo de realização plena da arte nova, pois essa "realização artística toca os limites da moral", "o intuito de moral, de justiça e de verdade que o autor realista se deve impor" (p. 93):

> Assim, o amor ilegítimo e venal, com seu pavoroso cortejo de alucinações, de remorsos, de terrores, de aviltamentos, de vergonhas e de ruínas surge aos nossos olhos gotejando miséria e podridão, pavoroso como um espectro diante do qual instintivamente se recua com repulsão e horror. É assim que se manifesta o Realismo na arte, não só porque assim o caracteriza o processo descritivo empregado pelo artista, mas principalmente pelo tal intuito de moral, de justiça e de verdade [...] (p. 94).[8]

Percebe-se, nesse texto – mesmo se tratando de uma reconstituição feita por outrem – uma postura (moral, justiça e verdade) e um método (processo descritivo) perfeitamente interligados: uma postura moral e política, quase uma doutrina, requerendo um método objetivo e analítico, a observação empírica da realidade, recusando o enfático e o piegas românticos, de lastro na imaginação, relacionados a uma organização social ultrapassada, que se pretende agora transformar, exibindo suas iniquidades. São ideias vibrantes, de sentido moral e humano, conectadas ao que havia de mais moderno na Europa de então, ultrapassando os limites puramente estéticos da arte.

Há autores que consideram ter sido bastante rápida essa fase programática do escritor, anunciada com tanta ênfase nessa conferência, pois, segundo eles, já em 1880, com a publicação de *O Mandarim*, outros caminhos se esboçam, afastando-o definitivamente da literatura crítica e experimental. O primogênito do escritor, José Maria D'Eça de Queirós, no *Prefácio* (Queirós, 1948: p. 270-271) ao volume que contêm textos inéditos do pai, rebate esse argumento:

> Logo uma nova definição surgiu, fácil, lapidar e simplista: Eça de Queirós foi um 'demolidor que se arrependeu'. (...)Eu não reconheço essas demolições e não acredito nesse arrependimento e vejo apenas nesta última definição de Eça de Queirós um derradeiro equívoco e a derradeira etiqueta que a indolência nacional colou

8 O tema do adultério, já tentado em *O mistério da estrada de Sintra*, será retomado em *O primo Basílio* (1878) e aparecerá lateralmente em outros romances.

> sobre a sua obra e a sua personalidade. Arrependimento supõe crime. Onde estava realmente o crime? Em ter ridicularizado o que era ridículo e estigmatizado o que era erro?

Afirma-se também, em outra linha de considerações, que depois de *O crime do Padre Amaro*, tido como o mais naturalista de seus romances, de certa maneira começara a se desvanecer o ímpeto científico inicial, pois já no *O Primo Basílio* não há uma estrutura de fatores determinantes, tratando-se apenas de um ensaio descritivo de um ambiente que se apresenta como típico, distanciando o autor dos pressupostos naturalistas franceses (Franchetti, 2007: p. 139).

Com efeito, como se depreende da sua conferência, Eça imprimia uma concepção mais naturalista ao seu realismo – o que, aliás, era a tônica da época, pois ainda não se estabelecera uma diferença conceitual suficientemente clara entre ambos; mas sua veia crítica e seu compromisso com "a moral, a justiça e a verdade" não desaparecem depois. Apenas vão sendo cada vez mais modalizados por uma ironia inquieta, um ceticismo de fundo e um estilo cintilante e refinadamente cumulativo, que constituem o cerne de sua expressão madura, de certa forma traduzindo os rumos tomados pela sociedade portuguesa. No mesmo "Idealismo e Realismo", acima citado, de 1879, apenas um ano antes da publicação de *O Mandarim*, portanto, fato que pressupõe uma concomitância de pensamento, ele escreve (Queirós, 1948: p. 402):

> Ora, o naturalismo não nasceu de uma estética peculiar dum artista; é um movimento geral da arte, num certo momento de sua evolução. A sua maneira não está consagrada, porque cada temperamento individual tem a sua maneira própria (...). Tudo isso se prende e se reduz a esta fórmula geral: que fora da observação dos fatos e da experiência dos fenômenos, o espírito não pode obter nenhuma soma de verdade.

Juntando *fatos* e *fenômenos* a *espírito*, ele já prenuncia a antológica ligação que posteriormente fará entre *verdade* e *fantasia*. Permanece ainda, apesar das mudanças temáticas e expressivas, que se vão desdobrar ao longo de sua obra, a mesma postura crítica, menos aberta nos livros seguintes, pois se trata de um movimento geral, um processo no qual cada artista está inserido, e não de uma peculiaridade artística apenas individual. Nesse sentido, parece correto pensar no predomínio de uma "tensão dilemática entre o ideólogo e o esteta", como afirma Carlos Reis

(Abdala Jr., 2000: p. 35), mas não em uma mudança de rumos radical. Não há, portanto, arrependimentos.

Tais mudanças podem ser vistas como refrações, uma espécie de esbatimento do Realismo entusiástico e arrebatador da primeira hora, assumindo, nas várias facetas em que se apresentam, lampejos de fantasia e imaginação. Exige-se um novo método, não mais baseado apenas na estrita e sistemática observação da realidade circundante, mesmo porque o espírito positivista que propiciou a emergência do Realismo arrefecia-se na Europa, como se viu antes. Assim, em 1880, ele publica *A relíquia*, com a conhecida epígrafe: "Sobre a nudez forte da verdade, o manto diáfano da fantasia". Além disso, não pode se furtar também à influência do próprio idealismo romântico, que, mesmo enfraquecido, sempre esteve presente na cena cultural portuguesa.

Ecos de Paris

Importa reiterar que o Realismo inicial de Eça se constrói sobre o exemplo francês, talvez não só por afinidades ideológicas maiores ou menores entre os integrantes do mesmo grupo, mas principalmente porque, para Portugal, a França era a Europa por excelência, a utopia da civilização. Com exceção da Inglaterra, até depois da primeira Grande Guerra, quase todos os países ocidentais mediam aquilo que era europeu pelo modelo francês. Inclusive no Brasil, esse padrão imperou durante muito tempo, notadamente durante o reinado de D. Pedro II, período em que se fortifica o realismo no Brasil e que se verá adiante.

O "francesismo" representa, na sociedade e cultura portuguesas, ao longo do século XIX, e particularmente para a Geração de 70, a expressão peculiar que acompanha o sentimento da estagnação nacional, constituindo uma espécie de filtro condicionador de toda a análise sobre os problemas sociais, econômicos, pedagógicos e artísticos do Portugal de então. Com relação à literatura, pode-se dizer que a inglesa, por exemplo, ocupava um lugar bem menor, a despeito da forte presença da Inglaterra nas questões políticas e econômicas. Mas esse magnetismo cultural da França deve ser entendido à luz do gosto e da educação da elite, basicamente de Lisboa e do Porto (Coleman, 1980: p. 45). Nesse sentido, a introdução do Realismo no país deu-se como decorrência natural, desde que razão, sensibilidades e aspirações estavam voltadas para Paris. Tal como escreveu Eduardo Prado, amigo pessoal de Eça de Queirós e de outros integrantes da Geração de 70:

> Falemos das ideias de Paris... Eça de Queirós pertence a uma geração portuguesa que, na sua mocidade, enchia-se de emoção com a mudança de um ministério sob o regime do segundo Império e que, às vezes, não sabia os nomes dos homens que em Lisboa estavam governando Portugal. [...] Eça de Queirós teve a grande desvantagem de, intelectualmente, nascer um francês do Segundo Império. [...] Quando as *Farpas* apareceram, Ramalho Ortigão e Eça de Queirós eram franceses e afrancesada a sociedade que os lia. [...] Olhavam para Portugal como para um país estranho, que muito mal conheciam, que amavam com um amor muito vago, muito indefinido, que nem ousavam até confessar. [...] Portugal não lhes quadrava, não se justapunha aos seus moldes franceses, não entrava nos compartimentos da sua concepção francesa de vida (Abdala Jr, 2000: p. 56-57).

Mas o filho do escritor, acima citado, não parece concordar integralmente com essa avaliação. Afirma que o pai foi "o grande inimigo do estrangeirismo em Portugal", pois sempre criticou "a macaqueação servil e perigosa" que ali se fazia de tudo o que era francês e habilmente "soube utilizar em nosso proveito essas riquezas trazidas de fora".

> Além disso, não devemos perder de vista que, nesse tempo, ainda não se fizera nos espíritos a evolução para o nacionalismo integral que hoje se observa – e que ele de resto previu, sentindo antes de ninguém a necessidade de 'reaportuguesar Portugal'. (...) E, com efeito, foram esses elementos tirados do estrangeiro, que, superiormente adaptados por Eça de Queirós e pelos seus amigos, imprimiram novo e resplandecente voo à nossa literatura decadente (Ribeiro, 2000: p. 266-267).

Tal questão é tratada pelo próprio Eça, de diversas maneiras, em textos diferentes. Em "A propósito d'*O Mandarim*: carta que deveria ter sido um prefácio", de 1884, onde discorre sobre o caráter português, "muito idealista[s] no fundo e muito[s] lírico[s]", com aversão a "tudo o que é realidade, análise, experimentação, certeza objetiva", ele acrescenta:

> De fato, nós imitamos ou damos aparência de imitar em tudo a França, desde o espírito das nossas leis até a forma do nosso calçado; a tal ponto que para um olho estrangeiro, a nossa civilização, sobretudo em Lisboa, tem ar de ter chegado na véspera de Bordéus (Ribeiro, 2000: p. 205).

Em "Um gênio que era um santo", de 1896, escrito para Antero de Quental, *in memorian*, relembra os anos de Coimbra, "de grande atividade" e de "grande tumulto mental". E ressalta: pelos novos "caminhos de ferro", que tinham rasgado a Península, "rompiam cada dia, descendo da França e da Alemanha (através da França) torrentes de coisas novas, ideias, sistemas, estéticas, formas, sentimentos, interesses humanitários (...) todas essas maravilhas caíam à maneira de achas numa fogueira, fazendo uma vasta crepitação e uma vasta fumaraça" (Queirós, 1975: p. 254).

Já no artigo "O francesismo", encontrado entre seus papéis e publicado em 1912, no qual traça um painel da literatura francesa sua contemporânea, enxergando-a então combalida, banal e extravagante, "um desaparecimento de Sol entre nuvens", relembra a importância da França para si e para sua geração:

> Tenho sido acusado com azedume, nos periódicos (...) de ser estrangeirado, afrancesado, e de concorrer, pela pena e pelo exemplo, para desportuguesar Portugal. (...) Em lugar de ser culpado da nossa desnacionalização, eu fui uma das melancólicas obras dela. Apenas nasci, apenas dei os primeiros passos, ainda com sapatinhos de crochê, eu comecei a respirar a França. Em torno de mim só havia a França (Queirós, 1975: p. 220).

À inquestionável admiração pela França opõe-se agora, como se depreende deste fragmento, uma espécie de justificativa, um *mea culpa* irônico em que reconhece um entusiasmo juvenil, sem negá-lo ou arrepender-se, porém. O distanciamento no tempo se dotou seu olhar de outras nuances, com relação à França e Portugal, de certa forma manteve, mesmo que esmaecidas, as convicções progressistas da juventude, a ponto de, mais tarde, sentir-se um "vencido na vida", como se verá; tais gradações podem ser percebidas em toda sua obra.

Para Maria Helena Jacinto Santana (2000: 240-242), nas crônicas escritas nos anos 1890, principalmente, encontra-se já uma espécie de afirmação de independência em relação à França, prenunciada antes, não significando, contudo, uma negação, apenas uma relativização, pois o escritor nunca deixou de admirar aquele país. Percebe-se que, "paralelamente à desvalorização da França, assistimos a uma reformulação da imagem de Portugal, em sentido inverso. [...] Um Portugal rural, primitivo, alegre e genuíno" . Não mais o Portugal atrasado, desenhado e desdenhado nos primeiros romances, mas aquele percebido em *A cidade e as serras*, onde se estabelece um contraste entre um quadro idílico da vida rural e uma caricatura do progresso mecânico.

Uma campanha alegre

As repercussões imediatas das Conferências e das questões por elas levantadas foram negativas em Portugal, tal como acontecera na França anteriormente, com a eclosão do Realismo. A rejeição da arte nova expressou-se das mais diferentes maneiras, primeiro em artigos de jornal, de comunicação mais rápida; aos poucos, depois, em prólogos, preâmbulos e prefácios de outras obras publicadas. Além de funcionar como fórmulas de cortesia entre pares, esses textos atacavam e defendiam as teses desenvolvidas e as posturas assumidas pelos diferentes autores. Ou seja, expressavam-se assim formas de classificação e compreensão do mundo, de que a literatura era um suporte, pois, tais como as próprias Conferências, há, nesse conjunto, do lado dos defensores do Realismo, escritos de intervenção, verdadeiramente doutrinários. Estes tentavam influenciar os rumos das mentalidades e contribuir para criar uma nova sensibilidade, capaz de entender e apreciar a literatura moderna, sem falar n'*As Farpas*, de Eça e Ramalho Ortigão, que utilizaram essas crônicas mensais como uma tribuna bastante eficaz, durante algum tempo.

Entretanto, é importante perguntar, que público tinham em mente os escritores de então, ou ainda, a quem eram endereçados tantos artigos de jornal, prefácios, prólogos e preâmbulos? No artigo "Sondagem cultural à sociedade portuguesa de cerca de 1870", Joel Serrão (Ribeiro, 2000: p. 118-121) levanta importantes considerações de ordem sociológica, que auxiliam a resposta a essas questões. Ele considera, em primeiro lugar, que o jornalismo - sobretudo o dos periódicos *A revolução de Setembro, Jornal do Comércio,* o *Diário de Notícias* e o *Comércio do Porto* tinha uma função fundamental, embora condicionada pelo analfabetismo generalizado (mais ou menos 80% da população) e pelo baixo poder aquisitivo de possíveis leitores. De qualquer modo, esses jornais, além de evidenciar a existência de um jornalismo ativo e articulado, desempenhavam um papel importante na tarefa de discutir os problemas europeus, reduzindo assim as distâncias e o peso dos particularismos locais, sendo que, em 1870, o maior jornal do país, *Diário de Notícias*, tinha uma tiragem de mais ou menos 10.000 exemplares. Neste caso, a importância do jornalismo não reside no interesse intrínseco dos artigos, mas na influência que ele exerceu, no impulso que imprimiu aos gêneros literários e à divulgação das novas concepções.

No que se refere aos livros, as publicações, quase 300 títulos por ano, divididos nos diferentes gêneros, eram muito maiores do que pudesse prever o número de prováveis leitores, considerando-se que a população de Portugal, em 1864, ano do primeiro censo oficial, era de 3,8 milhões de habitantes, estando apenas 225 mil em Lisboa e 86 mil no Porto. Nesses locais concentrava-se a classe média: 15% de toda a população, professores, advogados, banqueiros, comerciantes e estudantes, além de proprietários de terras que preferiam viver na cidade (Coleman, 1980: p. 57). O gosto pela leitura dessa classe média canalizava-se para os seguintes temas:

> Há um pouco de tudo, mas a dianteira, quanto ao número de publicações, pertence ao teatro (21%), à política (14%), ao romance e à história (11%), à poesia (5%), à religião (4%). Anote-se também que quase 13% das publicações registradas são traduções de Victor Hugo, Balzac, Zola e, especialmente, de Eugène Sue, Paulo de Kock e Ponson du Terrail. Quanto aos autores nacionais, os mais procurados eram Camilo Castelo Branco, Pinheiro Chagas e Júlio César Machado (Ribeiro, 2000: p. 119).

A partir desses dados, Serrão considera que, provavelmente, o público português constituía-se da seguinte maneira: um setor maior, de raiz popular, com interesses mais voltados para o entretenimento puro e simples, daí a presença dos folhetins de Sue, Ponson du Terrail e Paulo de Koch; uma extração burguesa e aristocrática, especialmente feminina, que apreciava Camilo Castelo Branco e também os mesmos folhetins traduzidos do francês, além de uma pequena fatia masculina, com educação "liceal" ou universitária, que lia política, história e religião. Desse modo, teriam interessado a bem pouca gente as Conferências de 1871 e suas repercussões, fundamentalmente professores, jornalistas, escritores, funcionários médios, e, timidamente, uma ou outra figura de lojista ou de operário"; de fato, apenas "a imprensa interessou-se, até a paixão, pelas ideias expostas" (Ribeiro, 2000: p. 121).

A historiadora Maria Filomena Mónica (2001, p. 1013-30), em artigo sobre os interesses políticos envolvidos nas Conferências, concordando com Serrão, que conta 200 pessoas no público, afirma terem assistido a elas por volta de 300, não mais: "não eram muitas, mas influentes". E acrescenta:

> O jornal *A Noite*, que via a organização com bons olhos, dá-nos o tipo de público que ali se reunia: 'Membros do parlamento, escritores, jornalistas, funcionários superiores e indivíduos pertencentes a diversas classes. Operário e povo propriamente dito não havia naquele recinto, ou estavam em minoria'.

Essa diferença na contagem entre os dois estudiosos é um dado significativo da rarefação do interesse geral: cem pessoas a mais ou a menos não importam na análise, pois, na verdade, o conjunto era bem pequeno para a relevância que o próprio grupo atribuía ao evento. Além disso, o povo, em nome do qual se tentavam implantar as ideias novas, estava significativamente distante de toda transformação que elas almejavam trazer. As Conferências interessaram de fato à imprensa e ao governo, que houve por bem suspendê-las, além de ao próprio grupo, que viu nisso e nos próprios protestos posteriores à suspensão, mais uma oportunidade de divulgação.

Sucederam-se, assim, várias manifestações a favor e contra a proibição, das quais se destacam, pela ênfase, as de Antero e de Eça. Logo no dia seguinte ao da primeira conferência, o periódico católico e situacionista *A Nação* publica:

> Ontem, no salão do Casino, começaram as célebres Conferências Democráticas. Qual é seu fim? Espalhar as doutrinas que têm produzido em França as desgraças que têm horrorizado o mundo. Uma dúzia de indivíduos desvairados pelas teorias do filosofismo liberal ou possuídos desta ambição insofrida que só nas perturbações sociais vê ensejo para sair da obscuridade são os pregadores desta missão desorganizadora que, há muitos outros iguais, por diversos modos, têm empreendido com um tal ou qual sucesso, desmoralizando e insubordinando uma pequena parte da população das nossas cidades (Mónica, 2001: p. 1015).

Esse foi o teor comum dos ataques desferidos contra o espírito moderno; os jornais situacionistas (*A Nação* e *O Bem Público*), em geral, declararam que por trás das Conferências estavam os comunistas; em boa parte isso era verdade, pois, em maior ou menor grau, os integrantes ou tinham militância efetiva ou nutriam simpatias pelo socialismo ou republicanismo. Segundo Mónica, o escritor, jornalista e político Pinheiro Chagas, opositor feroz, declarou que as Conferências não eram conversas entre amigos sobre temas etéreos, mas propaganda política, sendo que devia haver entre os realistas quem lutasse de verdade por uma revolução.

No seu primeiro artigo n'*As Farpas* (Queirós; Ortigão, 1871: p. 64), Eça[9] responde aos ataques:

9 Esse primeiro número foi redigido apenas por Eça.

> O Sr. Antero de Quental abriu no dia 19 as conferências democráticas no Casino. É a primeira vez que a revolução, sob sua forma científica, tem em Portugal a palavra. [...] A revolução aparece ao mundo conservador como o cristianismo ao mundo sofista. Os sofistas tinham tomado o partido de rir daqueles nazarenos. É o que faz agora o periódico *A Nação*, quando se trata da revolução. Não és original, ó Nação! Tenhamos bom senso! Escutemos a revolução; e reservemo-nos a liberdade de a esmagar – depois de a ouvir.

Na mesma linha, as palavras de Jaime Batalha Reis (Ribeiro, 2000: p. 99), que escreveu um protesto inflamado contra a proibição das Conferências, são uma profissão de fé político-ideológica:

> Eu sou socialista. É a primeira vez que publicamente o declaro. Contava fazê-lo na sala do Casino e expor aí as razões por que o socialismo é hoje para mim mais que uma convicção, mais que um sistema, por que é uma Religião e uma Moral [...] quando um homem tem uma convicção deve dizê-la aos seus concidadãos, ao seu país: que a palavra seja honrada e sincera é o que se pede; mais nada. Isto é o que me diz minha Moral.

Em uma carta à noiva Celeste, agora em outro tom, explicita os mesmos ideais:

> Quem pensa, quem estuda, quem pretende saber, vive em Portugal isolado de toda a gente que não pensa, que não estuda e que não sabe nem quer saber de coisa nenhuma. Ora, isto é desagradável, além de prejudicial para o país e para nós, entre mil motivos, até porque vivemos assim numa terra em que umas tantas coisas nem se leem, nem se entendem. Ora, é natural, é agradável, é bonito e é um dever dizer o que entendemos, o que pensamos, o que temos estudado (Mónica: 2001, p. 1015).

Essas considerações amenas sobre a função do intelectual estão em uma das cartas descobertas por Mónica, no espólio do escritor, e são muito menos incisivas que a declaração de princípios acima. Um pouco antes, tendo ouvido Antero de Quental discorrer sobre as causas da decadência de Portugal, ele escreve:

> Minha Celeste, venho de ouvir o Antero. Foi magnífico. É um discurso que é um verdadeiro acontecimento: marca uma época em Portugal. Pode-se dizer que é a primeira vez que, em Portugal, entra o espírito moderno e a primeira vez que aqui se expõe, se funda-

> menta, se prova à evidência que o Catolicismo foi uma das causas, a mais terrível causa da decadência de Portugal e da Espanha. Foi um discurso esplêndido de erudição, de originalidade, de profundidade, de crítica admirável (Mónica: 2001, p. 1015).

E pressentindo consequências, mostra-se receoso: "Olha minha Celeste, têm as Conferências feito muita impressão. Sabes que o Rei, e no Paço, estão muito inquietos com elas, por aí fala-se imenso nisso (Mónica: 2001, p. 1015). Ou seja, tanto no espaço público quanto no âmbito privado, como revelam tais cartas, esses jovens professavam uma fé que se alimentava de um ideário articulado e claramente definido com rigor lógico, capaz de levá-los a ímpetos audaciosos, como foi a realização das Conferências. Isso significa que o Realismo pelo qual se batiam – tal como o primeiro Realismo francês – tem uma fundamentação político-ideológica sólida e consciente, ainda que juvenil, não se restringindo absolutamente aos aspectos estéticos internos à obra, o que, muitas vezes, tem sido esquecido por parte da crítica atenta apenas a eles, embora constitua indício importante para sua interpretação.

As flores do mal

As Conferências foram, portanto, o afloramento de uma turbulência latente, cujos efeitos espalharam-se com rapidez, incluindo a publicação dos dois primeiros romances de Eça, *O crime do Padre Amaro* e *O primo Basílio*. Com os artigos d'*As Farpas, Crônica Mensal da Política, das Letras e dos Costumes,* que começaram a circular em maio de 1871,[10] como se viu, e as repercussões dos dois romances, o desenvolvimento do Realismo em Portugal, a partir daí, vai se estender por mais de vinte anos, tendo despertado todo tipo de reação: desde uma acolhida entusiástica até acusações de imoralidade, deterioração dos costumes, estrangeirismo, falta de patriotismo e mesmo falta de estilo. As palavras de Alberto de Queirós, irmão do escritor, n'*A Revolução de Setembro,* dão bem a medida da temperatura da polêmica instaurada:

> Temos ouvido falar ultimamente muito entre nós em romances realistas e romances que não o são. Parece-nos que não se tem a verdadeira noção do que seja o romance realista. Uns entendem que

10 As crônicas foram publicadas de 1871 a 1882, em parceria com Ramalho Ortigão, tendo Eça colaborado apenas nos 15 primeiros números, embora seu nome tenha continuado na capa até o final. Em 1890, ele publicou isoladamente suas contribuições, de título *Uma campanha alegre.*

> consiste simplesmente em falar repetidas vezes em podridão, em pústulas, e em tudo o que por ser realidade, não deixa de ser repugnante. Não sabemos se laboramos num erro, mas temos uma outra ideia desse gênero e da sua missão no desenvolvimento literário. Segundo entendemos, o verdadeiro romance realista é o que procura analisar os sentimentos, as paixões, os caracteres, e mostrá-los tais quais a análise os revela, isto é, em toda a verdade de sua natureza. Consiste em tomar um grupo social qualquer e reproduzir os seus hábitos, as suas ideias, enfim, tudo o que lhe dá uma individualidade própria (Ribeiro, 2000: p. 61).[11]

O próprio Eça, no auge da contenda, em carta que escreve a Rodrigues de Freitas, em 1878, pergunta, insistindo sempre no aspecto pedagógico da nova escola:

> O que queremos nós com o Realismo? Fazer o quadro do mundo moderno, nas feições em que ele é mau, por persistir em se educar segundo o passado; queremos fazer a fotografia, ia quase a dizer caricatura do velho mundo, sentimental, devoto, católico, explorador, aristocrático, etc. E apontando-o ao escárnio, à gargalhada, ao desprezo do mundo moderno e democrático – preparar sua ruína (Ribeiro, 2000: p. 16).

Na verdade, além de um embate de concepções e proposições a respeito de literatura e seu papel na sociedade, tratava-se também de uma disputa por lugares específicos dentro do campo literário, quando não do particularmente político. Um bom exemplo disso é a querela esboçada entre Camilo Castelo Branco e Eça de Queirós. Quando se realizaram as Conferências do Casino, Camilo, como assinalei, era já um autor consagrado pela crítica, com um público fiel e significativa preponderância entre seus pares. Dessa segura posição, olhava a nova geração e o novo estilo com receio e aversão, sentindo-se ameaçado, pois, além de não concordar com seus pressupostos, queria manter seus leitores. Assim, em 1879, publica um romance paródico, em que pretende ter empregado "todos os tiques do estilo realista": *Eusébio Macário – História natural e social de uma família no tempo dos Cabrais*, em cujo *Prefácio* e *Advertência* da primeira edição, sob uma capa irônica, tece fortes críticas ao Realismo (Ribeiro, 200:p. 136):

---

11 Pires, Machado A. "Teoria e prática do romance naturalista português". Não há referência à data do artigo.

> Os capítulos inclusos neste volume são prelúdios, uma sinfonia offenbachiana, a gaita e berimbau, da abertura de um grande charivari de trompões fortes bramindo pelas suas goelas côncavas, metálicas. Os processos do autor são, já se vê, os científicos, o estudo dos meios, a orientação das ideias pela fatalidade geográfica, as incoercíveis leis fisiológicas e climatéricas do temperamento e da temperatura, o despotismo do sangue, a tirania dos nervos, a questão das raças, a etologia, a hereditariedade inconsciente dos aleijões de família, tudo, o diabo!

A junção de instrumentos tão díspares como *gaita* e *berimbau*, este último de apelo exótico e pejorativo, pois africano e brasileiro, compondo uma *sinfonia* nos moldes de Offenbach – rejeitado por ter dessacralizado a ópera, criando as operetas, de gosto mais popular –, precedendo um verdadeiro *charivari*, isto é, uma mistura de sons contrastantes, introduz uma nota fortemente zombeteira, continuando na descrição do método científico utilizado, que vai contra todas as concepções idealistas sobre a arte, no tempo. Configura-se, assim, um claro procedimento de desqualificação do Realismo, visto como uma miscelânea de elementos desencontrados, distantes da "verdadeira" literatura, ou seja, da literatura idealista.

Como se vê pelos poucos exemplos aqui levantados – pois o objetivo não é fazer uma reconstituição desses fatos –, a polêmica geral foi de alta voltagem, e, de acusação em acusação, envolvendo jornalistas, políticos e escritores, às vezes descambou até para ataques pessoais, claros ou mais disfarçados. Com relação ao exemplo de Camilo e Eça, os dois escritores dirigem-se publicamente um ao outro, em repetidas ocasiões, ora de forma mais explícita, ora mais controlada. É digno de referência, nesse contexto, mesmo por meio de um fragmento, o prefácio de Eça (Ribeiro, 2000: p. 209) ao livro de contos *Azulejos*, de Bernardo Ribeiro Pindela, Conde de Arnoso, em que, nas entrelinhas, volta suas baterias contra Camilo:

> E não receias tu, amigo, que [...] rejeitem o livro gracioso, ao ver que o vem acompanhando [...] um infiel, um renegado do idealismo, um servente da rude verdade, um desses ilegíveis, de gostos suínos, que foçam gulosamente no lixo social, que se chamam "naturalistas" e que têm a alcunha de "realistas"? Mas como tu sabes, amigo, nesta capital do nosso reino permanece a opinião cimentada a pedra e cal, entre leigos e letrados, que naturalismo, ou, como a capital diz, Realismo – é grosseria e sujidade! [...] De tal sorte, que assistimos a esta coisa pavorosa: – os discípulos do idealismo, para

> não serem de todo esquecidos, agacham-se melancolicamente e, com lágrimas represas, besuntam-se também de lodo! Sim, amigo, estes homens puros, vestidos de linho puro, que tão indignadamente nos arguiram de chafurdarmos num lameiro, vêm agora pé ante pé enlambuzar-se com a nossa lama![12]

Depois das Conferências, o que realmente garantiu a permanência do debate – entre os que nele estavam interessados –, foi mesmo a publicação dos romances de Eça, *O crime do Padre Amaro* e *O Primo Basílio*, tendo sido este o de maior sucesso, criando então o interesse pelo primeiro, que passara um tanto despercebido. Tendo recebido muitas modificações, este foi relançado em 1880, despertando dessa vez uma curiosidade bem maior e reacendendo a centelha da polêmica. A crítica, ainda bastante avessa ao espírito moderno, não endossou o interesse do público, acolhendo o livro com as usuais invectivas a respeito da imoralidade da trama e das novidades do próprio texto; de um certo modo, as mesmas que se fizeram sempre a criações artísticas que afrontaram o *status quo*, ao longo da história. No caso em questão, *As flores do mal*, de Baudelaire, e *Madame Bovary*, em 1857. Comparações nesse sentido não faltaram, fundamentando-se alguns críticos em Zola e Balzac, outros em Taine ou Comte, para aplaudir ou censurar. Silva Pinto (Ribeiro, 2000: p. 26),[13] por exemplo, aponta:

> O romancista lisbonense é discípulo direto de Balzac; possui, como o mestre, a compreensão, a intuição do homem interior, mas – poderosa aliança –, assimila de Flaubert a ciência dos temperamentos; surpreende, em flagrante, como o autor da Bovary, o homem exterior. Se houvesse caminhado nas pisadas de Flaubert, abandonando por elas a senda aberta pelo gigante da Comédia Humana, ve-lo-íamos perdido nas aras do romance fisiologista.

Essa crítica moderada procura entender as transformações dos códigos estéticos, propondo inclusive uma tipologia: denomina "escola psicológica" a decorrente de Balzac e Stendhal; de "fisiológica" a que recebe as influências de Flaubert e Zola. A primeira procederia por sínteses, advindas da observação interior; a outra observaria a exterioridade do homem, isto é, a descrição das emoções por meio de suas manifestações físicas, sendo que a junção das duas escolas consistiria na

12 "Queirós, Eça. "Prefácio a *Azulejos* do Conde de Arnoso".

13 Pinto, Antônio José Silva. "Controvérsias e estudos literários".

interpretação da Natureza, essência do Realismo em arte, e não em sua simples observação, como faria um cientista.

Tal visada crítica contrasta com outras, verdadeiros vitupérios contra a escola realista, caracterizada por seus "excessos", que, segundo os detratores, incentivavam, em primeiro lugar, o caráter comercial dos livros. Em segundo lugar, fotografar o lado mais "repulsivo" da realidade, familiarizar as mulheres com a "perspectiva do vício", maculando-lhes o pudor e a dignidade, era incentivar a "degradação da sociedade". Sendo o Realismo nada mais do que "o escândalo literário da moda", servia apenas para alimentar o gosto pelas "situações decotadas" e pela descrição "dos esgotos, dos prostíbulos, das pensões infectas", onde vicejavam "paixões miseráveis, sentimentos sórdidos e impulsos lúbricos". Todos esses termos espalham-se, com seus sinônimos e equivalentes, pelos diferentes textos consultados, execrando páginas como esta, de *O crime do Padre Amaro,* no qual se considerava mais um agravante, o anticlericalismo:

> Quando descia para o seu quarto, à noite, ia sempre exaltado. Punha-se então a ler os *Cânticos a Jesus*, tradução do francês publicada pela *Sociedade das Escravas de Jesus*. É uma obrazinha beata, escrita com um lirismo equívoco, quase torpe – que dá à oração a linguagem a luxúria: Jesus é invocado, reclamado com as sofreguidões balbuciantes de uma concupiscência alucinada: "Oh! vem, amado do meu coração, corpo adorável, minha alma impaciente quer-te! Amo-te com paixão e desespero! Abrasa-me! Queima-me! Vem! esmaga-me! Possui-me!" E um amor divino, ora grotesco pela intenção, ora obsceno pela materialidade, geme, ruge, declama assim em cem páginas inflamadas onde as palavras gozo, delícia, delírio, êxtase, voltam a cada momento, com uma persistência histérica. (...) Amaro lia até tarde, um pouco perturbado por aqueles períodos sonoros, túmidos de desejo; e no silêncio, por vezes, sentia em cima ranger o leito de Amélia: o livro escorregava-lhe das mãos, encostava a cabeça às costas da poltrona, cerrava os olhos, e parecia vê-la em colete diante do toucador, desfazendo as tranças; ou curvada, desapertando as ligas, e o decote de sua camisa entreaberta descobria os dois seios muito brancos. Erguia-se. Cerrando os dentes, com uma decisão brutal de a possuir (Queirós, 1980: p. 99-100).

Na verdade, o problema da suposta indecência dos romances alimenta-se do clássico conceito de literatura como exemplo de elevação moral; deixando os protagonistas masculinos impunes, embora penalizando as mulheres, acreditava-se na indicação de um caminho que ameaçava severamente os bons costumes e os preceitos religiosos. O que propõe esse tipo de crítica, portanto, *grosso modo,* é o combate aos livros "indecentes", para reprimir o vício, moralizar os costumes e prevenir a sociedade contra os perigos da licenciosidade. A concepção da literatura como elevação moral, em suma, é uma faca de dois gumes: pode servir aos realistas, que também pretendem "moralizar" a sociedade, mas expondo-lhe as chagas, enquanto os românticos - digamos assim - preferem escondê-las ou minimizá-las. Complexas questões de postura e método, que se repetem sempre, a despeito da geografia, como veremos no Brasil, mais adiante.

Fialho de Almeida, no artigo "Os escritores do Panúrgio", publicado n' *A Chrônica,* do Porto, em 1880 (Ribeiro, 2000: p. 338), defendendo o naturalismo, sardonicamente afirma o seguinte:

> Parece-nos que não haverá razão para acusar o romance naturalista de corruptor e de nefasto para os fracos cérebros do mulherio português, que se tem desmoralizado pouco com a leitura - a que pouco se dá, segundo afiançam as vendas anuais dos livreiros e a chochice das palestras de sala recolhidas em comédias e dramas.

Entretanto, mais tarde, ele rejeitará o novo estilo e também atacará Eça, mas confessa, em texto de 1892, "Sobre *O crime do Padre Amaro*" (Ribeiro: 2000: p. 334), publicado em *O Contemporâneo,* ter ficado extasiado com o livro, ao primeiro contato, por meio de sua "edição definitiva":

> É uma obra-prima, igual às melhores que a admiração universal tem consagrado. (...) Esse livro foi lido por toda a gente, e reputado obsceno pelos moralistas da alta vida literária. É notável que seja das últimas vergônteas, herbáceas e dessoradas, do romantismo, que tenham partido tais acusações, quanto é certo que foi essa camada literária que pôs a vida cerebral portuguesa num profundo envilecimento, e os costumes públicos, numa decadência visível.

As mudanças de opinião, as reviravoltas do pensamento, as filiações a esta ou àquela posição evidenciam o gradativo deslocamento e transformação de posturas e métodos artísticos, no campo literário e também político; aos poucos o Romantismo dominante passa a residual, enquanto se consolida o Realismo, até ele mesmo vagarosamente entrar em descenso. O próprio Eça de Queirós, como apontei, foi aos poucos modificando sua maneira de entender, de sentir e de operar o Realismo, criando o seu realismo, por meio de procedimentos particulares de produzir o real ficcional. Isso porque a revolução – em todos os sentidos – proposta nas Conferências tornou-se um sonho desfeito, uma utopia irrealizável, em vista do encaminhamento das questões sociais e políticas em Portugal. Eça e Antero, particularmente, foram se afastando da crença na possibilidade de transformações, chegando este último ao suicídio, como se sabe. Nesse sentido, é importante pelo menos citar o grupo a que chamaram Vencidos da Vida, de que Eça fez parte.[14] Tal grupo, de acordo com a crítica, pode ser visto como remanescente dos entusiasmos da Geração de 70 ou do que restou dela. Se o Cenáculo e as Conferências são considerados o ponto culminante de uma fase realista contestadora e ideologicamente otimista, os Vencidos da Vida representam um momento em que aquele grupo assume a impossibilidade de suas aspirações, fechando-se num aparente individualismo, bastante próximo ao decadentismo europeu do final do século. Diferentemente de outros que se juntaram a Antero de Quental e fizeram socialismo e política radical até o fim, os Vencidos refugiaram-se numa postura passiva, vendo derrotados pelos fatos seu anseio de transformação. Reuniam-se para jantar, uma vez por semana, e essa era uma maneira coletiva, talvez não inteiramente consciente, de viver a crise que se abatia sobre Portugal.[15] Essas reuniões irritavam a imprensa, que os espicaçava com frequência, chamando-o de "grupo jantante". Eça escreve, a esse respeito, em 23 de março de 1889, respondendo ao *Correio da Manhã*, o artigo "Os vencidos da vida" (Ribeiro, 2000: p. 106):

> O que de resto parece irritar o nosso caro *Correio da Manhã*, é que se chamam Vencidos aqueles que, para todos os efeitos públicos, parecem ser realmente vencedores. Mas que o querido órgão, nosso colega, reflita que, para um homem, o ser vencido ou derrotado na vida depende, não da realidade aparente a que chegou – mas do ideal íntimo a que aspirava.

14 Membros da aristocracia ou intelectuais de vanguarda, os Vencidos puseram-se de propósito à margem dos meios políticos oficiais. São eles: Eça de Queirós, Conde de Arnoso, Carlos de Lima Mayer, Marquês de Soveral, Carlos Lobo d'Ávila, Guerra Junqueiro, Conde de Ficalho, Ramalho Ortigão, Antonio Cândido, Oliveira Martins e Conde de Sabugosa.

15 Após 1890, a fraqueza da monarquia portuguesa aumenta, depois de aceitar o Ultimato da Inglaterra (11/01/1890), exigindo que o país se retirasse de suas posições na África, importantes para sua economia e política externa. Rompe-se, então, o pacto político liberal-conservador que mantivera a esperança de transformações efetivas.

Nas últimas páginas de *Os Maias* (s/d, p. 713-714), o escritor traz as mesmas conclusões. O diálogo do protagonista Carlos Maia com Ega, seu amigo íntimo, em que ambos tecem considerações sobre a vida, demonstra-o claramente:

> Ega ergueu-se, atirou um gesto desolado:
> — Falhamos a vida, menino!
> — Creio que sim... Mas todo mundo mais ou menos a falha. Isto é, falha-se sempre na realidade aquela vida que se planeou com a imaginação. Diz-se: "Vou ser assim, porque a beleza está em ser assim." E nunca se é assim, é-se invariavelmente *assado*, como dizia o pobre marquês. Às vezes melhor, mas sempre diferente.

A preocupação em discutir quem falhou, venceu ou deixou de vencer representa o efeito simbólico das mudanças nas posições dentro do campo artístico e literário e também no campo político, desde o início do movimento. Vencer ou perder, ser a favor agora e contra depois, aliar-se deste lado ou do outro, estabelecer ligações ou rompê-las, tanto significa transformações de foro individual, tais como perspectivas de vida, visões de mundo, convicções, valores etc., como alterações nas posições, no interior e/ou fora dos campos envolvidos, com objetivos que ultrapassam esses fatores. No caso da instauração do Realismo em Portugal, vencer ou não significa precisamente o sucesso do processo como um todo, a despeito da derrota das concepções especificamente políticas: derrotado o socialismo, mas aceita a nova estética, ainda que de forma recalcitrante, além da consagração pública de Eça, retira deste e do Realismo o epíteto de "vencidos da vida". Pode-se inclusive dizer que a geração vencida subsiste, pois produziu um conjunto de obras como poucos períodos da história portuguesa o fez, válido tanto por si mesmo, quanto como testemunho de um projeto de maior alcance, que não se pode cumprir.

As prosas bárbaras

O crime do Padre Amaro, primeiro romance português considerado realista – segundo a acepção da época –, recebeu duas revisões. Foi primeiro publicado "em entregas", de fevereiro a abril de 1875, na *Revista Ocidental*, e apareceu em 1876, em forma de livro, numa edição já revista e ampliada; a terceira versão saiu em 1880. É o primeiro texto do painel inacabado, *Cenas da vida portuguesa*, que continuará com *O primo Basílio, A Capital, O conde de Abranhos, Alves e Cia* e *Os Maias*.

Essa visão programática, esboçada na conferência do Casino, também se expressa na primeira crônica d'*As Farpas*, na qual o escritor fustiga a sociedade portuguesa, detendo-se ferinamente em cada um dos seus aspectos, desde o clero, desvirtuado pela educação hipócrita que estimularia vícios e neuroses, e a política, reduzida a intrigas pessoais de sujeitos estúpidos e medíocres, até a família, que lhe parece viciada pela ausência de horizontes, sobretudo para as mulheres, "vítimas" de uma literatura de evasão:

> As mulheres vivem as consequências dessa decadência. Pobres, precisam casar. A caça ao marido é uma instituição. Levam-se as meninas aos teatros, aos bailes, aos passeios, para as mostrar, para as lançar à busca. (...) A sua mira é o casamento rico: gostam de luxo, da boa mesa, das salas estofadas: um marido rico realizaria tudo isso. (...) A mulher deixa de ter curiosidade de espírito; não lê um livro; não conhece interesses de inteligência (Queirós; Ortigão, 1871: p. 41-42).

A literatura, para o autor, reduz-se a um amontoado de expressões líricas ultrapassadas, desfibradas e inconsistentes: "Não se compra um livro de ciência, um livro de literatura, um livro de história. Lê-se Ponson Du Terrail - emprestado! A indiferença do público reage sobre o escritor – a literatura extingue-se" (p. 43). E, referindo-se à poesia, Eça tece as célebres considerações:

> A poesia contemporânea é uma pequenina coleção de pequeninas sensibilidades, pequeninamente individuais. (...) E no meio das ocupações do nosso tempo, das questões que em roda de nós, de toda a parte se erguem como temerosos pontos de interrogação, estes senhores vêm contar-nos as suas descrenças idiotas ou as suas exaltações retóricas. No entanto, operários vivem na miséria por essas trapeiras, a gente do campo vive na miséria por essas aldeias. E o Sr. Fulano e o Sr. Sicrano empregam a sua energia vital, a sua ação intelectual, a contarem indiscretamente, a gabarem-se, que apanharam boninas no prado para as ir por na cuia de Elvira! (p. 27)

Com relação ao romance, as afirmações são igualmente fulminantes e já trazem o esboço dos temas que o ocuparão a partir dali, com outro objetivo:

> O romance, esse é a apoteose do adultério. Nada estuda, nada explica; não pinta caracteres, não desenha temperamentos, não analisa

> paixões. Não tem psicologia, nem drama, nem personagens. Júlia pálida, casada com Antonio gordo, atira com as algemas conjugais à cabeça do esposo, e desmaia liricamente nos braços de Artur, desgrenhado e macilento (...). E é sobre esta ação de lupanar que as mulheres honestas estão derramando as lágrimas de sua sensibilidade desde 1850! (p. 29-30)

Eça empreende então seu programa crítico, o qual, segundo alguns autores, não se realiza plenamente. Para Lopes e Saraiva (s/d: p. 902), por exemplo, esse programa "aparece amputado de uma peça mestra. Falta-lhe a mola material, que tão profundamente se faz sentir nos destinos das personagens de Balzac" (...), pois ele "insiste nos problemas propriamente culturais, com a literatura e a educação". No caso de *O crime do Padre Amaro,* é a educação a causa dos males de Amélia, assim como no de Luísa, a "burguesinha da Baixa", "que não conhece interesses de inteligência". Ou seja, a importância intrínseca do dinheiro para a constituição da sociedade burguesa, nessa fase do capitalismo, contra a qual os jovens do Cenáculo se colocavam, segundo Saraiva, não aparece com o rigor que seria de esperar. Mas não é assim que o próprio autor vê seus romances (apesar de ter sido sempre muito crítico em relação a eles, como comprova em geral sua correspondência). Em carta datada de Newcastle, de 12 de março de 1878, dirigida a Teófilo Braga (Queiroz, 1979, vol. I, p. 517), comenta:

> Um grupo social, em Lisboa, compõe-se, com pequenas modificações, destes elementos dominantes. Eu conheço vinte grupos, assim formados. Uma sociedade sobre estas falsas bases não está na verdade: atacá-las é um dever. E neste ponto o "primo Bazílio" não está inteiramente fora da arte revolucionária, creio. Amaro é um empecilho, mas os Acácios, os Ernestos, os Savedras, os Basílios são formidáveis empecilhos: são uma bem bonita causa de anarquia no meio da transformação moderna: merecem partilhar com o "Padre Amaro" da bengalada do homem de bem.

Mais que acatar concepções de fundo socialista ou mesmo os princípios experimentais de Zola, a estética queirosiana, já nesses romances, além da preocupação com a "verdade e a justiça", assinala claramente as influências de Flaubert, Dickens e Victor Hugo – estudadas por inumeráveis críticos –, nos variados aspectos que esses autores desenvolvem, desde certa comoção e empatia em relação às personagens, até a comicidade anedótica e a tão característica ironia do autor. Nesse sentido, parece claro que ele não poderia ter atualizado o gênero romance em Portugal se não tivesse assimilado e desenvolvido, dando-lhes cor portuguesa, muitas das inovações dos autores mais revolucionários da época, fiel ao *zeitgeist*, cujas raízes, apesar de tudo, estão fincadas no Romantismo.

José Maria, filho do escritor (Queirós, 1948: p. 257-258), destaca que, antes de Eça de Queirós, não existia em Portugal romance de estudo social." Era uma inovação, uma revolução na arte indígena. Por isso, o grande público, que é no fim de tudo quem faz a opinião – impelido violentamente para uma nova estética e uma nova finalidade na arte, ficou desorientado e perplexo". E continua:

> O aparecimento do *Crime do Padre Amaro* foi um escândalo. Era um ataque à Igreja! (...) Era o primeiro equívoco. Com o *Primo Basílio*, repete-se o caso. O romance, que é, na realidade, a dolorosa condenação do adultério – tão exaltado e poetizado na velha literatura romântica – e do meio social que o torna quase inevitável, pareceu logo um ataque impudente à família (p. 248).

Boa parte da fortuna crítica desses dois romances vai na mesma direção, inclusive no Brasil: imoralidade e falta de método romanesco, sendo ambos identificados com o Naturalismo emergente, que trazia temas novos e provocadores, até então inadmissíveis, sobretudo para as instâncias de controle moral da época. Até a publicação de *Os Maias*, em 1888, Eça suportou esse tipo de reação, tentando superar a rejeição de um público pequeno e enfrentar o fato de ainda não haver o distanciamento necessário para uma análise crítica mais objetiva, que toda obra exige. Pode-se sentir um travo de ressentimento em sua correspondência com amigos mais próximos, como o excerto da carta a Rodrigues de Freitas, já citada, que também revela a coerência de suas concepções:

> Os meus romances importam pouco; está claro que são medíocres; o que importa é o triunfo do Realismo – que, ainda hoje *méconnu* e caluniado, é todavia a grande evolução literária do século, e destinada a ter na sociedade e nos costumes uma influência profunda (Pereira, 1963: p. 29).

Também na carta a Teófilo Braga, entre outras coisas, o escritor (Queirós, 1948: p. 360-364) queixa-se da pouca atenção ou mesmo do silêncio da crítica:

> É de você que tenho recebido, depois das minhas duas tentativas de arte, as cartas mais animadoras e mais recompensadoras. E você, como o nosso belo e grande Ramalho, que mais me tem empurrado para diante. (...) Alegra-me que você queira escrever alguma coisa sobre o Basílio; a sua opinião, publicada, daria ao meu pobre romance uma autoridade imprevista. Dar-lhe-ia um direito de existência. (...) Eu tenho a paixão de ser lecionado; e basta darem-me a entender o bom caminho para eu me atirar nele. Mas a crítica, ou a que em Portugal se chama crítica, conserva sobre mim um silêncio desdenhoso.

Pode-se dizer que o foco crítico acerca dos dois romances nunca fugiu, na época, do aspecto moral e da sua perspectiva dita naturalista; esses dois termos sempre se confundiam: o Naturalismo era imoralidade, aliás, como fora na França o naturalismo de *Madame Bovary*. Dessa maneira, é importante citar dois comentários de Ramalho Ortigão sobre *O Primo Basílio:* um datado de 22 de fevereiro de 1878 (reproduzido na *Gazeta de Notícias*, do Rio de Janeiro, em 25 de março) e outro do mesmo ano, saído n'*As Farpas*, número de fevereiro a março. A comparação entre ambos permite perceber uma clara mudança de opinião quanto ao valor literário e político do romance; enquanto o primeiro, escrito no calor da hora (o livro chegou aos leitores portugueses em 21 de fevereiro), deixa entrever hesitação entre o elogio e a reprovação, confessados na sofreguidão com que foi lido, "linha por linha do princípio ao fim", deixando-o "prostrado como depois de uma luta" (Nascimento, 2007: p. 157), o segundo evidencia calma, reflexão e tempo para organizar considerações de ordem mais crítica e menos impressiva. Entre elogios ao autor, ao processo literário utilizado, ao "estilo de perfeição inexcedível", o primeiro texto não consegue se furtar de acentuar – talvez mesmo sem pretendê-lo – os mesmos elementos "imorais" que acenderam o desgosto da crítica portuguesa em geral.

> A delicadeza do gosto revolta-se muitas vezes contra essa fidelidade sistemática aos pormenores. As cenas de alcova são reproduzidas na sua nudez mais impudica e asquerosa. As páginas que as retratam têm as exalações pútridas do lupanar, fazem na dignidade e no pudor largas manchas nauseabundas e torpes, como as que põem nos muros brancos os canos rotos (p. 160).

E conclui que, embora "superior pela forma ao *Crime do Padre Amaro*, está, no entanto, abaixo dele como intenção crítica e como influência social" (...), pois, "olhada através de tal obra, a sociedade portuguesa, e mais particularmente a sociedade de Lisboa, parece lastimosamente corrupta, antipática, condenada à dissolução" (p. 162-163).

O segundo texto revela outra compreensão; ali, Ortigão consegue exprimir com justeza aquilo que se pressente ser talvez a intenção não alcançada no texto anterior: "Eis a doença que este livro acusa: a dissolução dos costumes burgueses". Procede, então, a uma série de críticas dirigidas à sociedade portuguesa, em relação à qual *O Primo Basílio,* romance *realista*, está num "estado de civilização artística e literária superior". E continua:

> Realista por quê? Por isso mesmo que exprime uma convicção social, e é esse o característico essencial da arte moderna. O romantismo não tinha senão convicções estéticas (...) De resto, nos artistas românticos, perfeita emancipação da forma e a mais profunda indiferença pelas questões sociais do seu tempo (...). A arte moderna não pode já hoje basear-se em risonhas conjecturas abstratas; tem de assentar, para que nos interesse e para que tenha a importância de um agente da civilização, em fatos de caráter científico, isto é, em fatos que sejam a função das leis sociológicas. Queremos fatos, não queremos exclamações: *Res, non verba*. Foi da palavra *res*, tomada precisamente nessa acepção literal, que se tirou a designação Realismo. Chamar Realismo ao que é puramente grosseiro, ao que é descarado, ao que é torpe, é caluniar o dogma.

Foi o primeiro desses dois textos de Ramalho Ortigão que se publicou no Brasil, na *Gazeta de Notícias* do Rio de Janeiro, em 25 de março de 1878, acompanhando a primeira edição de *O Primo Basílio*. A esse comentário seguiram-se outros, de vários autores, e a mesma polêmica havida em Portugal repetiu-se aqui, tendo inclusive participado dela Machado de Assis, com apreciações que abrangeram também *O crime do Padre Amaro*. É possível afirmar que a contenda geral, cuja tônica, embora lançasse questões estéticas importantes, baseou-se mais uma vez nas referências à imoralidade da trama e do texto – como não poderia deixar de ser, pois esses eram os ares do tempo –, e, mesmo tendo durado poucos meses, tornou-se um marco da história da literatura brasileira pelo fato de introduzir aqui a Ideia Nova, o viés moderno nas considerações referentes à criação e expressão literárias. Entre outros menos moralistas, repetem-se aqui, contra essas "prosas bárbaras", argumentos já vistos na França e em Portugal, agora com matizes nacionais. E os célebres comentários de Machado de Assis, em *O Cruzeiro*, respectivamente nos dias 16 e 30 de abril de 1878, sob o pseudônimo de Eleazar, a despeito do verdadeiro culto a Eça de Queirós, que se enraizou no país, e da consolidação e inegável persistência do realismo a partir de então, acabaram estabelecendo os padrões negativos de gosto e valor em relação à prosa realista, que até hoje perduram, mesmo por outros motivos. Mas esta já é outra história, com as necessárias conotações brasileiras, a ser examinada nos capítulos seguintes.

A mão e a luva: o Realismo no Brasil

Odeio as virgens pálidas, cloróticas,
Belezas de missal
(...)
Prefiro a exuberância dos contornos,
As belezas da forma, seus adornos,
A saúde, a matéria, a vida enfim.

Carvalho Jr.

Passará o realismo, como um sonho vago, sem deixar atrás de seu rastro, as bases de uma nova escola definida e acentuada?

Carlos de Laet

Cabe agora perguntar: de que maneira se apresenta o realismo na literatura brasileira e que recursos foi capaz de mobilizar e organizar para criar raízes tão profundas e resistentes? Foram mesmo os romances de Eça de Queirós os responsáveis pela sua consolidação na segunda metade do século XIX ou esse realismo responderia também aqui a uma necessidade histórica e social, tal como quando surgiu na França? Haveria uma homologia entre a organização social brasileira do final dos oitocentos e a forma estética realista, tal como havia em Portugal? Ou tratar-se-ia apenas de uma moda transplantada da Europa, fora de lugar em relação a nossa organização social? Haveria nessa possível transplantação algo que não correspondesse ao nosso verdadeiro "instinto de nacionalidade" ou a ele coube como a mão à luva?

Observação do real

De acordo com a acepção até aqui adotada, o realismo no Brasil não esperou por Eça de Queirós. Pode-se dizer que já surge com o primeiro romance publicado, em 1843, *O filho do pescador*, de Teixeira e Souza,[1] no início do Romantismo: analisado como produto de uma postura e de um método, insere-se na fase de debates sobre a identidade nacional da nossa literatura, então voltada para um "tipo brasileiro" de narrativa realista, quer dizer, informativa ou praticamente documental, já retirando sua matéria da vida popular. Considerando-se apenas a série canônica, o mesmo se pode dizer, salvaguardadas todas as diferenças entre ambos, de *Memórias de um sargento de milícias*, de Manuel Antônio de Almeida, em 1854.[2]

Vale dizer então que, entremeadas às concepções dominantes, de corte romântico (subjetividade, fantasia, livre imaginação etc.), aqui ainda resistiam, por volta de 1870, resíduos de conceitos clássicos gravitando em torno do que se entendia por real na literatura, junto à lenta emergência de novas posturas e métodos, como a possibilidade de observação objetiva desse real, a visão cientificista, o apreço pela vida popular e o gosto do detalhe. Desse modo, as explicações para o enraizamento e a persistência do realismo podem ser menos simples do que aparentam ser, também por essa revivescência, como modernos, de aspectos antigos, estimulados por uma série de fatores sociais e políticos, que tornaram o período pós-romântico brasileiro um dos mais complexos da nossa história. Além disso, por outro lado, menos do que outros movimentos ou escolas, definidos por apenas uma palavra, tanto realismo como naturalismo, que se confundem mesmo hoje, são termos de força no embate político da crítica literária. Sua aceitação ou rejeição, além de relacionadas a um movimento estético e a um estilo, guardam estreita relação com movimentos e pontos de vista políticos e ideológicos, além das já citadas filiações, apadrinhamentos e rumos que se querem indicar, como formas de

1 Existe uma polêmica a respeito da paternidade do primeiro romance brasileiro, atribuída também a Teresa Margarida da Silva e Orta e Joaquim Manoel de Macedo. Ver Silva, Hebe Cristina. *Teixeira e Souza entre seus contemporâneos – Vida e obra*. Cabo Frio, Secretaria da Cultura, 2012.

2 O texto foi primeiro publicado em folhetim, anonimamente, no *Correio Mercantil* do Rio de Janeiro, entre 1852 e 1853.

controle do campo literário, tal como se percebeu no grande debate que envolveu o Realismo em Portugal.

"Rarissimamente, se alguma vez acontece, exprimem fielmente as etiquetas literárias o fenômeno que presumem definir ou lhe compendiam exatamente o caráter. Não escapou o naturalismo a esta regra. Nenhuma de suas definições satisfaz plenamente", argumenta José Verissimo (1963: p. 258). De fato, é muito difícil assentar limites estreitos para o início de um movimento, de uma escola, de um estilo. Por isso parece acertado continuar a tentar delinear tendências emergentes convivendo com elementos residuais, verificando a constituição de um processo, sendo que, dessa forma, mesmo a ficção alencariana e a fase machadiana didaticamente considerada romântica podem ser analisadas sob um prisma realista. É possível, então, buscar já em romances como *Inocência*, de Taunay, de 1872, por exemplo, o gosto pela observação atenta das experiências do elemento popular, que caracterizam a postura e o método realistas, tal como já notara o mesmo Verissimo (1963: p. 235):

> (...) é Taunay quem na *Inocência*, talvez sem propósito, levado apenas dos instintos práticos do seu gênio e nativo realismo do seu temperamento, e ainda pelo que chamarei o seu materialismo literário, escreve o primeiro romance realista, no exato sentido do vocábulo, da vida brasileira num dos seus aspectos mais curiosos, um romance ressumando a realidade, quase sem esforço de imaginação, nem literatura, mas que a emoção humana da tragédia rústica, de uma simplicidade clássica, idealiza nobremente. (...) Não havia em *Inocência* os arrebiques e enfeites com que ainda os melhores dos nossos romances presumiam embelezar-nos a vida e costumes e a si mesmos sublimarem-se. E com rara simplicidade de meios, língua chã e até comum, estilo natural de quase nenhum lavor literário, composição sóbria, desartificiosa, quase ingênua, e, relativamente a então vigente, original e nova, saía uma obra-prima.

Nesse sentido, também o chamado regionalismo brasileiro desse tempo apresenta uma acentuada postura de interesse pela realidade e um método basicamente descritivo, que prenunciam a escola realista formalmente assumida. Além desses, há romances ainda pouco estudados, como *Um casamento no arrabalde*, de Franklin Távora (1869), *Coronel Sangrado* e *O cacaulista*, de Inglês de Souza (1876 e 1877), e outros, tidos como romances de passagem, postos de lado e esquecidos pela crítica e pelo tempo.

Consagrado pelo cânone está *O gaúcho*, de José de Alencar (1870), um dos romances criticados por Franklin Távora nas *Cartas a Cincinato* (1871 - 1872), por revelar elementos que indicam já uma concepção clara de observação da realidade na elaboração ficcional, os quais, segundo Távora, Alencar teria obscurecido por utilizar excessos de imaginação (Martins, 2011: p. 12). A leitura dessas cartas revela que o realismo em literatura não era mais, desde algum tempo, uma simples estrutura de sentimento nas letras brasileiras, mas uma ideia emergente quase em vias de consolidação, já ancorada em concepções definidas, com embasamento ideológico e expressão estético-crítica, segundo se verifica em uma das cartas de Távora, em que ele usa o termo, com uma compreensão específica do sentido que se lhe aplicava: "Parecendo-me, porém, que o romance [enquanto gênero] tem influência civilizadora (...) prefiro o romance íntimo, histórico, de costumes, e até o realista, ainda que este não me pareça característico dos tempos que correm" (Martins, 2011:p. 23).

Assim, desde *O filho do pescador* e *Memórias de um sargento de milícias*, fez-se um longo caminho de mudanças históricas, ideológicas e estéticas, em que o conceito de realismo, transplantado da Europa, passou de estrutura de sentimento a ideia dominante, adequando-se às condições brasileiras, de modo a poder desempenhar funções específicas ditadas pelo novo contexto, o que provavelmente permitiu seu enraizamento e a abertura de uma via que permanece na literatura brasileira até hoje.

Ideias estrangeiras

Críticos de orientações diversas têm opiniões semelhantes a respeito da importância do realismo na formação da literatura nacional. Lúcia Miguel Pereira (1988: p. 25), por exemplo, com base no que chama de "feitio" nacional, aceita que a representação realista é a primeira matriz do nosso romance:

> A narrativa que assenta na realidade nos interessa mais do que a fabulação completa e muito mais do que as ideias puras; (...) a regra sempre foi a sujeição aos fatos possíveis, a evocação mais ou menos poetizada, mais ou menos romanceada, de casos pondo em relevo usos e hábitos. Os nossos próprios românticos se fizeram intérpretes do meio em que viveram (...); depois, a gente média foi cada vez mais dominando o romance, fazendo dele um comentário à sua existência, aos seus problemas, aos seus sentimentos e às suas práticas.

E acrescenta que quase todos os escritores "se servem da realidade como de um trampolim indispensável, de um ponto de apoio" (Pereira, 1988: p. 26). Também nessa linha, Wilson Martins (Martins, 2010: p. 67), preferindo o termo naturalismo aplicado à literatura brasileira, a partir da década de 1880, argumenta:

> Os manuais de história literária apresentam o realismo brasileiro como tendo surgido inopinadamente, em 1881, com *O mulato*, de Aluísio de Azevedo, se não com *O cacaulista*, de Inglês de Souza, em 1876. Na verdade, há obras realistas muito antes disso e não raro com a clara consciência de uma *escola* realista, isto é, de um realismo sistemático e deliberado.

É bastante significativa, no excerto, a palavra "inopinadamente", pois em arte e literatura tudo é um processo contínuo e inacabado. Entre obras românticas, realistas e também naturalistas, existem muitas diferenças nas posturas e nos métodos adotados, nos traços mentais e afetivos impressos nas narrativas, na escolha e disposição dos detalhes da vida quotidiana, em suma, na organização e articulação coerentes dos materiais textualmente representados, consubstanciando, em maior ou menor grau, a interrelação dialética entre indivíduo e sociedade, em cada momento. Nessa direção, Nelson Werneck Sodré (1965: p. 169) pondera:

> Abre-se aqui uma controvérsia: teria surgido [o naturalismo] de condições que nos foram próprias, tão somente, ou da imitação de fórmulas externas, tão somente? (...)Foi importante a influência de modelos externos, do ponto de vista formal, principalmente, como é natural; mas foi importante, também, a circunstância histórica que nos era própria. O modo como se conjugaram as duas é que constitui motivo válido para uma interpretação justa do problema. Ela careceria de suportes, entretanto, se não verificasse as origens europeias do naturalismo e suas razões, as origens do naturalismo português e seus motivos, as condições brasileiras dos fins do século (...).

As considerações de Sodré - que usa naturalismo, englobando a produção literária pós-romântica, de maneira geral -, sublinham que o permanente contato com a Europa, acentuado aqui durante o Segundo Reinado, atuou fortemente sobre as mentalidades, criando entre a intelectualidade ansiosa pela modernização do país, por meio da aceitação das ideias novas, a sensação de atraso e deslocamento em relação à própria terra. Importa observar que a elite de todo o Brasil, desde os tempos da colônia, formava-se na Europa, basicamente em França e Portugal; aqui, só em 1824 criaram-se as Escolas de Direito de São Paulo e de Recife. A sensação de estranheza e artificialidade em relação ao país englobava não só questões econômicas e político-sociais, mas também culturais e estéticas. José Murilo de Carvalho (1982) considera, inclusive, que a coesão e a quase homogeneidade ideológica da elite intelectual do tempo tinha como causa essa formação franco-portuguesa e foi uma das mais importantes razões para a manutenção da unidade do país.

Na batalha pela modernização do Brasil de então, a cultura, o conhecimento e a agilidade intelectual passam a valores significativos. Desse modo, a posição de escritor, objeto de grande consideração social, era bastante disputada pelos filhos de uma classe média em consolidação, que não tivera o privilégio de se educar na Europa, pois significava a possibilidade de, por meio da literatura, influir no debate de ideias e ocupar posições influentes. Segundo José Guilherme Merquior (1977: p. 107),

> a valorização da inteligência resultou numa indiscutível elevação do nível mental da literatura. A cultura geral dos pós-românticos é bem mais ampla que a de seus antecessores (...). Munidos de informação filosófica e científica bem mais vasta, os autores dessa fase deram um sentido universalista à nossa ótica literária, desprovincianizando o nacionalismo literário.

Os modos pelos quais o conhecimento – a informação, a cultura geral- , no caso, as ideias estrangeiras que chegavam ao Brasil, passando de "influxo externo" a elemento característico da cultura e da literatura nacionais, com *funções* específicas, foram analisados por Roberto Schwarz (1981: p. 29-30). Ocupando-se do romance e caracterizando-o como gênero de acumulação, formado ao longo da história, ele explica que foi difícil sua consolidação no Brasil, pois os estímulos vinham de fora, integrando-se à vida do país como "ideias fora do lugar". E pergunta:

> (...) a nossa imaginação fixara-se numa forma cujos pressupostos, em razoável parte, não se encontravam no país, ou encontravam-se alterados. (...) Os grandes temas, de que vem ao romance a energia e nos quais se ancora sua forma (...) como ficavam no Brasil? Modificados, sem dúvida.

Deixando de lado a cerrada polêmica que a argumentação do autor sobre o funcionamento do liberalismo no Brasil despertou, é fato que a primeira grande modificação por que passa o romance realista foi a maneira pela qual ele se integrou às necessidades ideológicas brasileiras, naquele momento, aparentemente como "ideia fora de lugar", uma vez que, *grosso modo*, o *main stream* literário era romântico. Todavia, o que se pretende discutir não é o *fora* de lugar, mas justamente o lugar que o realismo passou a ocupar *dentro* da série literária brasileira, nesse momento, cumprindo *funções* específicas, adequadas às condições sócioestéticas nacionais. Como explica Schwarz, em texto já de 2006: "as ideias sempre têm alguma função, e nesse sentido sempre estão no seu lugar. Entretanto as funções não são equivalentes, nem têm o mesmo peso" (Schwarz, 2012:170).

O longo período em cujo início são publicados *O filho do pescador* e *Memórias de um sargento de milícias* foi marcado por mudanças importantes em todos os setores, a partir da eliminação formal do tráfico negreiro, em 1850, e da Guerra do Paraguai (1864-1870), estendendo-se até o final do século, com a Abolição e a República. Resumidamente, o café já se instalara como matriz da economia, crescendo desde décadas anteriores, no sudeste do país; com ele, evidencia-se o atraso do norte e o progressivo descompasso do nordeste, cuja importância fora grande na primeira metade dos oitocentos. Importa apenas lembrar, como índices da modernização, a primeira estrada de ferro do país, em 1854; a expansão de algumas cidades, que se iluminam; os telégrafos, que começam a funcionar em 1857 e o crescimento do comércio com o exterior. Criam-se aos poucos melhores condições para as atividades ligadas às letras: desenvolve-se a imprensa, já ingressando em uma fase mais dinâmica, com jornais estáveis, de vida prolongada. Além disso, "os costumes estavam mudando", escreve Emília Viotti da Costa (2008: p. 710):

> Jornais e revistas, associações artísticas e culturais, restaurantes, cafés e lojas brotaram em grande número e as grandes cidades adquiriram uma atmosfera mais cosmopolita. Nos bairros ricos, as tradicionais casas construídas de taipa foram substituídas aos poucos por residências no estilo europeu. (...) Os bairros escravos desapareceram progressivamente. Os trabalhadores livres (...) amontoavam-se em casas de cômodos nos centros das cidades ou viviam em pequenas casas na periferia da cidade. As ruas deixaram de ser o território exclusivo dos homens, dos escravos e das classes baixas. As mulheres da classe alta e da classe média eram vistas com mais frequência nas ruas centrais e passou-se a encontrar homens e mulheres juntos

> nas praças públicas. Apareceram mais escolas e empregos abertos às mulheres do que antes. Nas últimas décadas do Império, os costumes estavam mudando; porém, o que era mais importante, havia oportunidades novas de investimento, de emprego, de mobilidade social e mobilização política.

A pequena burguesia, aos poucos ampliada e com esses novos hábitos e costumes, dá o tom das formulações políticas; mas ela não traduz a realidade total do país, em suas elaborações e reivindicações, apenas as dos centros urbanos, principalmente portuários, onde uma minoria – tal como em Portugal – discutia também as questões estéticas. Mas a própria evolução dessa conjuntura, já a partir dos anos 1860, provoca o crescimento dos elementos de contradição, dos quais o mais agudo era a escravidão: a consciência de que era necessária a abolição, de acordo com as ideias de progresso casadas com o liberalismo europeu, contrastava com o atraso nacional, assentado no trabalho escravo. A adesão dos intelectuais brasileiros aos pressupostos liberais e às ideias cientificistas que marcaram a Europa pós-romântica, acentuadas a partir dos anos 1870, instaurou outras perspectivas e possibilitou o surgimento de críticas à monarquia e a escravidão, "frequentemente lidas como instituições que simbolizavam a decadência e o atraso brasileiros" (Schneider, 2005: 26).

Assim, abolição e república foram o centro crescente das opções ideológicas do momento, respondendo a necessidades históricas decisivas, que permitem afirmar não ter o Realismo se *fixado* com atraso, com características bem definidas, nesse período rico de anseios e contradições, por simples acidente ou por mera imitação de modelos de fora, pois seus pressupostos correspondiam também aqui aos ares do tempo. A transformação dessas coordenadas em uma consciência cultural mais visível, atuante e influente vai tomar forma com Sílvio Romero e a chamada Escola de Recife.

Lúcia Miguel Pereira (1957: p. 124), contudo, enfatiza que "o naturalismo nos foi imposto pela moda" criada pelos romances de Eça de Queirós, já no final da década de 1870, tal como afirmara Fidelino de Figueiredo. Ela chega a levar em conta que a rápida imitação foi facilitada por novas tendências que se vinham esboçando e também, possivelmente, pelo positivismo, que imprimiu seu cunho racionalista à mentalidade brasileira. Mas insiste (1957: p. 127): "Facilitada, mas não determinada. A ação de todos esses fatores foi antes vaga e longínqua, de preparação e não de construção (...). O elemento imediato foi a *moda importada.*"[3]

No meu modo de entender, os processos sociais e culturais especificamente brasileiros tiveram força suficiente para aos poucos construir uma complexa e contínua rede de influências residuais, dominantes e emergentes (Williams, 1979: 124), que ajudam a elucidar e precisar a função que desempenhou aqui a literatura realista. De maneira bastante geral, nossa defasagem em relação à matriz europeia dominante, o modelo de então, devido à situação pós-colonial, leva a elaborar uma literatura nova, cujos suportes histórico-sociais, expressos no Romantismo, já há muito tempo desaparecidos na Europa, aqui encontraram terreno propício para se enraizar, desempenhando a função de apoio ideológico para uma nação que se consolidava. Esse apoio ideológico já fora também função da literatura romântica, na esteira da independência política, quando, não por acaso, ensina Wilton J. Marques (2010, p. 22), ocupou um papel de destaque na configuração de um projeto de país, já que contribuiu para a formulação de uma visão cujo intuito era homogeneizar, entre os próprios brasileiros, a ideia de nação. Como se verá, essa função permanece, ao longo do tempo, como instância legitimadora, auxiliando, de diversas formas, a justificação do próprio processo de consolidação do Estado brasileiro, com todas as suas contradições.

O "basilismo"

Em termos estritamente artísticos e literários, o abandono gradativo das exigências da imaginação romântica, que já não correspondiam às pressões e limites das transformações originadas no crescimento do país, acentuando-se na década de 1870, vai abrindo espaço para a necessidade de uma aproximação mais direta e objetiva da realidade, sem os atenuantes da idealização, como já ocorrera na França e em Portugal, devido a fatores diferentes, mas ainda assim de certa forma assemelhados. Logo, aqui, os modelos franceses como Flaubert, Anatole France, Maupassant, Zola etc. não se impuseram como tendência única, embora fossem fortes concorrentes. Foi Eça de Queirós quem superou todos, erigindo-se no mais apreciado escritor português, não porque desse corpo a uma "moda", como quer Pereira (1957: p. 127), mas porque seus romances encontraram *ressonâncias ideológicas e afetivas já em plena floração*, em *língua portuguesa*, nas situações con-

3 O grifo é meu.

cretas de parte importante da sociedade brasileira, a responsável pelas decisões e controles de todos os tipos, fossem políticos, ideológicos ou estéticos.

Essas ressonâncias se devem a que a Geração de 70 portuguesa foi também um modelo de leitura para a geração de 70 brasileira, na crítica e nos comentários às bases sociais e políticas do Império. As discussões sobre a decadência de Portugal, com os ecos das Conferências do Casino, ajudaram a elaborar, entre a elite letrada, uma espécie de diagnóstico do estágio de civilização e progresso em que se encontrava o Brasil; principalmente para os republicanos e abolicionistas, os males advinham do processo de colonização, de que a Monarquia era herdeira e que era preciso superar.

Para Werneck Sodré, em termos literários, a grande influência de Eça deveu-se ao fato de que ele não era "ortodoxamente naturalista", pois, na fase de eclosão do naturalismo (leia-se Realismo) em Portugal, a influência de Zola, ali, era ainda imperceptível: "os teorizadores da nova escola, por isso mesmo, chamavam-na realista, e não naturalista" (1965: p. 56). Como já disse, os termos se confundiram durante muito tempo, na França e em Portugal, o mesmo acontecendo aqui. Essa confusão se deve, entre outras coisas, a que, nessa época, ainda era bastante grande a amplitude do termo literatura, de tal modo que, se não se reconheciam sequer grandes diferenças entre gêneros hoje especificamente literários e a História, por exemplo, ainda mais difícil era precisar estilos ou escolas ainda no berço. Tudo parecia ser literatura e escritor era simplesmente aquele que escrevia.

Os primeiros romances de Eça, devido ao que então se entendia por Realismo ou Naturalismo, aqui também provocaram polêmica exaltada, documentada nas resenhas e críticas de jornais e revistas da época, entre as quais as mais famosas são de Machado de Assis, como adiantei. Cabe aqui uma consideração: como explica Sereza (2012: p. 62), "Realismo e Naturalismo são palavras-irmãs", mas não são rótulos objetivos ou neutros, didaticamente atribuídos, com base em traços formais ou datas de publicação. Elas podem se parecer, "fazer parte da mesma família, mas também indicam diferenças", relacionadas ao estilo, à posição política do autor e a vários aspectos de composição da obra. No terreno da crítica, como venho apontando, seu uso sempre foi impreciso e, ainda com Sereza, "o recurso a elas traz consigo a história pessoal de cada crítico, guarda relação direta com seus pontos de vista" e sua posição dentro do campo literário. Se ainda hoje esse terreno conceitual é controverso, no período em análise era motivo bastante para embates acirrados.

Nesse sentido, mesmo durando poucos meses, a polêmica em questão tornou-se um ponto importante da história da literatura e da crítica brasileiras, por mostrar a fixação do realismo, até então latente – no sentido que venho apontando –, na aparência acomodando o Brasil em um patamar mais elevado, nos termos da modernidade de então.

Repetem-se aqui argumentos já vistos em Portugal – sobretudo morais e éticos, mas também artísticos –, agora com matizes nacionais, sendo que um olhar sobre eles ajuda a elucidar uma ligação entre as concepções ideológicas e estéticas do tempo. De fato, a disputa revela, em seu subtexto, um movimento intelectual mais amplo, de oposição clara ao modelo sociopolítico do Império; questiona-se, via literatura, a tradição imperial em seus múltiplos sentidos, desde o cânone romântico, considerado sua representação estética, até as instituições como a igreja e a família. Nesta última, sobretudo a posição, o papel e a educação da mulher, justamente um dos temas centrais dos romances de Eça de Queirós.

Detalhando mais alguns dados anteriores, a *Revista Ocidental* publicara, em Portugal, uma primeira versão de *O crime do Padre Amaro*, em 1874, em "entregas"; no ano seguinte sairia o volume, com 362 páginas, bastante modificado. Essa não seria ainda a versão definitiva, que só apareceria em 1880, com 675 páginas e outras grandes diferenças; no Brasil, a segunda versão saiu em 1876 e passou quase despercebida. O que efetivamente projetou Eça e a "Ideia nova" no centro das discussões, no Rio de Janeiro, foi a publicação de *O primo Basílio*, em 1878, com uma edição de três mil exemplares rapidamente esgotada, tendo saído outra no mesmo ano. Como indica José Leonardo Nascimento, em *O Primo Basílio na Imprensa Brasileira do Século XIX*,[4] "o livro chegou ao Brasil anunciado pelo folhetim de 25 de março de 1878, da *Gazeta de Notícias*, assinado por Ramalho Ortigão, que reproduzia uma crítica já publicada na imprensa portuguesa em 22 de fevereiro daquele ano" (2007: p. 16).

Comentários, resenhas e críticas saíam nos folhetins, parte secundária dos jornais, dedicada a comentários leves e fatos quotidianos corriqueiros, para entretenimento dos leitores ou daqueles que ouviam a leitura de outrem, dado que poucas pessoas liam e muito menos escreviam. Antonio Candido (2006: p. 37) assinala que

---

4 Todas as citações dos artigos e resenhas referentes à polêmica suscitada pela publicação de *O Primo Basílio*, no Rio de Janeiro, farão referência a essa edição, que é uma recolha cuidadosa de todos aqueles textos, com comentários e referências.

os poucos jornais e revistas existentes mesmo assim contribuíam para "divulgar o gosto pela literatura e criar uma certa consciência analítica". Em suas palavras:

> Mas tal função coube, por excelência, à crônica e ao folhetim de jornal, que aproximaram do público, graças a um tom ameno e familiar, as obras, os autores e os problemas literários. O folhetim e a crônica atuaram na formação daquela atmosfera de civilidade, no bom sentido, sem a qual a literatura não prospera e o gosto não se refina. O que os salões fizeram nos séculos XVII e XVIII, o jornalismo prolongou no século XIX, ou seja, transformar a literatura numa questão de sociabilidade, de comunicação, de debate e, mesmo, de iras e renovações.

Todavia, ler, escrever e debater ideias era privilégio da elite, que, inclusive, circulava em locais bem demarcados no centro da cidade: a Rua do Ouvidor, a Rua da Quitanda, a Uruguaiana, a Sete de Setembro, a Gonçalves Dias, onde se situavam os teatros, jornais e livrarias. Ou seja, a vida cultural do Rio de Janeiro assentava-se num altíssimo percentual de analfabetos, mesmo entre os homens livres.[5] Mais ao sul do país, São Paulo ainda era um vilarejo, cuja população não passava de mais ou menos trinta mil habitantes, com pouquíssima atividade cultural, restrita aos estudantes da Faculdade de Direito e ao jornal *A Província de São Paulo*, que começou a circular em 1875, publicando resumos de matérias de jornais do Rio de Janeiro. Desse modo, a novidade literária do Realismo foi debatida, aceita ou rejeitada por um número bastante exíguo de pessoas letradas do Rio e do Recife, na maioria jornalistas, profissionais liberais e alguns escritores, tal como ocorrera em Portugal ou na França, salvas as diferenças.

Também é de Lúcia Miguel Pereira (1957:123) a informação de que um crítico da época, Aderbal de Carvalho, escreveu o seguinte comentário na página 104, do artigo "O Naturalismo no Brasil", em *Esboços Literários*, com data de 1902:

> *O Primo Basílio* caiu em nosso meio literário como uma verdadeira bomba de dinamite, fazendo o estrondo mais forte de que há notícia nos nossos anais literários, escandalizando a pacata burguesia, ofendendo a pudicícia dos nossos mamutes intelectuais, da nossa

5 Os censos de 1872 e 1890 revelam que 77% da população era analfabeta. Ver Ferraro, Alceu R. *História inacabada do analfabetismo no Brasil*. São Paulo: Cortez, 2009. Ver, também, Guimarães, Helio Seixas. *Os leitores de Machado de Assis – O romance machadiano e o público de literatura no século XIX*. São Paulo: Nankin Editorial, 2004.

> arqueológica literatura. Estava, pois, dado o primeiro golpe. Desde então começaram a chover nos rodapés dos jornais diários folhetins, contos e alguns romances filiados à escola do autor de *Fradique Mendes* e dos *Maias*.

Depois desse primeiro "golpe", o fervilhante debate sobre os romances de Eça, nos principais jornais e revistas fluminenses (*A Gazeta de Notícias*, o *Jornal do Commercio, O Cruzeiro*, a *Revista Ilustrada, O Besouro),*[6] com comentários, resenhas, trocadilhos e piadas, acentuou-se com a adaptação do romance para o teatro, logo depois, sendo que em todos se comparava a novidade a do naturalismo francês, examinando-se peça e livro sob ângulos e perspectivas diversas, mas com forte acento nas questões morais.

No folhetim "A Semana", de *A Gazeta de Notícias*, em 28 de abril, quando a querela andava já bastante acesa, "F. de M."[7] resume (Nascimento, 2007: p. 229):

> Todo o mundo escreve. É já prurido e têm notado os malignos que foi acabar a febre amarela e logo surgir o *basilismo*. É bom *O Primo Basílio*? É mau? É sério? É decente? É imoral? Tudo é problema, e como todos discutem, nenhum se entende.

Desde o início, a crítica de Ortigão (Nascimento, 2007: 160), já citada, estabelecera com antecedência a ordem de considerações que predominou:

> A paixão, o vício, os tumultos da carne, os ímpetos de temperamento, os cálculos da maldade, as lágrimas de humilhação, os desesperos da dor, os gritos de remorso, os sorrisos de cinismo nunca encontraram expressão tão viva, tradução tão real.

Com efeito, parecem ter sido "os tumultos da carne" a espicaçar mais que tudo a curiosidade dos leitores e afiar as penas da crítica. Citava-se muito uma certa página, a mesma que o próprio pai do escritor recriminou: "o que se lê a pág. 320 do romance. Hás de concordar em que é um realismo cru!", diz ele ao filho,

---

6 O *Jornal do Commércio*, criado em 1824, refletia o pensamento conservador da elite carioca; *A Gazeta de Notícias,* fundada em agosto de 1875, era antimonarquista e abolicionista; A *Revista Illustrada,* abolicionista, republicana e satírica, circulou de 1876 a 1898; *O Besouro*, cujo primeiro número circulou em 06/04/ 1878, apostava na criatividade, originalidade e humor; *O Cruzeiro* foi fundado em 01/01/1878 e expressava o pensamento católico e conservador.

7 Segundo Nascimento, abreviatura de Ferreira de Menezes, jornalista, teatrólogo e poeta (2007: p. 233).

em carta datada de 26 de fevereiro de 1878 (Queiroz, s/d: p. 9). De fato, pode-se entender, nos tempos que corriam, o efeito causado pela ousadia da tal página, tanto em Portugal como no Brasil:

> Tinham tirado os pratos da cama; e sentada à beira do leito, os seus pezinhos calçados numa meia cor-de-rosa pendiam, agitavam-se, enquanto um pouco dobrada sobre si, os cotovelos sobre o regaço, a cabecinha de lado, tinha em toda a sua pessoa a graça lânguida de uma pomba fatigada. Bazílio achava-a irresistível: quem diria que uma burguesinha podia ter tanto chique, tanta queda? Ajoelhou-se, tomou-lhe os pezinhos entre as mãos e beijou-lhos; depois, dizendo muito mal das ligas "tão feias, com fechos de metal", beijou-lhe respeitosamente os joelhos; e então fez-lhe baixinho um pedido. Ela corou, sorriu, dizia: — Não! Não! - E quando saiu do seu delírio tapou o rosto com as mãos, toda escarlate, murmurou repreensivamente: Oh! Bazílio!
> Ele torcia o bigode, muito satisfeito. Ensinara-lhe uma sensação nova: tinha-a na mão. (Queiroz, s/d: p. 320)

Para o que nos interessa, é importante destacar, entretanto, argumentos de outro teor, que aparecem também, assinados por vários autores, mesmo que mesclados aos de ordem moral. No folhetim "Sem malícia", do *Jornal do Commercio*, em 10 de abril do mesmo ano (Nascimento, 2007: p. 169-71), provavelmente de autoria de Carlos de Laet, assinando "L.",[8] podem-se verificar já tentativas de conceituar a "nova escola":

> passará o realismo, como um sonho vago, sem deixar atrás de seu rastro as bases de uma nova escola definida e acentuada? (...) O *realismo*, segundo parece indicar a natureza e contextura da palavra, é a expressão do real e do verdadeiro; assim como o *naturalismo* exprime a feição da arte, que tem por modelo exclusivamente os objetos da natureza, despidos de todas as formas ideais ou fantásticas. Admitindo essa interpretação da palavra realismo, é realista todo escritor que tiver por fundo de sua concepção literária a realidade; quer ela se manifeste pela expressão da beleza, do bom e do justo, quer ela seja a fotografia da fealdade, do vício e das podridões da

8 Enquanto Nascimento atribui a Carlos de Laet o pseudônimo "L.", Franchetti acredita que ele esconda o nome de Ferreira de Araújo, diretor do jornal *A Gazeta de Notícias* (Franchetti, 2007: p. 172).

> sociedade. Tudo está em que a formosura, a bondade e a justiça, bem como as aberrações e vícios sociais, sejam pintados e descritos nos limites do possível.

Como se vê, desponta uma aproximação consciente da nova sensibilidade e da sua significação, já de acordo com os princípios antes definidos por Eça em Portugal: o belo, o bom e o justo. Procura-se estabelecer a diferença entre os termos até então usados como sinônimos – realismo e naturalismo –, bem como atribuir a "imoralidade" dos romances realistas à própria tendência e não mais aos autores dos textos. Mas persiste – como não poderia deixar de ser, historicamente falando – a concepção clássica de literatura como pedagógica e edificante, pois os "vícios sociais" devem ser descritos nos limites do possível que o decoro burguês condiciona. Na mesma resenha pode-se ler:

> Há algumas páginas de tal imoralidade, de um tal desapego dos mais comezinhos princípios das conveniências sociais, que não podemos eximir-nos de lastimar que o mesmo nome que assina tão grandes belezas seja o mesmo que referenda tão repelentes obscenidades. Já não há aqui que discutir questões de *realismo* e de *naturalismo*, a questão agora versa simplesmente sobre os deveres da decência e decoro literário (Nascimento, 2007: p. 177).

Nesse sentido, evidenciando os efeitos nos leitores do tempo do "condimento picante" que embala a trama, Dorothy Scott Loos (1963: p. 31) cita, significativamente, um artigo de Gonzaga Duque, na revista *Kosmos*, em 1908:

> [A] discussão centrada na obscenidade de *O Primo Basílio*. Esse fator é enfatizado também nas reminiscências de Gonzaga Duque, que declara ter lido o livro com avidez, em 1879, simplesmente porque pensava ser ele obsceno. Em suma, o teor obsceno do trabalho foi garantia de seu sucesso junto ao público. Esta foi a primeira marca com a qual o naturalismo foi recebido no Brasil e a marca a partir da qual ele se desenvolveu.

A autora parece efetivamente aceitar, oitenta anos depois, que certa "obscenidade proposital" do romance teria sido a causa de seu sucesso junto ao público, tal como "L.", que, na época, escreveu: "É forçoso confessar que o escândalo é o que mais tem concorrido para o popularizar" (Nascimento: 2007, p. 178).

O fato é que as discussões envolveram muitos participantes (sempre consideradas as condições da vida cultural local), criando-se um diálogo acirrado, com discordâncias, ironias e tiradas de humor, cujo tom maior, se de fato era a adequação do romance e de seu caráter realista aos parâmetros da *bienséance* então exigida da boa literatura, também ensaiava considerações sobre elaboração estética. Os romances foram interpretados dentro de uma rede de relações frequentemente opostas e tensas, bastante reveladora do funcionamento do campo literário; todavia, a crítica posterior à dessa época acabou obscurecendo toda a polêmica, centrando-a apenas nos dois comentários negativos feitos por Machado de Assis.

Não poderia ser diferente para um autor que escrevera, no periódico *Novo Mundo*, em Nova York, em 24 de março de 1873, um de seus mais importantes textos críticos, "Notícia da atual Literatura Brasileira: Instinto de nacionalidade" (Assis, 1997: p. 805, vol. III):

> As tendências morais do romance brasileiro são geralmente boas. Nem todos eles serão de princípio a fim irrepreensíveis; alguma coisa haverá que uma crítica austera poderia apontar e corrigir. Mas o tom geral é bom. Os livros de certa escola francesa, ainda que muito lidos entre nós, não contaminaram a literatura brasileira, nem sinto nela tendências para adotar as suas doutrinas, o que já é notável mérito. As obras de que falo, foram aqui bem-vindas e festejadas, como hóspedes, mas não tomaram o governo da casa.

Seus comentários sobre *O Primo Basílio*, na coluna semanal de que era titular, em *O Cruzeiro*, respectivamente nos dias 16 e 30 de abril de 1878, sob o pseudônimo de Eleazar, revelam, anos depois, se os analisarmos sob esse aspecto, os padrões negativos de gosto e valor em relação à prosa realista, "certa escola francesa", que eles parecem ter fixado e feito perdurar até hoje, como verdades inquestionáveis, referendadas depois pelo Modernismo, com reflexos ao longo de todo o século XX. Como outros críticos da época, Machado não distinguia com clareza Realismo e Naturalismo, o que se evidencia logo no início do comentário: "O Sr. Eça de Queirós é um fiel e aspérrimo discípulo do realismo propagado pelo autor de *Assommoir*" (Assis: 1997, p. 904). E continua, alguns parágrafos depois:

> Ora bem, compreende-se a ruidosa aceitação d'*O crime do padre Amaro*. Era realismo implacável, consequente, lógico, levado à puerilidade e à obscuridade. Víamos aparecer na nossa língua um rea-

> lista sem rebuço, sem atenuações, sem melindres, resoluto a vibrar o camartelo no mármore da outra escola, que aos olhos do Sr. Eça de Queirós parecia uma simples ruína, uma tradição acabada.

Os comentários de Machado sobre os romances de Eça já foram analisados por inumeráveis especialistas, entre os quais não me incluo. Contudo, o foco da interpretação aqui repousa em um viés talvez pouco explorado: o provável desconforto machadiano, vendo de repente abalados os alicerces mais clássicos que até então sustentaram seus textos, de romances a crítica, e que inclusive o tinham elevado a uma posição de destaque no campo literário brasileiro. Com sobriedade e rigor de uma "crítica austera", ao analisar a arquitetura narrativa e a psicologia das personagens, Machado, tentando defender valores assentados, revela contida indignação, talvez por sentir atacadas suas convicções estéticas ("resoluto a vibrar o camartelo no mármore de outra escola") e ameaçado o lugar de honra que já ocupava no panteão literário nacional. Isso transparece na conhecida acusação de plágio, que Eça mais tarde repudiou como "obtusidade córnea ou uma má-fé cínica" (Queiroz, 1980: s/p), ressaltando que escrevera *O crime do Padre Amaro* em 1871 e o publicara em folhetins em 1874, sendo que *La faute de l'abbé Mouret*, de Zola (publicado no Brasil como *O crime do Padre Mouret)*, o livro hipoteticamente plagiado, saíra em 1875. Até hoje há controvérsias sobre esse ponto, mas não é esse o objetivo aqui.

Além de fustigar acidamente a "imoralidade" da trama e a "obscenidade" de algumas passagens, como a maioria das resenhas sobre o romance, um dos eixos argumentativos é justamente o questionamento da escola realista, cuja "razão fisiológica ou psicológica" Machado rejeita; embora reconheça o talento do autor, ele não acredita terem sido bem elaborados nos romances nem mesmo os princípios da nova escola, pois ali eles se reduzem a "inventários", à "reprodução fotográfica e servil das coisas mínimas e ignóbeis", à "preocupação constante do acessório" (p. 904).[9] Discordando da "concepção", ou seja, do conflito e das soluções encontradas por Eça, ele declara: "Se o autor, visto que o realismo também inculca vocação social e apostólica, intentou dar no seu romance algum ensinamento ou demonstrar com ele alguma tese, força é confessar que não o conseguiu (...)" (p. 907). É áspera a frase, onde se destaca o peso do verbo "inculcar".

---

9 Em "A nova geração", publicado na *Revista Brasileira*, em 01/12/1879, ele reitera: "O realismo não conhece relações necessárias, nem acessórias, sua estética é o inventário" (Assis, 1997: 826, vol. III).

Até onde se sabe, Eça se agastou com os comentários de Machado e os dois autores não chegaram a estabelecer correspondência que perdurasse. Alguns estudiosos[10] asseguram, porém, que o português chegou a alterar os rumos de sua prosa, despindo-a dos "excessos naturalistas", depois das críticas machadianas. Grande conhecedor da obra queirosiana, Carlos Reis, no artigo "Eça e Machado: diálogo cancelado",[11] também indaga: "Por que motivo ficou sem sequência o quase diálogo entre os dois grandes romancistas? Por arrogância, por displicente descaso ou por recato do autor de *Dom Casmurro*? Rejeito as primeiras hipóteses, aposto na última!" Seja como for, esse quase diálogo parece confirmar a hipótese de que os escritores, de alguma forma, viram-se como respeitosos opositores dentro do campo literário que envolvia os dois países.

Enquanto os periódicos, no Rio de Janeiro, faziam estardalhaço sobre *O Primo Basílio*, com pilhérias e caricaturas, o debate propriamente literário seguia, calcado no que se considerava a obscenidade da nova estética. Em 17 de abril, o folhetim "Sem malícia", do *Jornal do Comércio*, publica outro comentário, provavelmente também de Carlos de Laet, em que o autor se mostra mais ácido (Nascimento: 2007, p. 199):

> Para se apreciar o realismo são necessárias duas qualidades essenciais: a educação fraca e o estômago forte. Quem não tiver esses predicados só poderá habituar-se a esse gênero revoltante pelo processo por que se habituam os cirurgiões a ver sem se enojar os aspectos das chagas e das podridões do corpo humano. É questão de necessidade e teima.

Há muitos textos que respondem especificamente às críticas de Eleazar, defendendo a nova estética, como "Ainda *O primo Basílio*", na *Gazeta de Notícias* de 20 do mesmo mês, provavelmente da autoria de Henrique Chaves, um dos fundadores do jornal, usando o pseudônimo S. Saraiva (Nascimento: p. 203-05):

> Ao contrário do ilustre folhetinista [Eleazar], para mim não é ponto de dúvida que do realismo venha algum ensinamento. O realismo tem por principal preocupação a maior aproximação da verdade: ainda que não chegue ao seu resultado, não serão os seus esforços

---

10 Cito em especial Alberto Machado da Rosa. *Eça, discípulo de Machado?* São Paulo, Fundo de Cultura, 1963.

11 Disponível em: www.queirosiana.wordpress.com. Acesso em 23/03/2015.

> dignos de louvor? (...) É natural que tão perfeita fotografia de um quadro, que só peca por verdadeiro, desperte os rancores daqueles que entendem que nem todas as verdades se dizem. Esta frase foi necessariamente inventada por algum hipócrita célebre. Podem os que não aceitam o realismo formar as colunas cerradas da sua resistência, esta será inútil porque as colunas sucumbirão ao peso do grande colosso, que se chama simplesmente – a verdade.

Percebe-se um tom de combate, correspondente a uma opinião prioritariamente ética, indicando posicionamentos divergentes, não só dentro do campo literário, mesmo porque *A Gazeta de Notícias* era um jornal liberal, no qual colaboravam vários abolicionistas. Nessa altura, o jornalismo ainda não formara um campo autônomo e profissional, o que só acontecerá mais tarde; por ora, os homens de letras e escritores eram intelectuais que também exerciam funções públicas, colaboravam em periódicos e participavam das contendas ideológicas, opinavam e debatiam aspectos da vida nacional, sendo a literatura também um canal de divulgação.

O segundo comentário de Machado, de 30 de abril, parece mais ponderado e contido que o anterior. O escritor responde cada argumento propriamente literário daqueles que não concordaram com sua avaliação e sente-se, na íntegra do texto, que há subjacente um modelo de romance, repousando em questões de verossimilhança e adequação internas da obra, embora insista com rigor no problema da imoralidade (Assis, 1997: p. 913):

> Se eu tivesse que julgar o livro pelo lado da influência moral, diria que, qualquer que seja o ensinamento, se algum tem, qualquer que seja a extensão da catástrofe, uma e outra coisa são inteiramente destruídas pela viva pintura dos fatos viciosos: essa pintura, esse aroma de alcova, essa descrição minuciosa, quase técnica, das relações adúlteras, eis o mal.

Na verdade, rejeitando os romances de Eça, Machado parece referendar a si mesmo e ao tipo de romance que escreve, o de análise interior, a que opõe os de "observação", como já enunciara em "Notícia da atual literatura brasileira" (Assis, 1997: p. 805):

> Esta é, na verdade, uma das partes mais difíceis do romance, e ao mesmo tempo das mais superiores. Naturalmente exige da parte

> do escritor dotes não vulgares de observação, que, inda em literaturas mais adiantadas, não andam a rodo nem são a partilha do maior número.

Note-se que entre a publicação dos dois comentários de Machado, muitas outras opiniões apareceram, nos principais periódicos, o que, provavelmente, pode tê-lo levado a tentar encerrar o assunto em definitivo, falando de seu lugar de escritor consagrado. Já no início, não poupa ironias (Assis, 1997: p. 909):

> Disse comigo: — Este homem tem faculdades de artista, dispõe de um estilo de boa têmpera, tem observação; mas o seu livro traz defeitos que me parecem graves, uns de concepção, outros da escola em que o autor é aluno, e onde aspira a tornar-se mestre; digamos-lhe isto mesmo, com a clareza e franqueza a que têm jus os espíritos de certa esfera.

A familiaridade do "este homem", camuflada na irônica intimidade do "disse comigo", soa com aspereza, que se acentua em alto grau quando Machado apequena Eça como "aluno" e lhe atribui aspirações ambiciosas de "tornar-se mestre", o que significa dizer que ele não o é. Na verdade, pode-se interpretar essa ironia como um ataque àquele em quem reconhece condições para ocupar um lugar até então seu, aquele que é "espírito de certa esfera", a esfera a que ambos pertencem ou, mais provavelmente, apenas ele pertence. Assim, talvez não esteja se referindo à relação entre mestre e aluno de Zola e Eça, como parece à primeira vista, mas a sua própria relação com o escritor português.

É possível, portanto, que Machado, pela primeira vez, tenha visto surgir, em língua portuguesa, no seu tempo, um autor que lhe poderia arrebatar o lugar tão duramente conquistado, ou seja, que poderia lhe "tomar o governo da casa". Vale lembrar que, em 2 de março de 1874, fora publicado o último fascículo de *A mão e a luva*, com recepção morna por parte do público e da crítica, já acostumados aos modelos românticos. Mesmo porque a maioria dos leitores brasileiros preferia ler, além dos poucos românticos brasileiros, traduções de narrativas folhetinescas – Eugène Sue, Ponson du Terrail e Paulo de Kock —, tal como em Portugal. Entre elas, vale lembrar as "páginas de sensação", que começaram a circular no final da década anterior, nos jornais e revistas fluminenses,[12] talvez ajudando, de certo

12 O termo *sensation novels* refere-se a um gênero de narrativa de conotações lascivas, que bus-

modo, a preparar o paladar do público para o "caráter negativo" de Luísa, de *O primo Basílio*, nas suas incursões pelo "escuso" e pelo "torpe".

No artigo "Machado de Assis e Eça de Queirós: formas de apropriação", em que analisa as prováveis influências de *Madame Bovary* nos dois escritores, João Cezar de Castro Rocha (2011: p. 17) assinala:

> A crítica de Machado revela que, com a irrupção do romance queirosiano, qualquer escritor de língua portuguesa deveria levar em consideração, como já sabemos, os autores franceses, ingleses e alemães, mas agora também um romancista da mesma língua: Eça de Queirós. Machado somente atingiu o mesmo *status* a partir de *Memórias póstumas de Brás Cubas* (...) e mesmo assim sem a proeminência contemporaneamente alcançada pelo português.

Rocha entende, inclusive, que a crítica forte aos romances de Eça parte do *leitor* de *O Primo Basílio*, imbuído dos mesmos pressupostos críticos de seu tempo, e não do futuro *autor* de *Memórias póstumas*, de 1881, que deixará para trás qualquer veleidade romântica. O autor dos comentários, para Rocha, foi o bom escritor de *Helena* e *Iaiá Garcia*, mas não o extraordinário criador de *Memórias póstumas de Brás Cubas*, de *Dom Casmurro* e de *Quincas Borba*. Ele desenvolve esse argumento no livro *Machado de Assis: por uma poética da emulação* (2013: p. 122), com base nos mesmos pressupostos estéticos que Machado usou para criticar Eça:

> Posso agora rematar minha hipótese: o Machadinho de 1878, isto é, o Leitor de *O Primo Basílio*, certamente condenaria o Machado de 1880. (...) Para o crítico moralista de 1878, as aventuras de Brás Cubas pareceriam desnecessariamente eróticas: o móvel de sua ação pouco definido; sobretudo o crítico normativo de 1878 rejeitaria a falta de verossimilhança de um defunto narrador. Isso para não mencionar a falha fundamental da estrutura: ora, como principiar uma história pela conclusão? Ainda: como deixar de condenar um romance em que o acessório parece sempre impor-se ao essencial (...)?

Todavia, essa análise de Rocha não é original; ele retoma argumentos já levantados por Franchetti, no artigo "Eça e Machado: críticas de ultramar" (2000: p. 49):

---

cava provocar no leitor uma sensação forte, a partir das situações de seu enredo, tendo geralmente mulheres como personagens centrais. No Brasil já há notícias desse tipo de publicação por volta de 1870.

> quem escreve esse ensaio não é ainda o autor de *Dom Casmurro* ou *Quincas Borba* (...) a crítica se processa a partir de uma concepção de romance que o próprio Machado, na época, tentava por em prática no seu *Iaiá Garcia* e que é, de fato, oposta a que ele identifica no texto de Eça. É o autor de *Iaiá Garcia*, empenhado na consolidação do romance no Brasil.

Nascimento (2007: p. 129), por sua vez, não considera procedente essa conjetura de Franchetti, que, segundo ele, parece praticamente atribuir a Machado o desejo de "fundar uma política cultural atinente à constituição de uma literatura nacional". Ele vê aí um equívoco, pois não percebe nos comentários machadianos sobre os romances de Eça propósitos conjunturais, mas questões estéticas de longo alcance, já assumidas e cristalizadas, que ultrapassam fatos e situações pontuais. Todavia, há muitos pesquisadores e estudiosos que abraçam a hipótese de ser possível perceber, na escrita machadiana, um processo gradual de modificações visando a educação literária dos leitores brasileiros de então. Com efeito, já em artigo da década de 1950, Astrojildo Pereira (Bosi, Garbuglio, Curvelo e Facioli, 1982, p. 389), comentando o ensaio de Machado, "Notícia da atual literatura brasileira: Instinto de Nacionalidade", já citado, assegura:

> Já bem antes do seu ensaio de 1873, com apenas 23 anos de idade, manifestava ele os primeiros sinais positivos dessa compreensão, ao declarar que a principal tarefa da intelectualidade brasileira, a sua missão histórica por excelência, consistia em esclarecer o povo, despertando-lhe a consciência do próprio destino. "Esclarecer o espírito do povo" – escrevia em crônica de 1862 – "de modo a fazer ideias e convicções disso que ainda lhe não passa de instintos, é, por assim dizer, formar o povo".

Há ainda outro aspecto a dar atenção. No excerto abaixo, pode-se notar que Machado (1997, p. 912) deixa clara sua posição mais clássica,[13] quando rejeita a atitude empenhada de Eça ("esse messianismo literário"), e, além de reconhecer o desgaste do romantismo, parece oscilar entre conceder qualidades ao novo mo-

13 Não se pode esquecer que os textos bem avaliados em termos sociais e estéticos eram vinculados a concepções clássicas, de acordo com critérios estabelecidos por círculos cultos dominantes, com base nas retóricas, artes poéticas e tratados sobre leitura que, certamente, norteavam até então as concepções machadianas.

vimento ("alguma coisa há"), embora a contragosto, ou execrá-lo completamente ("excluamos o realismo"):

> Não peço, decerto, os estafados retratos do romantismo decadente; pelo contrário, alguma coisa há no realismo que pode ser colhido em proveito da imaginação e da arte. (...) Esse messianismo literário não tem a força da universalidade nem da vitalidade; traz consigo a decrepitude. Influi, decerto, em bom sentido e até certo ponto, não para substituir as doutrinas aceitas, mas corrigir o excesso de sua aplicação. Nada mais. Voltemos os olhos para a realidade, mas excluamos o realismo, assim não sacrificaremos a verdade estética.

Seja como for – e os diferentes ângulos pelos quais Machado tem sido lido e interpretado por especialistas demonstram a fascinante rede de intenções e significações de sua obra crítica e ficcional –, é fato que o escritor passou por uma crise em 1878, atribuída a uma doença que o deixou recluso por seis meses, mas parece possível supor que um dos vetores dessa crise, ainda que lateral, também tenha sido o incontestável sucesso de *O Primo Basílio*, e consequentemente, de Eça de Queirós e seu realismo. Para Franchetti (2007: p. 191), essa crise foi o resultado de um "impasse propriamente literário", que o colocou diante de um dilema: como abandonar a linha romântica assumida desde *Helena*, sem enveredar pelos caminhos do realismo que repudiava? Ele resolverá isso de maneira excepcional, sabe-se, "desacatando os pressupostos da ficção realista, ou seja, os andaimes oitocentistas da normalidade burguesa", como afirma Schwarz (2012: p. 250). O espírito dos seus romances, a partir de *Memórias póstumas de Brás Cubas* será "incisivamente realista, compenetrado tanto da lógica implacável do social como de lhe captar a feição brasileira. E será [era] também pós-realista, interessado em deixar mal a verossimilhança da ordem burguesa, cujo avesso inconfessado ou inconsciente abria à visitação".

Mas talvez se possa colocar a questão em outros termos: como fazer frente às profundas transformações nos ares do tempo, envolvendo questões sociais, políticas e ideológicas definitivas para o país, além de mudanças nos padrões de gosto e sensibilidade estética – que nem eram tão novos –, sem abandonar princípios, valores e crenças já consolidados e seguros, que o levaram a ocupar um espaço de respeito e consideração entre seus pares e seu público? Se as conhecidas respostas vieram a partir de *Memórias póstumas de Brás Cubas*, em 1881, as críticas aos romances de Eça, todavia, são preciosos documentos desse momento de decisão.

Os ares do tempo

Esse debate literário, marcante na vida cultural brasileira do início de 1878, vivido nas páginas dos jornais que polemizavam questões políticas e sociais candentes, como a abolição, ocorreu, contraditoriamente, sem se fazer, em nenhum momento, alusões à própria escravidão, que se tentava eliminar.[14] Como aponta Nascimento (2007: p. 78), "profundas eram as contradições da cultura brasileira do período. Havia uma elite bem informada e erudita, que, no entanto, não desdenhava dividir os espaços dos jornais com propagandas sobre o comércio de humanos". E destaca que, se a elite brasileira desfrutava elementos de maioridade intelectual, "o arcaísmo ficava no fundo, no horizonte da escravidão, e foi como elite moderna que assimilou as novidades literárias europeias aportadas no idioma português pelos dois primeiros romances de Eça de Queirós" (p. 81).

Essa contradição há muito apontada por Schwarz (2006), talvez possa explicar como as questões estéticas, tidas então como abstratas, puderam permanecer separadas do seu chão concreto e relegadas, no momento, a soluções que só apareceriam com clareza dez anos depois, quando Machado, por exemplo, encontrou seu novo caminho, e o Realismo, como movimento já consciente e sistematizado, firmou-se em rumo paralelo como Naturalismo e sua inspiração cientificista, com Aluísio de Azevedo e outros escritores.

Muitos dos pontos de vista machadianos sobre o Realismo não eram novidade, mesmo porque ele defendia a posição já difundida na época, de que a imaginação, livre de seus excessos, tinha que ser essencialmente vinculada à realidade. De fato, ele escreveu que o Realismo deveria ser expurgado da literatura, mas não a realidade; isto é, como todos os atores da polêmica de 1988, ele concordava que a ficção, se bem construída, traduzia a veracidade da existência: "Mas entre uma aspiração social e um conceito estético vai diferença; o que se precisa é uma definição estética" (Assis, 1997: p. 812).

Essa concepção geral, que o pensamento de Machado resume, já circulava nos ares do tempo brasileiro; com o crescimento das concentrações urbanas, o encurtamento das distâncias, a frequência maior dos contatos com o exterior, o desenvolvimento do jornalismo, criavam-se mais condições para as atividades culturais

14 Lembre-se que, no bojo das inquietações do período, já em 1875, nas páginas de *O Globo*, travara-se uma polêmica entre José de Alencar e Joaquim Nabuco a respeito do lugar do escravo, do liberto e da cultura africana na sociedade brasileira.

e literárias. Um dado significativo é que a prosa vai se sobrepondo gradativamente à poesia, principalmente a partir de Alencar, e o gosto pelo romance nacional ou estrangeiro já se generalizara, o que é um dos fatores a explicar a intensidade da polêmica sobre os romances queirosianos,[15] uma espécie de marco inicial e índice significativo de esforços de renovação estética.

Esse esforço não ficou restrito aos centros urbanos do sul do país; apareceu também em Recife, depois em Fortaleza e São Luís. Em Recife, foi em torno de Sílvio Romero (1848-1911) que se erigiu uma crítica literária mais sistemática, depois continuada por Capistrano de Abreu (1853-1908), Araripe Júnior (1851-1914) e outros. Como ensina (Candido, 2006: p. 17):

> O Romantismo viu florescer entre nós um interesse apaixonado pela literatura, e o problema crítico já havia sido proposto e debatido, embora de maneira incipiente, quando entraram em campo os jovens da geração de Setenta, armados com os recursos espetaculares da divulgação científica de seu tempo.

Esses recursos, já fortes na Europa, estruturados no cientificismo, positivismo e evolucionismo, passaram a ser discutidos inicialmente na Faculdade de Direito de Recife, tomando as noções de raça e natureza como fundamentos objetivos e imparciais do estudo da literatura; tais modelos tornaram possível a abordagem da cultura e da literatura sob um prisma histórico, social e nacionalista. O positivismo em particular, como um programa intelectual cujo objetivo era "a ordem e o progresso", adubou o solo para o florescimento do Realismo, movimento estético que lhe correspondia, e, embora tenha aparecido aqui em 1858, introduzido por Antônio Ferrão Muniz Aragão, aluno de Comte (Loos, 1963)[16], começou a ser popularizado em 1863, por Tobias Barreto (1839-1889) e por Sílvio Romero, seu discípulo. Deste último, é com frequência utilizada uma citação famosa (Bosi, 1994:

---

15 Desde meados do século XVIII era regular a oferta de obras estrangeiras, geralmente traduzidas, ao reduzido público leitor carioca, principalmente romances. No início do século seguinte, surgiram os primeiros gabinetes de leitura, como alternativa de acesso ao livro aos que não podiam comprá-lo. No final do mesmo século, os gabinetes, clubes, associações, bibliotecas, livrarias e jornais contribuíram muito para ampliar o público leitor, além das antigas práticas de leitura em voz alta nos serões domésticos e salões burgueses. Ver Abreu, Márcia; Vasconcelos, Sandra; Villalta, Luiz Carlos; Schapochnik, Nelson. *Os caminhos do romance no Brasil: séculos XIX e XIX*. www.caminhosdoromance.iel.unicamp. br

16 Merquior (1977: p. 111) afirma que o "comtismo [foi] introduzido aqui por Miguel Lemos, em 1874", mas essa é a data já da fundação da primeira Sociedade Positivista no Rio de Janeiro.

166; Sodré: 1995:344; Schneider: 2005), que resume a conformação intelectual e artística dos ares do tempo:

> Nas regiões do pensamento teórico, o travamento da peleja foi ainda mais formidável, porque o atraso era horroroso. Um bando de ideias novas esvoaçou sobre nós de todos os pontos do horizonte (...): positivismo, evolucionismo, darwinismo, crítica religiosa, naturalismo, cientificismo na poesia e no romance, folclore, novos processos de crítica e história literária (...) tudo então se agitou e o alarma partiu da Escola de Recife.

Sílvio Romero começou a escrever no Recife, em 1869, e publicou em 1872 seu trabalho mais antigo, *Realismo e idealismo*, do qual retoma algumas considerações em *O Naturalismo em Literatura*, de 1888. Esse texto é muito importante na movimentação contra o romantismo e na proposição de bases modernas para o pensamento e o estudo da cultura brasileira, destacando-se nele subsídios para o entendimento da literatura sob o ponto de vista da raça, do meio e do momento histórico, vale dizer, basicamente o modelo de Taine, que definia a arte e a literatura como o exercício de funções naturais do homem, determinadas por condições fisiológicas e sociológicas. A despeito de ironicamente ser tida como "quase imaginária" por Merquior (1977: p. 111), a chamada Escola de Recife, criada em 1868, foi importante em diversos aspectos, por mais de quarenta anos. Contribuiu bastante para a divulgação do Realismo e do Naturalismo, com espírito de enfrentamento e conquista de espaço, principalmente porque seus principais mentores se mudaram para o Rio de Janeiro, mais tarde, onde passaram a exercer posições influentes no campo literário, entrando em acirradas disputas com a escola fluminense, reunida em torno de Machado.

A tríade formada então por Sílvio Romero, Araripe Jr. (1851-1914), rigorosamente contemporâneos, e José Veríssimo (1857-1916), que entrará em cena um pouco depois, respondeu à obra de Machado de modo sistemático e bastante variado, de acordo com o cabedal de ideias e convicções de cada um, e os debates travados foram responsáveis por estabelecer, pela primeira vez no Brasil, um patamar menos impressionista e mais consistente para o desenvolvimento da crítica literária posterior. Todavia, seus escritos não deixam de revelar um confronto entre os grupos que procuravam intervir no campo literário e no campo político – exercendo assim uma tentativa de controle muitas vezes mais simbólica que efetiva –, uma vez que tal confronto respondia à necessidade de articulação de uma ideia de Brasil que assegurasse um consenso em torno dos critérios de civilização e modernidade.

Há nisso um dado interessante para levar em conta: os interlocutores de Machado vinham do Nordeste, região que perdera poder e prestígio para o sul que se desenvolvia. Na verdade, havia duas nações que não se conheciam, separadas no espaço e ainda mais no tempo: de um lado, o nordeste do latifúndio decadente e, do outro, a riqueza centrada na crescente urbanização do sul. No confronto mencionado, porém, apesar de haver um substrato regionalista, o critério de uma nacionalidade unida em torno de certos pressupostos de base positivista foi a categoria dominante, até por volta de 1880, e só ao longo dos anos 1890 afastou-se disso, colocando a ênfase, na literatura, em aspectos psicológicos e estéticos, principalmente com Verissimo, que legou à historiografia literária uma percepção estética mais acentuada, de que serão tributários Lúcia Miguel Pereira e também Antonio Candido: "Ao chamar a atenção para o talento individual e para a dimensão estética da obra literária, Verissimo arejava a atmosfera crítica dos determinismos ambientais e sociais que marcaram a crítica de sua geração" (Guimarães, 2004: p. 18).

Silvio Romero, porém, fiel aos princípios deterministas, articulava seus argumentos na necessidade de considerar, para a criação de uma literatura brasileira, a formação precipuamente mestiça do povo, para cuja constituição fora mais marcante o elemento africano. E. sempre que possível, procurava minimizar diferenças muito evidentes no interior da ideia de nacional, como destaca Barreto (2001: p. 57):

> Entre nós, o concurso de três raças inteiramente distintas, em todo rigor da expressão, deu-nos uma raça, raça propriamente brasileira, – o mestiço. (...) é força convir que o tipo, a encarnação perfeita do genuíno brasileiro, está, por enquanto, na vasta classe de mestiços, pardos, mulatos, cabras, mamelucos, que abundam no país com sua enorme variedade de cores. Esta fusão ainda não está completa, e é por isso que não temos ainda um espírito, um caráter original. Este virá com o tempo.

Para Candido, a influência de Taine é clara na abordagem romeriana do problema, cuja ótica é a do condicionamento externo: raça e formação histórica são os elementos básicos de sua interpretação. "Em completa oposição à crítica brasileira da época [Romero] não apela para as categorias estéticas, mas analisa as condições histórico-sociais e étnicas, pugnando por uma crítica desassombrada e livre ligada às correntes intelectuais do tempo" (Candido, 2006: p. 68).

Já para Araripe Jr., a raça não é fator determinante; ele vê a questão literária como um problema de duas faces: o aspecto específico das formas literárias e a sua inserção social, mais propriamente a sua inserção no meio natural. Dito de outra maneira: para o crítico, o ambiente físico é o único elemento que possibilita decifrar a originalidade da literatura brasileira, por ser a única influência constante ao longo da história. Destaco aqui seu conceito de *obnubilação brasílica*, uma espécie de "incorreção" do estilo brasileiro, ligada ao "espírito da terra", para compreender o processo psicológico de adequação do europeu à natureza tropical. Trata-se de um conceito-chave na sua obra, correspondendo ao abrandamento, à diluição dos hábitos que atrelavam o colonizador à civilização, nos primeiros anos do povoamento do território brasileiro.

Na concepção do autor, o europeu teria sofrido, no momento de sua implantação nos trópicos, uma adaptação regressiva em direção a um estágio inferior da evolução do homem. A ascendência do meio natural teria desenvolvido nele uma nova sensibilidade, gerando novas formas de comportamento e conduzindo à inovação estética (Murari, 2007: p. 30). A ideia de obnubilação, que ele desenvolve, diz respeito, portanto, a um processo de adaptação psicológica de deslumbramento do colono recém-chegado à exuberância da natureza dos trópicos. Assim, Realismo e Naturalismo, a que ele se refere (note-se mais uma vez a indistinção dos termos), precisam tornar-se "estilos tropicais". Nas palavras do próprio Araripe (1957: p. 127-128):

> O naturalismo, ou se subordina a este estado de coisa, ou se torna uma planta exótica, – de mera curiosidade. A nova escola, portanto, tem de entrar pelo trópico de Capricórnio, participando de todas as alucinações que existem no fermento do sangue doméstico, de todo o sensualismo que queima os nervos do crioulo. O realismo, aclimando-se aqui, como se aclimou o europeu, tem de pagar o seu tributo às endemias dos países quentes, aonde, quando o vento atmosférico não se resolve na febre amarela, na cólera, transforma-se em excitações medonhas, de um dantesco luminoso. (...) É da limitação apenas das tendências dessa mestiçagem, reconhecida por todos que têm estudado o problema do nosso nacionalismo; é dessa, e não de outra limitação, que tiraremos toda a nossa força, toda a nossa segurança, e riquezas literárias.

Se o viés determinista e evolucionista adotado por Romero e Araripe Jr. é hoje considerado parcial, superado ou equivocado na raiz, não se pode obliterar que as disputas nele baseadas, como a que acompanhou a publicação dos livros de Eça de Queirós, inicialmente, e as posteriores, já quando o Realismo se implantara em definitivo, baseavam-se em concepções bastante modernas para o tempo, indicando tentativas de superação, aqui, dos resquícios de um romantismo que não expressava mais as condições da sociedade em mudança, visando eliminar os resíduos da herança colonial. As discussões giravam em torno do predomínio da história ou da estética, da realidade ou da imaginação, da forma ou do conteúdo, refletidas inclusive nas abordagens da moralidade e da intenção edificante das obras, tudo com um substrato teórico e filosófico ambivalente, que mostrava uma espécie de oscilação entre a aceitação e a rejeição dos novos modelos de pensamento. Vale a pena observar o diagnóstico de José Verissimo (1963: p. 260) sobre o Naturalismo, pois, escrito mais tarde, quando o calor da hora já arrefecera, ainda oscila entre aceitação e recusa, com boa dose de condescendência:

> O principal demérito do naturalismo de receita zolista, já, sem nenhum ingrediente novo, aviada em Portugal por Eça de Queirós e agora no Brasil por Aluísio de Azevedo, era a vulgarização da arte que em si mesmo trazia. Os seus assuntos prediletos, o seu objeto, os seus temas, os seus processos, a sua estética, tudo nele estava ao alcance de toda a gente que se deliciava com se dar ares de entender literatura discutindo livros que traziam todas as vulgaridades da vida ordinária e se lhe compraziam na descrição minudenciosa. Não seria, porém, justo, contestar-lhe o bom serviço prestado, tanto aqui como lá, às letras. Ele trouxe à nossa ficção mais justo sentimento da realidade, arte mais perfeita na figuração, mais interesse humano, inteligência mais clara dos fenômenos sociais e da alma individual (...).

A literatura brasileira já se constituía, portanto, enquanto o Realismo se fortalecia, como o "fenômeno central da vida do espírito", possuindo uma tendência de assimilação de aspectos científicos e sociológicos e guardando seu predomínio como força simbólica, auxiliar da desejada identidade nacional (Candido, 1975: p. 130). E, continua Candido, o que se observa na obra de críticos como Araripe Jr. e Sílvio Romero[17] é a elaboração, a partir de propostas analíticas voltadas para a

17 Não há aqui intenção de aprofundar as discussões entre esses iniciadores da crítica literária brasileira, já amplamente pesquisadas, mas apenas assinalar a importância do papel que suas

literatura, de um corpo de teorias amplas sobre a cultura e a sociedade brasileiras. O tom polêmico e condoreiro, não raramente encontrado nos seus textos, principalmente em Sílvio Romero, parece corresponder, além do esforço de afirmação e sobrevivência do intelectual na sociedade, às tensões e conflitos internos da própria obra que escreviam.

Esses conflitos podem se resumir em um ponto comum: de que modo assimilar a diferença da sociedade brasileira em relação à da Europa, a partir dos valores e conceitos específicos oriundos da própria civilização daquele continente, os quais promoviam a afirmação de sua superioridade cultural e estabeleciam um modelo único de civilização e progresso social? A solução desse problema constitui, em linhas gerais, uma tentativa de aclimatação, mais ou menos ousada ou exitosa, das teorias e métodos das ciências modernas de então.

Como sublinha Ventura (1991), essa visão moderna rompia a ligação com um tipo de reflexão de fundo mais religioso, na medida em que a ordem social não era mais vista como sagrada e imutável; daí a possibilidade de criticar monarquia e escravidão, profundamente ligadas à movimentação política em torno da abolição e da república. Assim, tanto o Realismo, quanto as correntes filosóficas e sociais que lhe servem de base, tiveram, no Brasil, papel semelhante ao que desempenharam em Portugal, abrindo a possibilidade de sondar a realidade social de acordo com um saber secular e temporal, já afastado das concepções religiosas que tinham se esvaído com o Iluminismo. Não é demais, portanto, considerar que se configuraram aqui percepções e disposições mentais aproximadas às da França e de Portugal, salvaguardadas todas as diferenças, evidentemente, com orientação e funções específicas.

Mais importante do que a função que tiveram na Europa o positivismo, o cientificismo e o próprio Realismo, aqui, o modo pelo qual essas teorias foram apropriadas evidencia uma urgência de justificar a necessidade de articular de novo uma ideia de Brasil, num momento da história em que o país caminhava para mudanças realmente significativas. De modo geral, o que se vê então é uma sociedade cada vez mais heterogênea, com centros urbanos mais complexos e ativos, novos atores e novas formas de sociabilidade exigindo novas formas de representação; assim, outros procedimentos estéticos tornam-se imperativos. Intelec-

---

concepções mais conhecidas exerceram na divulgação das novas ideias sobre literatura, no período em questão.

tuais e homens de letras, cidadãos com inclinações republicanas e abolicionistas, ao longo do período em foco, estabelecendo-se cada vez mais no Rio de Janeiro, desafiavam-se na tentativa de definir o que a literatura era ou deveria ser, ansiosos para estabelecer sua própria hegemonia em relação à elite que, de uma forma ou de outra, pretendiam substituir.

Em termos artísticos, o que constituiu o cimento estético desse novo grupo foi o Realismo, por conseguir traduzir as tensões causadas pelo realinhamento das forças sociais, dando maior visibilidade àqueles que até então não tinham tido acesso à dignidade da representação, no sentido de Auerbach e Williams, que venho usando até aqui – e também no sentido romeriano, se assim se pode dizer. Negros, mulatos, brancos pobres e mulheres do povo, em suma, a gente média e a população miúda, na multiplicidade de suas relações e atividades,[18] ingressam na literatura como personagens – os filhos "de uma piscadela e de um beliscão" –,[19] como aconteceu com mais clareza, a partir da década seguinte, quando a corrente naturalista se definiu enquanto tal. E foram estes "discípulos de Zola" os que enfrentaram rejeição maior, pois sua ênfase objetiva e cientificista acentuou ainda mais aspectos e características que o gosto hegemônico considerava inadequados para uma sociedade que "se civilizava". Além disso, no geral, eles não aderiram aos projetos de poder dominantes, por seu viés crítico, republicano, antiescravista e anticlerical, que de vários modos está figurado nos seus textos.

A tensão interna em relação a isso tudo advinha de que a ideia de Brasil estava em processo de mudança e ainda não se definira totalmente, ou seja, era uma concepção emergente, com visíveis resíduos do passado. Concebia-se uma nação como o resultado da progressiva transformação das matrizes europeias, pela ação do meio ou da mistura de raças e guardavam-se ainda traços do nacionalismo romântico,[20] na tentativa de estabelecer autonomia e originalidade para as mani-

18 Conforme Ventura (1991: p. 46), "em termos literários, a incorporação do negro e do escravo ocorreu a partir de 1860, junto com o gradativo desaparecimento do indígena como personagem ficcional ou assunto poético".

19 "És filho de uma piscadela e de um beliscão; mereces que um pontapé te acabe a casta". Referência a Leonardo, protagonista de *Memórias de um sargento de milícias*, de Manuel Antônio de Almeida. São Paulo: Ateliê Editorial, 2003, p. 73.

20 O termo nacionalismo, tal como suas derivações, é entendido neste texto não só no seu aspecto de ordenamento ideológico social e político, baseado em instituições e em simbologias, mas também como 'comunidade imaginada', com força na expressão de convicções, solidariedades e identidades, sobretudo de natureza cultural e linguística, que garantem um sentido de pertencimento; daí a importância da literatura, nesse momento. Ver Anderson, Benedict. *Comu-*

festações artísticas do país, tal como propunha Romero, que assim vislumbrava uma história da literatura brasileira:

> O capítulo preliminar [de uma história da literatura brasileira], quando a escreverem com rigor científico, deverá ser uma inquirição de como o clima do país vai atuando sobre as populações nacionais; o segundo deverá ter uma análise escrupulosa das origens do nosso povo, descrevendo, sem preconceitos, as raças principais que o constituíram. (...) O terceiro capítulo (...) haveria de ser o estudo de nossa poesia e contos populares em sua tríplice proveniência (Barreto: p. 105).

Por conseguinte, a polêmica entre Eça e Machado, assim como outras, tão importantes ou mais ainda, não significa que havia uma frente unificada contra um inimigo comum. Ao contrário, ela foi apenas o *locus* de contradições significativas dentro e fora dos mesmos grupos; pode ser vista como o afloramento de dúvidas, questionamentos e indecisões, mostrando que o Realismo não era apenas o produto estanque de um dado momento histórico, mas um participante ativo e dinâmico, no que diz respeito a quem controla as representações, a que interesses elas servem e que função desempenham, em um momento de mudança ou transformação. Percebe-se com muita clareza que havia na crítica do tempo uma visão negativa da sociedade e da cultura locais, expressa na oscilação entre o ufanismo e a admiração incondicional pela Europa; essa visão negativa tensionava por dentro o projeto nacionalista e existe em latência já no debate sobre o realismo queirosiano. Não é demais lembrar, com Candido (2010: p. 123), que:

> dentro da maioria dos intelectuais do tempo, havia um perigoso medo de ser brasileiro, que levava a falar francês, copiar as cartolas inglesas, imitar o estilo acadêmico português, admirar a disciplina alemã e lamentar não houvesse aqui o espírito prático dos norte-americanos (,...); essas ambivalências que fazem do nosso patriotismo uma espécie de amor-desprezo, uma nostalgia dos países-matrizes e uma adoração confusa da mão que pune e explora.

E se em literatura desdenhava-se em parte o romantismo – mesmo sendo a ideia de nacionalismo herdeira direta desse tempo –, seus temas e soluções, e se

---

nidades imaginadas. São Paulo: Companhia das Letras, 2008.

admirava a objetividade e a fidelidade ao real, por outro lado estigmatizava-se tudo o que denotasse a influência de Zola, seu cientificismo, suas "obscenidades", "concupiscência", "sujidades" e "torpeza" –[21] seu excesso de realismo, digamos – porque, mesmo antirromânticos, europeus e científicos, tais comportamentos revelavam padrões só aceitáveis em seres ou "raças inferiores", vale dizer, as "classes baixas" em geral; já a aproximação de Flaubert era visivelmente preferida, por sua civilizada contenção.

Percebe-se que a própria concepção de civilização repousa em uma contradição, pois vêm dela os padrões que se rejeitam. O controle das representações, nesse sentido, interessa amplamente; ele se articula aos interesses tanto dos grupos nacionais liberais como aos dos conservadores, identificados todos com a modernidade ocidental, mas de modo bifronte, ambíguo e *reajustado* (o termo é de Ventura) às condições locais.

Em resumo, a nova prática literária era nada mais do q o produto de uma atmosfera altamente politizada, sendo simples demais afirmar que os intelectuais e homens de letras por fim *adotaram* a estética realista. O que estava em jogo, além do papel que estes teriam no campo das letras e nos outros em que circulavam, era o imaginário da nação em relação a si mesma: tentava-se criar uma sociedade organizada, civilizada, acabar com a escravidão, os resquícios do colonialismo e suas sequelas, sendo que a função do realismo, nesse instante, era, *na aparência*, retratar as desigualdades, até certo ponto, para que elas pudessem ser denunciadas e superadas. Mas, citando Schwarz (2012: p. 170), se ajudar a fazer avançar a civilização foi a função que o realismo teve na Europa, pode-se dizer que aqui essa função não foi equivalente. Dizendo como Ventura, cujo diálogo com Schwarz é evidente, aqui ela foi *reajustada*. Voltando a Schwarz (p. 170-71):

> Considere-se, por exemplo, que o ideário liberal na Europa oitocentista correspondia à tendência social em curso, a qual parecia descrever corretamente (...). Ora, nas ex-colônias, assentadas sobre o trabalho forçado, o liberalismo não descreve o curso real das coisas – e, nesse sentido, ele é uma ideia fora de lugar. Não impede contudo que ele tenha outras *funções*. Por exemplo, ele permite às elites falarem a língua mais adiantada do tempo, sem prejuízo de em casa se beneficiarem do trabalho escravo. (...) A gama de suas *funções* inclui a utopia, o objetivo político real, o ornamento de classe

21 Termos que aparecem nos mais diferentes comentários sobre Zola e Eça de Queirós.

> e o puro cinismo, mas exclui a descrição verossímil do cotidiano, *o que na Europa lhe dá a dignidade realista.*[22]

A ideia de nação que se propõe para o Brasil, nesse momento, portanto, depende do movimento tenso e ambíguo entre semelhança e diferença em relação à Europa, entre a simples reprodução (impossível) da experiência europeia e o seu reajuste ao Brasil. Ou seja, em literatura, ao ideário liberal, na Europa, correspondeu a dignidade realista, que assumiu como tarefa a representação dos trabalhadores e setores oprimidos da população, numa época de tensões e revoluções. Aqui, conferir essa mesma dignidade, de forma verossímil, às parcelas até então alijadas do processo de modernização, ou seja, aos negros, mulatos, pardos, todos aqueles até então excluídos dos salões românticos ou que neles apareciam como esfumatura, era um reajuste desse ideário. Essa seria, pois, sua função: tentar conferir dignidade estética ao que era indigno socialmente. Por mais que isso pareça falso ou mesmo hipócrita, é nesse sentido e dessa maneira que as ideias liberais aqui estão no lugar e vão encontrar expressão mais clara quando o Naturalismo (o realismo refratado pelo viés cientificista e determinista) aparecer, no decênio de 1880, como movimento mais consciente e sistematizado, o qual trouxe à luz o que antes não se pudera ou não se quisera ver.

Nessa linha, Nelson W. Sodré (1965: p. 174) recorre, entre outros aspectos mais discutíveis de sua avaliação, a outros a que se tem dado pouca atenção, sobretudo no que se refere ao predomínio e permanência da visão do realismo como uma estética ruim:

> A posição antinaturalista, caracterizada ou não, dos mais eminentes críticos da época, não impediu o triunfo da escola entre os praticantes e entre o público. Ela teve também os seus críticos, os que a defenderam, os que aplaudiram os métodos usados, os que apregoaram a superioridade de seus processos (...). Buscavam neutralizar os efeitos da crítica dominante, que condenava o naturalismo e particularmente as suas formas ortodoxas. A decisão não pertencia aos críticos, porém, como sempre, ao público. (...) Prova importante essa: prova de que o naturalismo não havia ocorrido apenas por força da influência externa, mas atendia também a condições internas.

22 Os grifos são meus.

E continua, afirmando que suas manifestações eram um "protesto contra uma ordem de coisas, atendendo ao sentimento de inconformismo que se generalizava e encontrava na nova escola uma saída para expressar-se" (p. 174). Pode-se dizer, portanto, que quando o Realismo começa a se consolidar rapidamente, o próprio fato de sua emergência revela a existência de uma série de ansiedades latentes e uma crise das representações, que não pode mais ser acomodada com tranquilidade, no interior de práticas idealistas, como as românticas. Ou seja, o Realismo vai inserir uma cunha no controle dessas representações, no sentido de que a ideia de nação una, europeizada, "civilizada", mesmo "à brasileira", é colocada em xeque, pois os atores, as formações sociais e as hierarquias de classe que ele representa não estão mais de acordo com o modelo da comunidade que aqui se imagina criar.

O espírito da terra

A rejeição ao Realismo aumentou à medida que se consolidava e adquiria cada vez mais as características naturalistas. Seus temas, principalmente a temática do corpo e da sexualidade, sempre foram considerados indignos de representação, sendo esta extremamente desafiadora dos princípios estéticos e morais burgueses, tal como se viu até aqui, desde seu aparecimento na França e em Portugal, principalmente com Eça de Queirós.[23] O discurso hegemônico sobre uma suposta essência nacional, que não existia – e não existe –, repudiou com veemência os novos temas e soluções literárias. Havia grupos, tal como os nacionalistas de que vínhamos falando, como Sílvio Romero e Araripe Jr., cuja enunciação dessa suposta essência possuía muita força. O primeiro, por exemplo, acusou inclusive Machado, de quem ele não gostava,[24] de não ser verdadeiramente nacional:

> O Sr. Machado simboliza hoje o nosso romantismo velho, caquético, opilado, sem ideias, sem vistas... lantejoulado de pequeninas frases, ensebadas fitas para efeito. Ele não tem um romance, não

---

23 Lembre-se de novo que a imensa fortuna crítica de Eça de Queirós assinala, muitas vezes, que ele foi mais naturalista que realista, caso se respeite a divisão metodológico-crítica que veio a se firmar na história literária e as características que se atribuem comumente aos dois estilos. Esse mesmo raciocínio pode ser aplicado aos romancistas do período em estudo, no caso brasileiro, com exceção de Machado de Assis.

24 A aversão romeriana a Machado, além das diferenças sobre concepções literárias, deve-se a que este publicou comentários negativos ao seu livro de poemas *Cantos do fim do século* e também porque Romero atacava a posição que o Rio de Janeiro ocupava no ambiente intelectual, em cujo centro estariam o escritor e seus amigos (Schneider, 2005:p. 97-118).

> tem um volume de poesias que fizesse época, que assinalasse uma tendência. É um tipo morto antes do tempo na orientação nacional. Barreto (2001: p. 359)

Nessa discussão, Machado era muitas vezes contraposto aos então ditos naturalistas, desde o início, na época da polêmica sobre Eça, como um distinto exemplo de escritor romântico ou de realista refinado. Isso concedia a ele um lugar de honra, preservava o espaço ideológico para o que era então esteticamente louvável e ratificava sua literatura como algo que podia ir além das fronteiras do país. Ou seja, o romantismo estava ultrapassado, sim, mas o naturalismo não era a solução, porque não expressava o verdadeiro espírito brasileiro, ou aquilo que se entendia ser esse espírito. Entretanto, afinando os termos dessa comparação, Schwarz argumenta (2006: p. 12) que:

> a grandeza de Machado não se entroncava na vida e na literatura nacionais. A sutileza intelectual e artística, muito superior à dos compatriotas, mais o afastava do que o aproximava do país. O gosto refinado, a cultura judiciosa, a ironia discreta, sem ranço de província, a perícia literária, tudo isso era objeto de admiração, mas parecia formar um corpo estranho no contexto de precariedades e urgência da jovem nação, marcada pelo passado colonial recente. Eram vitórias sobre o ambiente ingrato, e não expressões dele, a que não davam sequência. Dependendo do ponto de vista, as perfeições podiam ser empecilhos.

No sentido desta comparação, em que mesmo Machado podia ser tomado como um escritor fora de lugar, percebe-se quanto o Naturalismo teve que negociar, a partir de um espaço lateral do campo literário, expressando interesses e valores extremamente contraditórios. Aceitando-se que Machado de Assis tenha sido um realista, como quer parte importante da crítica, ou um antirrealista, como advogam outros, é fato que o Naturalismo, *ou o realismo à moda de Zola*, nunca teve um escritor tão aclamado quanto ele ou quanto o romântico Alencar, nem mesmo Aluísio de Azevedo. O que leva à ideia de que o Realismo – e mais ainda o Naturalismo – nunca foram aceitos pelos intelectuais e pela crítica do tempo como uma prática e um estilo literários, porque as principais formações sociais que eles representavam e as hierarquias de classe que propunham não eram exatamente as desejadas pela concepção unificadora de uma nação brasileira. De fato, ideologicamente, nada parecia mais inadequado, num momento histórico em que as elites, principalmente as brancas, tinham optado por responsabilizar o atraso cultural da nação pela suposta inferioridade biológica das raças, com as quais tinham sido infelizes o bastante por compartilhar a nacionalidade (Martin, 2009: p. 493).

Ou seja, a resistência, sobretudo ao Naturalismo, estava ligada a um preconceito de classe e de raça contra trabalhadores, escravos e libertos, com relação aos quais ele adotava, apesar dos pesares, uma postura ética questionadora dos valores morais burgueses e aristocráticos, para, "avalizado pelo distanciamento que o método científico proporciona[va], abraçar ou pelo menos compreender elementos da vida e da moral desses setores marginalizados" (Sereza, 2012: p. 57). Os próprios títulos dos romances naturalistas revelam uma dimensão quase sociológica, na sua tentativa de elaborar retratos precisos das formas de sociabilidade recusadas, principalmente os de Aluísio de Azevedo: *O mulato* (1881), *Casa de pensão* (1884), *O homem* (1887), *O Cortiço* (1889).

Antonio Candido (2010, p. 125- 126) assinala que esse enfoque, contendo na sua expressão "um substrato de animalidade", tem muitas vezes o intuito de rebaixamento, dada a "complexidade de matizes" do Naturalismo, mas sua finalidade, que parece apenas científica, "na verdade é também ética, devido às conotações relativas a certa concepção do homem." E acrescenta que: "esta modalidade de interpretação tinha uma função desmistificadora, sendo ruptura com o idealismo e esforço para enxergar a vida na sua totalidade, abrangendo o que os padrões correntes julgavam feio, baixo ou não comunicável." É o que se vê no excerto abaixo, de *O cortiço* (Azevedo: 1999, p. 60-61), principalmente se o compararmos com a descrição dos amenos serões e jantares aprazíveis nos salões e chácaras da ficção anterior.

> Do meio para o fim do jantar o barulho em ambas as casas era medonho. No número 8 berravam-se brindes e cantos desafinados. O português amigo da das Dores, já desengravatado e com os braços à mostra, vermelho, lustroso de suor, intumescido de vinho virgem e leitão de forno, repotreava-se na sua cadeira, a rir forte, sem calar a boca, com a camisa a espipar-lhe pela braguilha aberta. O sujeito que o acompanhara fazia fosquinhas a Nenen, protegido no seu namoro por toda a roda, desde a respeitável Machona até o endemoninhado Agostinho, que não ficava quieto um instante, nem deixava sossegar a mãe, gritando um contra o outro como dois possessos. Florinda, muito risonha e esperta, divertia-se a valer e, de vez em quando, levantava-se da mesa para ir de carreira levar lá fora ao número 12 um prato de comida à sua velha que, à última hora, vin-

> do-lhe o aborrecimento, resolvera não ir ao jantar. À sobremesa, o esfogueado amigo da dona da casa exigiu que a amante lhe assentasse nas coxas e dava-lhe beijos em presença de toda a companhia, o que fez com que Dona Isabel, impaciente por afastar a filha daquele inferno, declarasse que sentia muito calor e que ia lá para a porta esperar mais à fresca o café.

Em estudo criterioso sobre o Naturalismo brasileiro, Eva Paulino Bueno sublinha (1995: p. 34): "O Naturalismo no Brasil constituiu uma censura a todos os esquemas totalizantes, mesmo sendo ele próprio o produto das energias centralizadoras da ideologia nacionalista". Ela destaca que "espírito" e "civilização" eram questões relacionadas exclusivamente aos ideais da burguesia do Rio de Janeiro, a que associa uma visão centralizadora, de ponto difusor daquilo que se queria fosse considerado o verdadeiro Brasil. Para ela, mesmo intelectuais como Romero, Araripe Jr. e Verissimo, que provinham de outras regiões do país (respectivamente Sergipe, Ceará e Pará), não viam com bons olhos desenvolver-se uma literatura provinda do interior, como, por exemplo, a de Aluísio de Azevedo, do Maranhão, a partir de 1881, que necessariamente ameaçaria a representação do país como um todo unificado, com supostos temperamento e sentimentos nacionais únicos.

De fato, os romances naturalistas em geral, mesmo quando evidenciam a influência dos modelos estrangeiros, nunca deixam de representar particularidades regionais – por mais que esse termo traga interrogações adicionais – em detrimento das questões exclusivamente urbanas. Nesse sentido, Bueno acrescenta (1995: p. 35):

> A ex-centricidade[25] do naturalismo brasileiro, ao contrário, foi algo que quero evidenciar como um veículo que simultaneamente contribuiu para a ideia emergente do nacional e para encenar a interação de energias em vias de – ou em perigo de – serem excluídas. A ideia positivista e politicamente autorizada de "ordem e Progresso", sendo um constructo utópico e ideológico, simplesmente eliminou o "povo". O Naturalismo, por tentar possibilitar a ideia de nação como uma entidade composta de pessoas diferentes, reescreveu essa ideia de nação a partir da periferia.

25 Entenda-se tal grafia como "fora do centro", além de "estranho", "esquisito", "diferente".

Bem diferente de Bueno e sob uma perspectiva de viés mais formalista, Flora Sussekind (1984) tentou mapear aquilo que denomina "permanência da estética naturalista", tomada como um conjunto de traços específicos da escola de Zola, na literatura brasileira, desde o final do século XIX, detendo-se em mais dois momentos: a década de 1930, com o regionalismo do nordeste, e a de 1970, com os romances-reportagem, durante a ditadura militar (1964-1985). Salvo engano, trata-se de um trabalho quase solitário a tratar desse tema, partindo do pressuposto formal de que a "verdadeira literatura" é a "literatura-lâmina", cuja especificidade reside nas "opacidades, ambiguidades e conotações". Nas suas palavras (Sussekind,1984: p. 39):

> Ao invés de proporcionar um maior conhecimento do caráter periférico do país, o texto naturalista, na sua pretensão de retratar com objetividade uma realidade nacional, contribui para o ocultamento da dependência, da falta de identidade próprias ao Brasil. Pressupõe que existe uma realidade una, coesa e autônoma, que deve captar inteiramente. Não deixa que transpareçam as descontinuidades e os influxos internos que fraturam tal unidade. Como o discurso ideológico, também o naturalista se caracteriza pelo ocultamento da divisão, da diferença e da contradição.

Tal raciocínio deixa de lado, em primeiro lugar, o dado histórico de que a diferença hoje consagrada entre Realismo e Naturalismo ainda não se estabelecera com clareza, o que Sílvio Romero tentará fazer em 1882, em "O Naturalismo em Literatura" (Castello, 1999: 366; Barreto, 2002: 341), e que não se trata apenas de uma questão semântica, mas de uma forte disputa no interior do campo literário e não apenas nele. Levando-se isso em conta, parece claro que a historicidade dos termos e daquilo que eles contêm, além das condições particulares de seu aparecimento, tanto aqui, quanto na França e em Portugal, para ficar nas contribuições mais diretas, estabelecem parâmetros bem mais seguros de análise e interpretação e, sobretudo, das funções que esses termos e seu significado desempenharam no contexto nacional.

Em segundo lugar, a ideia de ocultamento da divisão do Brasil, de fato a base do nacionalismo, que se constituía há tempos como necessidade de afirmação e pertencimento, é justamente o que o Realismo – e sobretudo o Naturalismo - *não* fazem, porque procuram representar as fissuras e as descontinuidades que existem no próprio tecido social brasileiro de então, ou seja, a matéria da qual se partia para constituir o texto literário. O processo de representação realista repousa, nesse momento, em um método que emergiu como o mais adequado, justamente para dar visibilidade – e não para ocultar - as fraturas desse tecido, que poderiam minar por dentro a constituição de uma ideia coesa de Brasil, tanto no chão social concreto, quanto na sua representação literária. Embora houvesse grupos cuja *enunciação* da ideia de uma essência nacional tivesse hegemonia, a ideia em si não era hegemônica, no sentido de que não pertencia a todos os setores da sociedade, apenas a alguns, pois a maioria da população a tudo assistia "bestializada".[26] Assim, recursos estéticos como opacidades, fragmentações, elisões, conotações, "aquilo que é propriamente literário", de cuja ausência na literatura do período Sussekind se ressente, constituirão só mais tarde a dominância da estética modernista – que ainda demora a chegar e corresponderá a outras coordenadas históricas e sociais –, assim como da crítica que os vai tomar como pura essência ou como cláusula pétrea do valor literário, abdicando da sua historicidade.

Na verdade, com o Realismo firma-se um novo método de figurar todos os tipos de conflitos sociais ou individuais, uma nova maneira de adequar a linguagem à representação desses conflitos e também as mediações linguísticas necessárias para inserir literariamente, não apenas a burguesia, mas a representação da "gente média", das "classes baixas" e dos sentimentos e ações até então considerados inadequados ou indecorosos, elementos indignos de frequentar a ideia de Brasil. E é exatamente com essa postura – de interferência – que o Realismo e o Naturalismo permitem entender as fraturas no interior da ideologia nacionalista ou sua diferença em relação a outras, como o positivismo ou o cientificismo de que, obviamente, eles eram tributários.

Um dos fatores a fazer o realismo tão poderoso, de modo que persiste como matriz estética da literatura brasileira até hoje, enfraquecendo ou ganhando força em diferentes períodos, é o fato de ser um território ideologicamente questionado e um sério problema para a periodização literária. A multiplicidade de seus discursos, sua "inadequação", seus excessos, sua simpatia pelas classes populares, sua insistência no indecoroso e muitas vezes na violência, aquilo que não se gostaria

26 Empresto o termo de José Murilo de Carvalho. *Os bestializados – O Rio de Janeiro e a República que não foi.* São Paulo: Companhia das Letras, 1987. Ele se refere à frase do jornalista Aristides Lobo, publicada em artigo do *Diário Popular*, do Rio de Janeiro, em 18/11/1889, relativa à proclamação da República:" O povo assistiu àquilo tudo bestializado, atônito, surpreso, sem conhecer o que significava".

de ver como Brasil, emerge como contraideologia, baseada majoritariamente em grupos sociais que até hoje não foram completamente assimilados pela literatura, o que equivale a dizer que não o foram pela sociedade e talvez nem mesmo pela ideologia. É a continuidade desse processo que se verá em seguida.

Como escrever o Brasil: o realismo de 1930

Os abstencionismos e os valores eternos podem ficar para depois.

Mário de Andrade

A nudez forte da verdade

No ensaio de título “Literatura e subdesenvolvimento”, de 1969, Antonio Candido (1987, p. 150) tece algumas considerações a respeito da sobrevivência de aspectos culturais europeus dominantes, em países da América Latina, o que explicaria a persistência do naturalismo na literatura brasileira:

> É o que ocorre com o Naturalismo no romance, que chegou um pouco tarde e se prolongou até nossos dias sem quebra essencial de continuidade, embora modificando suas modalidades. O fato de sermos países que na maior parte ainda têm problemas de ajustamento e luta com o meio, assim como problemas ligados à diversidade racial, prolongou a preocupação naturalista com os fatores físicos e biológicos. Em tais casos, o peso da realidade local produz uma espécie de legitimação da influência retardada, que adquire sentido criador. Por isso, quando na Europa o naturalismo era uma sobrevivência, entre nós podia ser ingrediente de fórmulas literárias legítimas, como as do romance social dos decênios de 1930 e 1940.

A afirmação permite supor que, se superados nossos problemas de "ajustamento", os quais explicariam aqui a influência do naturalismo, logo este seria parte do passado. Tanto tempo percorrido, todavia, ainda hoje ele continua a ser "ingrediente de fórmulas literárias", legítimas ou não – valoração essa dependente da época e do ponto de vista crítico –, levando a pensar que, se efetivamente a relação entre naturalismo e subdesenvolvimento tem sua razão de ser, a permanência do primeiro explica-se pela persistência do segundo, hipótese que, de certa forma, venho perseguindo até aqui.

Tendo sido o naturalismo, nestes termos, uma postura (empenhada) e um método (cientificista) específicos do próprio realismo, o qual, por sua vez, foi o componente estético produzido pela história da burguesia europeia oitocentista, quando transplantado para o Brasil reformulou-se, assumindo outras funções, como se viu no capítulo anterior, mantendo-se às vezes subterrâneo, outras vezes à flor da terra, sobrevivendo além do esperado ou mesmo desejado. Requerendo complexidade sociológica, sutileza psicológica e uma grande capacidade de apreender o processo histórico, o Realismo e o Naturalismo deram forma literária a elementos concretos que aqui não existiam do mesmo modo, cumprindo outras funções, alterando-se, transformando-se e persistindo até a contemporaneidade, de acordo com as condições e necessidades locais.

Segundo alguns setores da crítica, porém, diferentemente do realista, tudo o que o naturalista tinha a fazer, quando surgiu, era apenas "aceitar a infalibilidade da ciência, concentrar-se no sórdido e no chocante e assegurar que seus personagens sejam determinados pelas leis de ferro da hereditariedade e do meio ambiente" (Martin, 2008: p. 492). Por isso, o mesmo autor considera:

> O que poderia ser mais adequado como forma de abarcar as contradições de um momento histórico em que as elites, principalmente as brancas, optaram por responsabilizar o atraso cultural de suas respectivas nações pela suposta inferioridade biológica das raças com as quais foram infelizes o bastante para compartilhar sua nacionalidade?

Trata-se de um argumento forte, que já mencionei, referente a uma época envolvida mais uma vez na construção de uma ideia de nação, vista como resultado da progressiva transformação das matrizes civilizatórias europeias. Os romances naturalistas, sobretudo, segundo essa visão, expunham temas considerados degradantes para uma nação que se queria moderna, baseados em moralidade e costumes concernentes apenas à "inferioridade biológica". Se na Europa os mesmos temas feriam o decoro burguês e causavam escândalo, aqui pelo menos se podia relacioná-los a raças ditas inferiores, o que facilitava seu trânsito e reforçava a ideologia.

Aceitando-se, então, as diferenças entre Realismo e Naturalismo, depois das turbulências da passagem do século XIX para o XX, de fato o naturalismo "sórdido" e "chocante" declinou, tornando-se resíduo ainda indesejado, mas subterraneamente atuante, enquanto tomavam corpo preocupações espiritualistas e formalizantes, ligadas ao Simbolismo e Parnasianismo, e eclodia depois a chamada revolução modernista da década de 1920, estabelecendo-se como dominância, cavalgando a euforia da industrialização no sul do país e do progresso que com ela se acreditava vir. Contudo, a partir dos anos 1930, devido a uma série de fatores, que se configuram de novo como necessidade histórica, o realismo assume mais uma vez uma posição proeminente, estabelecendo-se como baliza norteadora do que se pode considerar talvez como a retomada do romance brasileiro, sob uma ótica renovada e verdadeiramente crítica, questionadora da ideologia do progresso, agora em dicções afastadas dos acentos naturalistas mais "decotados", embora duros o bastante para ainda incomodar.

Nesse sentido, sua função será outra, assim como serão outros sua postura e seu método, suas "modalidades", como diz Candido. Abrandou-se a visão cientificista, que caracterizava, para a crítica em geral, a diferença entre naturalismo e realismo, assim como se abrandou a ênfase na exposição do que fugia do decoro burguês. Em outras palavras, não se tem mais a separação entre eles, mas sim um realismo *tout court* – chamado também de neorrealismo – tomado como a forma de representação que faz consolidar definitivamente na prosa de ficção a dignidade trágica dos setores subalternos, da massa informe de párias e trabalhadores anônimos, representados na sua luta pela existência. Nesses termos, é interessante dar atenção à entrevista concedida a um inquérito literário, organizado pelo *Jornal de Alagoas*, em outubro de 1910, na qual, ainda muito jovem, quando trabalhava na loja de tecidos do pai, Graciliano Ramos (Garbuglio; Bosi; Facioli,1987: p. 31) confessa:

> Se tenho feito alguns trabalhos poéticos (...), é porque não tenho talento para cultivar a escola que prefiro: a escola realista (...). A melhor escola é, em minha opinião, a que for mais sincera, mais simples, mais verdadeira. Prefiro a escola que, rompendo a trama falsa do idealismo, descreva a vida tal qual é, sem ilusões nem men-

> tiras. Antes a nudez forte da verdade que o manto diáfano da fantasia. Dizem aí que os realistas só olham a parte má das coisas. Mas que querem? A parte boa da sociedade não existe. (...) Prefiro o realismo, repito, e creio que o realismo será a escola do futuro.

Como se vê pelo recurso à famosa epígrafe de *A relíquia*, "sobre a nudez forte da verdade o manto diáfano da fantasia", a influência de Eça de Queirós continuava atuante, quase quarenta anos depois da publicação dos seus primeiros romances no Brasil, o que significa ter o realismo já fincado aqui raízes bem fundas. O jovem Graciliano tem no escritor português um modelo consciente, criador de uma estética que lhe parece a única capaz de afrontar "uma sociedade atrasada e uma imprensa parcial e injusta" (Garbuglio; Bosi; Facioli, 1987: p. 31), como ele acredita ter feito também Aluísio de Azevedo, outro romancista que admira. Aí começa a ser gestada a ficção do autor, que será o mais celebrado da chamada "geração de 30", o grupo constituído por escritores de diferentes lugares e espessuras, mas de alguma forma ligados pelo que ele chama de realismo, a essa altura.

Um dos fatores que talvez explique a necessidade do realismo de então seja o fato de se tratar de um grupo de escritores de diversas regiões do país, distantes de São Paulo, onde se dera a revolução modernista, cujo objetivo maior fora tentar apagar da literatura tudo o que fosse visto como passadista e superado, não condizente com os novos caminhos que se abriam com a industrialização. Com obras que alcançaram grande êxito de público e crítica – lembrando apenas os que integram o cânone, além de Graciliano –, Raquel de Queirós, José Lins do Rego, Jorge Amado, Erico Verissimo e outros, pertencentes à mesma geração literária, formaram-se em experiências sociais parecidas e dividiram visões políticas, à época, no mínimo semelhantes.

O povo pede passagem

Em 1933, o sergipano Amando Fontes, nascido em São Paulo, publica *Os Corumbas* (1974, p. 33-34), um romance de observação aguda, de trama tecida na vida de gente pobre, principalmente mulheres, vítimas da exploração da miséria em fábricas de tecidos de Aracaju. Não há como não lembrar, no movimento de fluxo do excerto abaixo, os mineiros de *Germinal*, de Zola, ou os habitantes do cortiço de Aluísio de Azevedo.

> Na rua, o povo ia passando... Madrugada. Tudo escuro ainda. Bandos e bandos de raparigas, falando alto, desciam a Estrada Nova. Dos recantos e vielas que ali desembocavam, de momento a momento, surgiam vultos apressados. Todo o bairro de S. Antônio parecia levantado, a correr para o trabalho. Os outros arrabaldes também davam grandes levas. Do Anipum, do Aribé, do Saco, de mais longe vinham operários. A parte sul da cidade, para os lados do Carro Quebrado e Fundição, fornecia numerosos contingentes. Ainda embrulhada nas sombras da noite, Aracaju ia despertando, ao ruído dos grupos que passavam, palradores. Eram mulheres na sua maioria. Velhas, moças, crianças. Donzelas, casadas, prostitutas. Caminhavam de mistura, em algazarra, batendo os tamancos com força na areia acamada dos caminhos, nas pedras irregulares das ruas. Algumas embrulhavam-se nos xales; aquelas cobriam-se com o avental esburacado; outras, ainda, se apadrinhavam sob um velho guarda-chuva. As que não dispunham do mais leve agasalho vinham molhadas, e tremiam, com frio. Os homens, em muito menor número, misturavam-se com as mulheres. Raros acompanhavam uma parenta ou irmã. Quase todos se encostavam às namoradas. O vento fustigava-lhes o rosto: a chuva fria arrepiava-lhes a epiderme. E no entanto marchavam, marchavam sem parar... (...) Iam em busca do pão. Um negro pão. Um negro pão, que, a troco de trabalho, lhes forneciam as fábricas de tecidos.

Não era o primeiro romance a explorar semelhante matéria. Tratando desse mesmo povo, em situações diversas como a seca e o trabalho no eito, por exemplo, José Américo de Almeida já publicara *A bagaceira*, em 1928; Raquel de Queirós, *O quinze*, em 1930; José Lins do Rego, *Menino de Engenho*, em 1932. Em 1933 saíram também *Caetés*, de Graciliano Ramos e *País do Carnaval*, de Jorge Amado. Todos esses romances praticavam um novo modo realista, atravessado por uma visão crítica das relações sociais, ainda ausente dos realismos anteriores. E mais uma vez o povo, a "arraia miúda", a "gentinha", aos poucos vai marcando seu lugar na literatura.

O processo histórico-cultural que engendrou o romance dessa geração, com suas características realistas particulares, armou-se antes; tem raízes nas últimas décadas dos oitocentos, como se viu, quando a literatura começou a desenvolver a capacidade de tocar em questões traumáticas para o país, numa sociedade que, em vários sentidos e em partes, aos poucos se aburguesava. Justamente o inverso do que considera grande parte da historiografia crítica: que o discurso realista e/

ou naturalista, como ideologia, colaboraria para o obscurecimento dos conflitos e desigualdades sociais, a instituição de normas, e mesmo o racismo e a violência. Ao contrário disso, como tenho frisado: o realismo e/ou o naturalismo, quando se estabelecem em definitivo como posturas de corte objetivo e crítico, vão permitir o ingresso, na representação literária, de uma população até então oculta, dos setores que hoje são chamados de subalternos, as maiores vítimas da ideologia do país moderno.

E seria necessário, mais tarde, por parte dos escritores, um aprofundamento maior em busca das causas da existência desses setores, das formas de produção e das relações sociais que os mantiveram, para constituir aquilo que Graciliano, depois, veria como a "nudez forte da verdade" em relação ao país. Esta aparece efetivamente, então, sem "o manto diáfano da fantasia", demonstrando uma preocupação mais fecunda com a representação de questões ligadas ao trabalho, às relações sociais, à desigualdade, à criação ou sobrevivência de espaços de segregação entre ricos e pobres e a diferentes formas de sociabilidade entrecruzadas, que criaram um tecido social ainda com muito das conformações da antiga República e reminiscências do Império, quando não da Colônia. São, portanto, velhas e novas contradições, gestadas no chão histórico do Brasil, que se prolongam sem intermitência, num amplo processo de desestabilização e reajustamento social, até a década de 1930, constituindo matéria farta para a criação literária. Nesse percurso, estão os escritores do chamado Pré-Modernismo, entre os quais Euclides da Cunha, Lima Barreto e os regionalistas de então, além dos próprios modernistas, com seus traços e tensões específicas.

Cabem aqui algumas referências particulares – e insuficientes, reconheço – aos dois últimos, pois eles são representantes modelares de um momento chave, as décadas de transição dos séculos XIX e XX, no processo de continuidade que venho tentando estabelecer. Essa representatividade se deve ao fato de que ambos, apesar das grandes diferenças entre si, tinham consciência de que a literatura, com seus próprios instrumentos, tinha o dever de fazer algo contra a miséria e ignorância em que vivia grande parte da população brasileira. Inseridos na realidade social do Rio de Janeiro, do início da República, tematizaram e formularam questões candentes, num momento bastante significativo da forte tentativa de alijamento ou controle dos grupos populares, entendidos como ameaça ao "processo civilizatório".

Os suburbanos

Na condição de centro político, nesse período, o Rio de Janeiro viu crescer vastos recursos, com base no comércio e nas finanças, tornando-se o maior centro populacional do país, com um amplo mercado de consumo e de mão-de-obra, ensina Nicolau Sevcenko (1985, p. 28). Acompanhar esse progresso, como sinônimo de civilização, significava alinhar-se ao ritmo e padrões da economia europeia, o que se tornara a meta primordial da nova burguesia da República. No entanto, para isso, logo ficou evidente o atraso da velha estrutura urbana da cidade, que era preciso remodelar, inclusive para diminuir seu contraste com a elegância e o luxo já instalados da Rua do Ouvidor. A descrição de Sevcenko (p. 28) é bastante elucidativa:

> O antigo cais não permitia que atracassem os navios de maior calado (...). As ruelas estreitas, recurvas e em declive, típicas de uma cidade colonial, dificultavam a conexão entre o terminal portuário, os troncos ferroviários e a rede de armazéns e estabelecimentos do comércio (...). As áreas pantanosas faziam da febre tifoide, impaludismo, varíola e febre amarela, endemias inextirpáveis. E o que era mais terrível: o medo das doenças, somado às suspeitas para com uma comunidade de mestiços em constante turbulência política, intimidavam aos europeus (...). Era preciso, pois, findar com a imagem da cidade insalubre e insegura, com uma enorme população de gente rude plantada bem no seu âmago, vivendo no maior desconforto, imundície e promiscuidade e pronta para armar em barricadas as vielas estreitas do centro ao som do primeiro grito de motim.

Iniciou-se, então, um processo de transfiguração urbana da cidade, de "regeneração", como foi chamado, cujos marcos foram a inauguração da Avenida Central e a promulgação da Lei da Vacina Obrigatória, em 1904, implementando assim a transformação do espaço público, do modo de vida e das mentalidades cariocas, o que foi determinante para o reordenamento das antigas relações sociais. Brito Broca (2004, p. 35) assim se refere ao processo de "regeneração", o "bota-abaixo" do Prefeito Pereira Passos:

> Oswaldo Cruz inicia a campanha pela extinção da febre amarela e o Prefeito Pereira Passos vai tornar-se o barão Haussmann do Rio de Janeiro, modernizando a velha cidade colonial de ruas estreitas e tortuosas. Com uma diferença: Haussmann remodelou Paris tendo em vista objetivos político-militares, dando a bulevares um traçado

> estratégico, a fim de evitar as barricadas das revoluções liberais de 1830 e 1848; enquanto o plano de Pereira Passos se orientava pelos fins exclusivamente progressistas de emprestar ao Rio uma fisionomia parisiense, um aspecto de cidade europeia.

Mas Sevcenko (1985, p. 30) analisa essa reforma de maneira mais crua:

> São demolidos os imensos casarões coloniais e imperiais do centro da cidade, transformados que estavam em pardieiros em que se abarrotava grande parte da população pobre, a fim de que as ruelas acanhadas se transformassem em amplas avenidas, praças e jardins, decorados com palácios de mármore e cristal e pontilhados de estátuas importadas da Europa. A nova classe conservadora ergue um *décor* urbano à altura de sua empáfia.

O mesmo autor elenca quatro princípios fundamentais a orientar essa metamorfose: a condenação de hábitos e costumes ligados à sociedade tradicional, a negação de todo e qualquer elemento da cultura popular, a política de expulsão dos pobres do centro da cidade "que será praticamente isolada para o desfrute exclusivo das camadas aburguesadas e um cosmopolitismo agressivo, profundamente identificado com a vida parisiense" (Sevcenko, 1985, p. 30). Efetiva-se, portanto, o desejado aburguesamento da sociedade, no sentido de que é à burguesia que se dá valor e força modelares, assim como é a ela que cabem as decisões políticas e econômicas, bem como a possibilidade de escolher e controlar suas representações artísticas. É como se ao novo espaço físico correspondessem outras consciências e sensibilidades, mais refinadas, como se as relações sociais só pudessem ser mediadas por padrões econômicos, assim se desfazendo as formas tradicionais de solidariedade social, ainda que relativas. Interessa destacar, nesse sentido, a impressão que causavam em Lima Barreto (1961, p. 91-92) as transformações urbanas:

> Ontem, ao sair da secretaria, passei pela Rua do Ouvidor (...). Acho-a curiosa por causa do mestiçamento que nela há, disfarçado pelos cuidados meticulosos da *toilette*: perfume, pomadas, pós etc. Isso aborreceu-me mais do que estava aborrecido e na botica tive sono. Saí e tomei um bonde e fui à Prainha. A rua está outra, não a conheci bem. Se os prédios fossem mais altos, eu me acreditaria em outra cidade. Estive na esquina dela com a avenida, a famosa avenida das indenizações, subi-a a pé, tomei pelo que resta de beco da Rua da Prainha, agora em alargamento, e segui pela Rua Larga

> de São Joaquim, prolongada e alargada até o Largo de Santa Rita. A rua quebra um pouco do primitivo alinhamento, mas mesmo assim ficará bela. Entretanto, como vem já de boa administração essas modificações, acredito que o Rio, o meu tolerante Rio, bom e relaxado, belo e sujo, esquisito e harmônico, o meu Rio vai perder se não lhe vier em troca um grande surto industrial e comercial; com ruas largas e sem ele, será uma aldeia pretensiosa de galante e distinta, como é o tal de São Paulo.

As populações assalariadas desse Rio "belo e sujo", nesse tempo de mão-de-obra abundante e instável, viram destruídos seus cortiços e pensões no centro. Forçadas a se mudar para os subúrbios mais distantes, foram entregues à própria sorte, morando em choças, casebres e barracões, ou subiram os morros, vendo desprezados suas crenças e costumes, como rejeitos de um passado que se queria esquecer ou renegar. Com o crescimento da cidade desenvolve-se também, em toda a região central, a mendicância e a prostituição, perseguidas ferozmente, pois maculavam "o asseio impecável" das novas ruas e praças.

Nesse novo ordenamento social, os escritores em geral encontravam-se em um lugar estratégico, longe dos postos de tomada das decisões, capazes, portanto, de enxergar e abranger toda a gama dos conflitos que permeavam a sociedade. Sem espaço no interior das elites dominantes – como outrora –, agora constituídas por fazendeiros de café, capitalistas e bacharéis advogando interesses privilegiados, vendo desprezado o trabalho intelectual que dedicaram às causas da abolição e da república, no mais das vezes identificaram-se com as camadas marginalizadas da população. Essa identificação provinha em parte da passagem forçada da ênfase combativa dedicada ao velho regime imperial a uma outra realidade em construção, da qual, todavia, viram-se afastados. A imensa transformação social, econômica e cultural que ajudaram a realizar tomou rumo inesperado e contrário a suas expectativas. Ao invés de preponderarem, como sonharam, valores identificados com a razão e o conhecimento, voltados para uma desigualdade social menos gritante, talvez possível, viram consolidar-se os valores do mercado, em todas as atividades, levando-os a buscar raízes sociais alternativas e a criticar a elite dominante. Assim, nessa situação de crise, para muitos, é como se nos extratos sociais postos à margem estivesse o ponto fixo em que apoiar anseios e projetos. É o caso de Lima Barreto e de Euclides da Cunha, de quem a própria história de vida pode ajudar a explicar muita coisa:

> Mas foi provavelmente essa mesma situação de profundo isolamento, estranheza e marginalização que os tornou nos dois prosadores mais expressivos desse período. Nenhum grupo social escapou ao seu crivo analítico, merecendo sua simpatia ou seu remoque. Seu testemunho, dessa forma, atravessou todo o espectro social, dando realce justamente às áreas em que os atritos eram mais críticos. (...) A própria forma como suas obras são compostas, por contraversões sucessivas, reflete e amplifica as tensões a que os autores estavam submetidos, transformando em fatos literários os fatos históricos (Sevcenko, 1985, p. 245).

É da cidade em intensa transformação que fala Lima Barreto; é do perverso processo de exclusão social de si e dos outros que ele extrai inspiração para construir personagens de todos os setores sociais, representados com ácida ironia e traços caricaturais, quando burgueses, comendadores, políticos, conselheiros, militares, ou mal disfarçado afeto, quando pinta o povo miúdo dos subúrbios desprezados e esquecidos. Assim elaborou uma crítica social viva e profunda, mostrando o que era injusto, postiço e hipócrita na sociedade. Como resultado, suas figuras mais marcantes, na numerosa galeria de personagens criadas, foram recrutadas na classe média e nos trabalhadores brancos, negros e mulatos, aquela humanidade obscura e humilde que povoava os subúrbios e lhes configurava a fisionomia: "Eu tenho muita simpatia pela gente pobre do Brasil, especialmente pelos de cor" (1961, p. 76). Há quem considere, inclusive, que sua personagem principal, a que está no centro de tudo, é mesmo a cidade, não a das casas senhoriais, das chácaras burguesas, da Rua do Ouvidor e do Botafogo, "mas a cidade esquecida, suburbana, dos pequenos funcionários, dos cantadores de modinhas, dos militares retirados da ativa, povoando ruas quietas, enchendo os transportes coletivos, buliçosa, bisbilhoteira, amante das festas movimentadas e dos ajuntamentos agitados". (Sodré, 1995, p. 505). Como se vê neste fragmento de *Feiras e mafuás* (1961, p. 23-24), a que um realismo afetivo empresta colorido e movimento:

> Muito pouca gente, atualmente, se há de lembrar das antigas "barraquinhas" do campo. (...) O povo chama tais coisas de mafuás. Não atino qual seja a origem desse termo. Há quem diga que é corruptela do francês; *ma foi* – "minha fé". Não sei se é isso; mas a etimologia não vem ao caso. Seja como for, "mafuá" é coisa pitoresca. Funciona aos domingos e é a festa, o passeio domingueiro, por excelência, do povo dos subúrbios. Toda aquela gente humilde que lá se acantona

> da melhor maneira possível, fustigada pelo látego da vida, durante toda a semana, encontra no domingo de "mafuá" um derivativo da alegria e consolação para as suas mágoas, necessidades e tormentos morais. Nas tardes em que eles funcionam, os bondes mastodônticos da Light chegam nas proximidades deles, apinhados de passageiros de outros subúrbios, onde não os há; e despejam uma multidão, que se vai colear por entre as barracas, sob a luz firme dos focos elétricos, ao compasso de uma charanga rouca e estridente, a espaços, olhando avidamente para aqueles objetos tentadores das barracas piedosas, na sua primeira tentação (...). Nas barracas há de tudo. Há leitões, há carneiros, há galinhas, há chapéus, há bengalas há cabritos; mas a barraca mais procurada é aquela em que se extraem por sorte frascos de perfume.

Esse interesse pelo povo, nos dois autores, de certa forma estava ligado ao antigo ímpeto nacionalista, que inspirava o estudo dos mais variados aspectos da realidade brasileira, com a convicção de que o conhecimento do país era uma necessidade fundamental. O nacionalismo, agora, preocupação constante dos destinos do Brasil desde sempre, significava um empenho sério e consequente de criar um saber próprio sobre a nação, com base na objetividade da compreensão científica, ainda então em voga, e, nesse contexto, a tarefa que os intelectuais tomaram para si foi auxiliar a tentar modernizar a estrutura social e política do país. A crença na ciência e seus postulados, acentuada na década de 1880, parecia ser ainda o único meio seguro de circunscrever a realidade que se pretendia influenciar, retratando-a de forma que parecesse o mais verdadeira possível, o que é muito claro, por exemplo, na complexidade estilística e objetividade estrutural da obra de Euclides da Cunha, já ressaltadas por José Veríssimo, que assinou a primeira resenha sobre o livro, publicada no *Correio da manhã*, em 03 de dezembro de 1902: "É ao mesmo tempo o livro de um homem de ciência, um geógrafo, um etnógrafo; de um homem de pensamento, um filósofo, um sociólogo, um historiador; e de um homem de sentimento, um poeta, um romancista, um artista" (Leonel e Segatto: 2013, p. 40-41).

Essa crença no poder da ciência e na neutralidade que, acreditava-se, poderia oferecer para a observação da realidade, mas sem obliterar a impressão subjetiva, presentes em um livro como *Os sertões*, aliada a um olhar atento sobre o povo, são o lastro da continuidade da postura e do método realistas. O nacionalismo, então, entre parte dos escritores e intelectuais desse tempo, se não chega a ser um projeto político articulado, buscava ao menos elaborar parâmetros e bases comuns que levassem em conta a extensão e a complexidade social do país. Para Alfredo Bosi (1988, p. 118):

> Um Euclides da Cunha e um Lima Barreto (...) tiveram condições existenciais para explorar criticamente, agonicamente, o veio do nacionalismo, porque, de alguma forma, eles se debatiam no interior dos nossos vários contrastes, litoral/sertão, cidade/campo, branco/mestiço, bacharel/analfabeto, e, a partir deles, construíram as suas obras, nas quais o protesto e a crítica conservaram, nas dobras da bandeira, um certo ar de família.

Euclides da Cunha não trata do mesmo tema, ou seja, não escreve sobre "os suburbanos", mas quero mantê-lo ao lado de Lima Barreto, pois continua a postura de representar com dignidade os habitantes esquecidos de regiões distantes do Brasil, assim como são esquecidos aqueles dos arrabaldes urbanos. A vasta fortuna crítica sobre o autor destaca, em geral, que sua importância especificamente literária se encontra "muito mais no estilo exuberante, repleto de imagens e figuras, do que no tom messiânico de denúncia social" (Ventura, 1993: p. 44), mas acredito que, de acordo com o conceito de realismo que adotei, estilo e tom têm a mesma importância. Na verdade, seu realismo tem muito de naturalista, pois eivado do cientificismo e das teorias deterministas ainda em voga, na precisão analítica e descritiva da terra e do homem. Mas Ventura destaca também que a obra "oscila entre o tratamento científico e o enfoque literário (...) cuja singularidade advém da aliança incomum entre narrativa, história e ciência (2003, p. 201-203). É muito claro esse aspecto em *Os Sertões,* em que as "impressões" do autor, filtradas pelas certezas positivistas de seu tempo, desenvolvidas nas páginas anteriores, ganham um olhar específico quando se refere ao habitante desses lugares, no final do capítulo II, "Gênese do Jagunço" (Cunha, 2002: p. 205):

> Reproduzamos, intactas, todas as impressões, verdadeiras ou ilusórias, que tivemos quando, de repente, acompanhando a celeridade de uma marcha militar, demos de frente, numa volta do sertão, com aqueles desconhecidos singulares, que ali estão – abandonados – há três séculos.

Iniciando o capítulo seguinte, "O sertanejo", com a citadíssima frase: "O sertanejo é, antes de tudo, um forte" (2002, p. 207- 209), Cunha continua, descrevendo metodicamente, ao longo de quatro páginas, a figura complexa desse "mestiço":

> A sua aparência, entretanto, ao primeiro lance de vista, revela o contrário. (...)É desgracioso, desengonçado, torto. Hércules-Quasímodo, reflete no aspecto a fealdade típica dos fracos. O andar sem firmeza, sem aprumo, quase gingante e sinuoso, aparenta a translação de membros desarticulados. Agrava-o a postura normalmente abatida, num manifestar de displicência que lhe dá um caráter de humildade deprimente. (...)É um homem permanentemente fatigado. (...)Entretanto, toda esta aparência de cansaço ilude. (...)Basta o aparecimento de qualquer incidente exigindo-lhe o desencadear das energias adormecidas. O homem transfigura-se.

Mas é justamente na postura solidária que assume diante da tragédia de Canudos, traduzida num tom perplexo e decepcionado, eivado de uma subjetividade gestada no mal-estar ante a realidade não correspondente ao propalado ideal civilizatório, que ele traz para o primeiro plano narrativo as figuras miseráveis e brutalizadas dos mesmos sertanejos, finalmente vencidos por uma força maior que o próprio sertão. Aí reside sua modernidade realista. Foi por meio dela, inclusive, que o escritor soube expressar criticamente a opressão de um nacionalismo revestido da racionalidade urbana dominante, representada pelo papel do exército e da República. Nas "Notas de um diário", referentes ao final da campanha, "escritas à medida que se desenrolavam os acontecimentos" (p. 771), há, no horror do detalhe, uma veemente denúncia (p. 774):

> A entrada dos prisioneiros foi comovedora. (...)Os combatentes contemplavam-nos entristecidos. Surpreendiam-se, comoviam-se. O arraial, *in extremis*, punha-lhes adiante, naquele armistício transitório, uma legião desarmada, mutilada, faminta e claudicante, num assalto mais duro que o das trincheiras em fogo. Custava-lhes admitir que toda aquela gente inútil e frágil saísse tão numerosa ainda dos casebres bombardeados durante três meses. Contemplando-lhes os rostos baços, os arcabouços esmirrados e sujos, cujos molambos em tiras não encobriam lanhos, escaras e escalavros – a vitória tão longamente apetecida decaía de súbito. Repugnava aquele triunfo. Envergonhava. (...) Nem um rosto viril, nem um braço capaz de suspender uma arma, nem um peito resfolegante de campeador domado: mulheres, sem-número de mulheres, velhas espectrais, moças envelhecidas, velhas e moças indistintas na mesma fealdade, escaveiradas e sujas, filhos escanchados nos quadris desnalgados, filhos encarapitados às costas, filhos suspensos aos peitos murchos, filhos arrastados pelos braços, passando; crianças, sem número de

> crianças; velhos, sem-número de velhos; raros homens, enfermos opilados, faces túmidas e mortas, de cera, bustos dobrados, andar cambaleante.

Desfaz-se aqui a imagem do sertanejo, "um forte", praticamente uma alegoria da nação, sobre cujos ombros seria possível construir uma identidade nacional, desde que dignamente incorporado à civilização, como Euclides acreditava. As escolhas vocabulares do escritor solapam pormenorizadamente o controle oficial das representações, aquelas da natureza generosa, do povo europeizado, com um futuro sem passado manchado por trás. Nesse sentido específico, a importância do autor reside também no fato de conferir extraordinária grandeza à representação de sujeitos esquecidos nos grotões, as "raças inferiores", ajudando a criar assim uma nova interpretação do Brasil. Esta colocou em contraste com os centros urbanos que "se civilizavam" o abandono das regiões interioranas, sobretudo o sertão – mas também a selva amazônica, sobre a qual escreveu – e tudo o que decorre ou pode decorrer desse abandono.

Foi ele quem, pela primeira vez, "chamou a atenção para a existência de dois Brasis: um, urbanizado, litorâneo, desenvolvendo-se com os benefícios da atenção governamental; outro, constituído pelas populações rurais, estagnado, sobrevivendo por si mesmo, fora do âmbito da ação ou do interesse governamentais" (Santos, 1978, p. 44-45). Os *Sertões*, publicado em 1902, pela complexidade estrutural, que combina a objetividade documental da observação da terra e do homem com a narrativa impregnada da subjetividade dos fatos testemunhados em Canudos, de certa forma espalha as sementes de um novo modo de narrar, documental, mas também subjetivo, que será adubo para os frutos do romance de 1930.

Contudo, foi Lima Barreto quem mais diretamente conseguiu reformular o realismo, na acepção que venho usando, pois trabalha efetivamente com a criação ficcional. Escrevendo entre 1904 e 1922, sua obra enfrenta a tradição beletrista do país, situando sua linguagem num plano mais atual, num momento em que se levantam aos poucos, em São Paulo, os estandartes da Semana de Arte Moderna. Justamente por isso, acaba incorporando ao mesmo tempo a visão do novo e a permanência do antigo, o que lhe valeu, ao lado de Euclides e de outros, um lugar no nebuloso pré-modernismo, período mal visto pela geração subsequente, que o subestimou a ponto de desprezá-lo como infecundo e atrasado.

Mas, de acordo com meu ponto de vista, aqui os termos novo e antigo confundem-se: referem-se, na verdade, à permanência do *antigo realismo* como método de apreensão literária de uma *nova realidade*, reconfigurado e ressignificado por meio de rupturas estilísticas em relação aos códigos expressivos vigentes, combinados com a subsistência da observação interessada, tornando-se novo dessa maneira. Esse amálgama, acrescido de uma postura consciente de ordem moral e ética, consegue traduzir o mal-estar de grande parte dos intelectuais do período. Isto é, Lima Barreto, principalmente, pratica uma literatura posta em situação, com o registro realista de um quotidiano específico, ao qual não falta, segundo Lúcia Miguel Pereira (1988, p. 300), além da observação detalhada, "ternura, compreensão e indulgência".

Assim, com "a busca dos estratos marginais que fazem transparecer a alma difusa do povo na expressão do mais puro abandono, através de becos e subúrbios, como a compor em sua trágica autenticidade a outra face de um modo de ser genuinamente nacional" (Prado, 1989: p. 26), ele mostra o avesso do cosmopolitismo tão ansiado pela burguesia da República.

Os sertanejos

Mais de trinta anos antes, em 1872, o Visconde de Taunay publicara *Inocência*, a que já me referi. Ao primeiro capítulo chamara" O sertão e o sertanejo", fazendo funcionar uma descrição quase documental do cenário, como pano de fundo introdutório à trama, que só se desenvolverá a partir do segundo. O escritor pinta um quadro da vida no sertão da "vastíssima Província de Mato Grosso", sua situação geográfica, a vegetação, as águas e as estações do ano, tudo banhado de uma luz impressionista e sensível, ao gosto do Romantismo. Assim como Antônio Candido (1969, p. 308), é impossível não notar nesse primeiro capítulo "certos movimentos", depois muito presentes em "A terra" e "O Homem", d'*Os Sertões*, de Euclides da Cunha, comprovando que vem de muito longe o desejo de dar a conhecer a terra e a gente do Brasil. É desse modo que Taunay (1972, p. 27-28) descreve o sertanejo:

> O legítimo sertanejo, explorador dos desertos, não tem, em geral, família. Enquanto moço, seu fim único é devassar terras, pisar campos onde ninguém antes pusera pé, vadear rios desconhecidos, despontar cabeceiras e furar matas, que descobridor algum até então haja varado. Cresce-lhe o orgulho na razão da extensão e importân-

> cia das viagens empreendidas; e seu maior gosto cifra-se em enumerar as correntes caudais que transpôs, os ribeiros que batizou, as serras que tramontou e os pantanais que afoitamente cortou, quando não levou dias e dias a rodeá-los com rara paciência. (...) A única interrupção que aos outros consente, quando conta os inúmeros descobrimentos, é a da admiração. À mínima suspeita de dúvida ou pouco caso, incendem-se-lhe de cólera as faces e no gesto denuncia indignação. – *Vassuncê* não *credita*! Protesta então com calor. Pois encilhe seu *bicho* e caminhe como eu lhe disser. Mas *assunte* bem, que no terceiro dia de viagem ficará decidido quem é *cavoquero* e *embromador*. Uma coisa é *mapiar* à toa, outra andar com tento por estes mundos de Cristo. (Grifos originais).

Taunay já se preocupa com as variantes de linguagem, buscando um realismo mais "verdadeiro", coisa que será bastante explorada nas levas subsequentes de diferentes regionalismos, até chegar às riquíssimas elaborações de Guimarães Rosa.

É, portanto, desse sertão e desse sertanejo que, na virada do século XIX para o XX, ressurgem outros, parentes dos criados também por Franklin Távora em *O cabeleira* (1876) e *O matuto* (1878); por Bernardo Guimarães, em *O garimpeiro* (1872) e *A escrava Isaura*, além de José de Alencar, em *O gaúcho* (1870) e *O sertanejo* (1875), por exemplo, constituindo, para a historiografia literária, uma primeira geração regionalista, como se viu. O regional aí é concebido em estreita relação com a construção da nação, uma parte, portanto, da totalidade a ser apreendida, numa visão quase edênica do isolamento e da rusticidade das brenhas distantes, espécie de reserva de pureza e espontaneidade ingênua a preservar, que também fazia parte do imaginário sobre a nação. Vale a pena, nesse sentido, lembrar o empenho político de Franklin Távora, em 1876, com uma visão quase determinista, em construir uma literatura do Norte, para ele diferente da que se elaborava no Sul. No seu "Prefácio" a *O cabeleira* (1973, p. 27-28), escreve:

> As letras têm, como a política, um certo caráter geográfico; mais no Norte, porém, do que no Sul abundam os elementos para a formação de uma literatura propriamente brasileira, filha da terra. A razão é óbvia: o Norte ainda não foi invadido como está sendo o Sul de dia em dia pelo estrangeiro. A feição primitiva, unicamente modificada pela cultura que as raças, as índoles, e os costumes recebem dos tempos ou do progresso, pode-se afirmar que ainda se conserva ali em sua pureza, em sua genuína expressão (...) têm os escritores do Norte que verdadeiramente estimam seu torrão o dever de levantar

> ainda com luta e esforços os nobres foros dessa grande região, exumar seus tipos legendários, fazer conhecidos seus costumes, suas lendas, sua poesia, máscula, nova, vívida e louçã (...).

Aproximando-se da passagem do século XIX para o XX, com o crescimento do interesse pelas ideias naturalistas, aparecem Inglês de Souza, escrevendo sobre a Amazônia, em *O missionário* (1888), Rodolfo Teófilo, com *A fome* (1890), já tematizando a seca, Manuel de Oliveira Paiva, com o Ceará de *Dona Guidinha do poço* (1897). São autores de uma segunda geração, não mais preocupados com uma unidade nacional, mas com a busca dos elementos que compõem a particularidade regional, entendida geograficamente, denotando o viés cientificista característico do naturalismo. É como se ficcionalizassem uma modalidade de pensamento geográfico e sociológico, como tentativa de interpretação do país.

Chamados também de sertanistas, eles são tratados até hoje com reservas pela crítica, assim como o regionalismo de qualquer época. Antonio Candido (1987, p. 159) viu, no tipo de ficção que produziram, apenas a ênfase em uma suposta artificialidade na incorporação do real, considerando-a "modalidade há muito superada ou rejeitada para o nível da subliteratura". Nas considerações mais amplas que desenvolveu sobre o regionalismo, na *Formação da literatura brasileira*, de 1959 (2000, p. 192.v.2), o crítico fora implacável:

> É uma verdadeira alienação do homem dentro da literatura, uma reificação da sua substância espiritual, até pô-lo no mesmo pé que as árvores e os cavalos, para deleite estético do homem da cidade. Não é à toa que a "literatura sertaneja", (bem versada apesar de tudo por aqueles mestres), deu lugar à pior subliteratura de que há notícia em nossa história, invadindo a sensibilidade do leitor mediano como praga nefasta, hoje revigorada pelo rádio.

Embora privilegie claramente a "substância espiritual" como modelo do romance ideal, ele reconhece que, "quanto à matéria, o romance brasileiro nasceu regionalista e de costumes; ou melhor, pendeu desde cedo para a descrição dos tipos humanos e formas da vida social nas cidades e nos campos" (2000, p. 24), como comprova a proposição de Franklin Távora (1973, p. 28) e seu empenho em dar fisionomia própria a um romance do Norte, posto que o Sul "campeia sem êmulo nesta arena, onde tem colhido notáveis louros".

Recorrendo praticamente aos mesmos argumentos que Candido utilizou depois, Lúcia Miguel Pereira (1988, p. 176) também revela fortes restrições ao regionalismo, afirmando que o escritor desse gênero "é fatalmente levado a conferir às exterioridades – à conduta social, à linguagem, etc. – uma importância exclusiva e a procurar o exótico, o estranho". Ela vê nessa atitude algo "do turista ansioso por descobrir os encantos peculiares de cada lugar que visita, sempre pronto a extasiar-se ante as novidades e a exagerar-lhe o alcance".

Acertadamente, mais tarde, Marisa Lajolo (1998: p. 327) pondera, em relação a tais posturas críticas, que "a inclusão de um texto na categoria regionalismo não é neutra: no limite, regionalismo e regionalista são designações que recobrem, desvalorizando, autores e textos que não fazem da cidade moderna matriz de sua inspiração, nem da narrativa urbana padrão de linguagem".

Pode-se, então, afirmar que visões essencialistas tributárias de Pereira e Candido, dominantes na crítica até os dias de hoje, têm relações, em parte, com as considerações machadianas sobre o romance nacional e com o enfoque estetizante de Veríssimo. Posteriormente, têm relações também com a construção do Modernismo como novo processo fundador, a partir de São Paulo, carregando no seu bojo a necessidade de negar ou, pelo menos, de recusar qualquer produção que não se coadunasse com os novos pressupostos artísticos, adequados a uma nação moderna de que pretendiam ser os arautos.

O Romantismo brasileiro passou relativamente incólume pelo processo de "deglutição" do passado efetuado pelo Modernismo paulista, ou melhor, teve também muitos de seus aspectos, como o nacionalismo, incorporados "antropofagicamente", pois já estava consolidado e seu ciclo terminado. Mas os regionalistas da segunda geração estavam ainda muito próximos; formavam uma manifestação mais ou menos coesa, vinda de vários pontos do país, escrevendo com proximidade temática e estilística, revigorando posturas e métodos realistas, assim conseguindo relativa visibilidade, reputação e boa inserção no campo do imaginário social. Podem-se compreender, portanto, os ataques ao que esses autores representavam. Assim, não é demais acentuar que "boa parte da crítica e da história culturais e literárias produzidas, desde então, construíram modelos de interpretação, periodizaram, releram o passado cultural do país, enfim, com as lentes do movimento de 1922" (Hardman,1992, p. 290). Ou seja, a estruturação do próprio campo literário regia-se pelos mecanismos de controle estabelecidos pela ideologia do moderno, que rechaçava quaisquer resquícios simbólicos aparentes do atraso material endêmico.

O modelo intelectual modernista, ao invés de procurar a renovação, sem rejeitar fórmulas anteriores, acabou usando uma estratégia de recusa em relação a tudo o que escapasse do seu espectro futurista, contrapondo a este a "velha praga" regionalista, expressão de Mario de Andrade, retomada por Ligia Chiappini (1994: p. 669): "Regionalismo, este não adianta nada nem para a consciência da nacionalidade. Antes a conspurca e depaupera-lhe, estreitando por demais o campo de manifestação e, por isto, a realidade. O regionalismo é uma praga antinacional".

Não é demais lembrar que, durante o Romantismo, o sertanejo, representado então pelo índio idealizado, fora o emblema da identidade nacional, amparando em sua figura de herói mítico o mergulho nos rincões inexplorados do país, aquela imensa área supostamente despovoada ou escassamente habitada, no interior ermo e selvagem: o sertão. Tal mitologia estaria diretamente relacionada à procura de entendimento – proveniente dos nacionalismos europeus – a respeito de um elemento essencial para a construção de qualquer nação, o povo. Encarado folcloricamente em seus costumes e tradições, em uma acepção de espontaneidade e ingenuidade, esse povo era figurado de modo imaginativo e sempre delineado com base na sua territorialidade física. Já no início da República, essa imagem recua gradativamente e, não por acaso, crescem as figurações dos sertanejos – já agora permitindo a contribuição do sangue negro, antes cuidadosamente negado ou disfarçado –, habitantes das regiões geográficas esquecidas pela urbanização, a quem se atribui o atraso do país; um mundo rural moribundo, que denunciava o descompasso do propalado processo modernizador e um movimento contrário ao desejado pela ideia de nação. Desse modo, estabelece-se uma espécie de "movimento compensatório em relação ao novo" (Chiappini, 1994), de caráter regressivo, pois se procurava um passado que se destruía aos poucos, no bojo de um desenvolvimento causador de desencantamento e racionalização, de novas formas de sociabilidade até então desconhecidas e condenando aquele velho mundo ao desaparecimento.

Contudo, nomes como o do gaúcho João Simões Lopes Neto e seus *Contos gauchescos* (1912), do mineiro Afonso Arinos, em *Pelo sertão* (1898), do paulista Valdomiro Silveira com *Os caboclos* (1920), do goiano Hugo de Carvalho Ramos com *Tropas e Boiadas* (1917), do carioca Alcides Maya e *Tapera* (1911) e do próprio Monteiro Lobato (*Urupês, Cidades mortas* e *Negrinha*, respectivamente em 1918, 1919 e 1920), bem como outras obras de cada um deles, na verdade acabam escapando ao controle das representações calcado na urbanocracia e na modernização, almejadas pelas elites no poder. Eles conseguem elaborar figurações daqueles espaços outros, dos territórios que demarcavam a desigualdade do processo de desenvolvimento que se vinha fazendo, não concretizado na mesma maneira de norte a sul. O que tentam traduzir são ambiências pertencentes a territórios então únicos, ainda bastante apartados entre si, diversos em sua unidade. Territórios naturalmente diferentes de outros, com outras configurações histórico-geográficas enormemente diversas daquelas dos maiores centros urbanos do período, onde se situavam as várias esferas do poder, a quem de fato não interessava vê-las demarcadas na nova cartografia nacional, que se queria desenhar. São espaços reais e ao mesmo tempo simbólicos, nos quais personagens se encontram ou desencontram, entretecendo suas relações de sociabilidade em uma linguagem de certo modo também outra, mas ainda sempre mediada pela voz de um narrador realista, que tudo sabe, tudo vê e tudo ouve, como no exemplo abaixo, de Valdomiro Silveira (1975, p. 98-100).

> O Chico Mineiro apontou na virada do morro, até que enfim! No terreiro, onde se agitavam ainda as últimas fumaças da fogueira da noite, houve grande alvoroço e confuso ladrar de cachorrada em zanga. (...) O Valeriano foi ao encontro do Chico Mineiro, todo atencioso, como quem recebe um convidado de mais nota, e passou-lhe um pito em regra: — Ninguém não dá tanto como *vacê* promete, seo Chico! A gente aqui à sua espera, *inté* o segundo canto do galo, sem não cear, *c'um* filhinho de porco tostado que era uma boniteza, um pato-do-mato assado no forno, *arroiz* solto com fartura (e só do dourado, *seo* Chico!), doce de miolo de mamão e de casca de jaboticaba, uma pinga que merece brado de arma, e *vacê* não vem! (...) Nesse entretempo veio a pinga, muito cristalina e bonita num garrafão de vidro claro. Tomando um gole, gabou-a o Chico Mineiro: — *Arre*, que esta é das apimentadas! E *a mó'* que tem seu gosto de mel de guira: é de se lhe tirar o chapéu!

Essa literatura já começa a mostrar, assim, traços de uma maior consciência das diferenças entre as realidades nacionais, insinuando frestas na unidade nacional imaginária – já bem distante, na própria concepção, das paisagens e tipos alencarianos do gaúcho, do sertanejo, dos troncos de ipê –, e ainda longe das turbulências modernistas. Claro que a ideia de que são lugares fechados, puros e culturalmente intocados sempre foi uma fantasia sobre a alteridade, de certo modo a mesma que alimentara o primeiro regionalismo. Mas já se revela um realismo inovador, que resgata o povo daquelas locas, e, num certo sentido, já se mostra bastante crítico e antecipador das múltiplas tensões sociais e estéticas que se desenvolverão depois. E não se pode esquecer o impacto que a publicação de *Os sertões* causou sobre esse regionalismo, com o seu olhar classificatório e científico da terra e do homem, em que as ideias relacionadas a recortes geográficos têm papel fundamental na caracterização da regionalidade do sertão: "*Os Sertões* sistematizou a concepção de um abismo a separar o país litorâneo e civilizado de um interior atrasado e primitivo, denunciando que a relação entre ambos só se dava quando o primeiro chacinava o segundo" (Galvão, 2000: p. 48). É esse abismo que os regionalistas dessa hora tentaram transpor.

Tais autores e muitos outros ainda, espremidos entre dois séculos, antecipam, histórica e economicamente falando, o que há de comum ou semelhante entre o fim do século XIX e os anos 1930: o processo de modernização conservadora, em que elementos progressistas como a abolição, no final dos oitocentos, a constituição gradativa de uma indústria nacional e de um proletariado urbano, a partir do início do século XX, ficam subordinados ao controle das elites cafeeiras e dos militares, apesar da resistência de parcelas significativas da população, entre as quais os escritores.

Estes, em geral, com pouca influência em um país de pouquíssimos leitores, na medida do possível não aderiram aos projetos de poder dominantes, como apontei, que envolviam inclusive o controle das representações literárias e culturais como forma de legitimação, responsabilizando os setores marginalizados pelo atraso do país. Mantiveram um viés crítico e simpático em relação às condições em que estes viviam, embora se possa perceber, com uma análise mais detida de seus textos, que muitas vezes também foram marcados – uns mais que outros – pelas ideias dominantes, pois ninguém foge às tensões de seu próprio tempo.

De qualquer modo, já havia, assim, nos escritores desse momento, uma tendência, que vai continuar na geração de 30, para construir personagens antes postas à margem, cuja própria existência questionava o poder, os projetos de unidade nacional e suas representações, além de colocar em dúvida a posição do escritor na sociedade, a função que ele aí deveria ter e a linguagem que deveria usar. Neste último aspecto, o da função do escritor e da literatura, já amadurecera bastante o desejo de integrar a literatura à vida social, dando-lhe a função de um instrumento de *interferência* e de transformar o homem de letras em alguém com uma profissão definida e até certo ponto estável, de modo a não poder ter cerceado seu direito de opinar, de representar o que observava e de escrever como quisesse.

A grande resistência à ficção de molde realista e naturalista rechaça então, principalmente, seu desejo de colocar a realidade material acima das questões estéticas e a presença das classes e dos comportamentos que deveriam ficar ocultos sob a conveniência social e literária, o que revelava acentuados preconceitos de raça, de cor e de classe. A postura empenhada do naturalismo, em especial, questionava os valores burgueses e entendia os aspectos da vida e da moral dos setores pobres, avalizada pelo distanciamento que o método científico permitia. Se esses setores, no início, ingressaram na literatura por meio do "sórdido", do "bizarro", do "grotesco", como se viu, esse ingresso aos poucos foi se fazendo mais mediado, esmaecendo aos poucos esses enfoques, para serem tratadas questões mais profundas, relacionadas à própria estrutura do desenvolvimento do capitalismo no país, como fará com êxito o romance de 1930.

> Talvez se possa dizer que os romancistas da geração de Trinta, de certo modo, inauguraram o romance brasileiro, porque tentaram resolver a grande contradição que caracteriza nossa cultura, a saber, a oposição entre as estruturas civilizadas do litoral e as camadas humanas que povoam o interior (Candido,1992: p. 45).

Eu diria que talvez não se trate propriamente da inauguração do romance, mas já da afirmação de um tipo de romance, o romance realista – na acepção que defendo –, aquele no qual o próprio Candido acentua que "a massa começou a ser tomada como fator de arte" (Candido, 1992: p. 46), deixando portanto, de ser vista como mero objeto de contemplação estética; ele nota também que o romance passa a ser feito por escritores que "vão tentar por de lado uma série de valores culturais próprios à burguesia litorânea", vivendo "menos obsessivamente voltados para a Europa" (1992: p. 47). Tudo isso, de alguma forma, deriva do romance realista e naturalista do século XIX, passa pelos pré-modernistas – para usar a terminologia canônica –, mas deve-o também, em porcentagem razoável, "ao programa estético dos rapazes de 22" (1992: p. 47), que conseguiu imprimir sua significativa marca, de várias maneiras, no campo intelectual e literário do país.

Os rapazes de 22

Em 22 de junho de 1922, Lima Barreto (1961, p. 66-67), apenas quatro meses após a Semana de Arte Moderna, publicou no *Careta* um "artiguete", como ele mesmo diz, de título *Futurismo*, em que, ironicamente, comenta a propalada novidade modernista de São Paulo, a essa altura já um centro econômico e cultural importante:

> São Paulo tem a virtude de descobrir o mel do pau em ninho de coruja. De quando em quando, ele nos manda umas novidades velhas de quarenta anos. Agora (...) quer nos impingir como descoberta dele, São Paulo, o tal de "futurismo". Ora, nós já sabíamos perfeitamente da existência de semelhante maluquice, inventada por um Senhor Marinetti. (...)Disse cá comigo: esses moços tão estimáveis pensam mesmo que nós não sabíamos disso de futurismo? Há vinte anos, ou mais, que se fala nisto (...). O que há de azedume neste artiguete não representa nenhuma hostilidade aos moços que fundaram a *Klaxon;* mas sim, a manifestação da minha sincera antipatia contra o grotesco futurismo, que no fundo não é senão brutalidade, grosseria e escatologia, sobretudo esta.

A tácita recusa de Lima Barreto ao futurismo, como então era chamado o Modernismo, é índice da resistência à propalada ruptura efetivada pelos "rapazes de 22", resistência que existiu não só no Rio de Janeiro, mas em vários pontos do país, sobretudo no nordeste. É índice também de que, entre as duas posturas e métodos aqui em contato, os "de 22" e os "de 30", depois do período "intervalar" do chamado Pré-modernismo, há pontos de oposição significativos e importantes a assinalar, mas, a despeito deles, há também muitas similaridades.

Um desses pontos de oposição é a diferença de relação que mantêm com a sociedade: os "de 30", herdeiros do realismo que Lima Barreto cultivou, desejam ser parte ativa dela, que veem num processo de desgaste e estagnação a ser denunciado e contestado; os outros, os "de 22", são mais indiferentes a isso e se colocam um tanto de fora, muitas vezes voltados unicamente para a própria literatura e os problemas estéticos, em uma postura próxima da arte pela arte, que, contraditoriamente, combatiam nos "passadistas do Parnaso". Nesse sentido é que os romances de 1930 estabelecem diálogo com uma tradição herdada, "ao mesmo tempo em que participam de um movimento mais ou menos obscuro aos olhos da história literária de hoje, composto por obras cuja proposição é que o romance tem que se voltar para o país, que as elites precisam fincar pé na terra ao invés de brandir um inteligente ceticismo ou refugiar-se em Paris" (Camargo, 2001: p. 194).

Foi João Luís Lafetá (1974) quem procurou situar o Modernismo dos "rapazes de 22" em relação à série literária brasileira e outras séries da totalidade social, principalmente o modernismo de 1930, de acordo com sua interligação dialética. Na sua já clássica proposta, ele propõe a predominância de um "projeto estético" para os primeiros e de um "projeto ideológico" para o segundo, assinalando que "qualquer nova proposição estética deverá ser encarada em suas duas faces (complementares e, aliás, intimamente conjugadas; não obstante, às vezes relacionadas em forte tensão)", ou seja, que "o projeto estético (...) já contém em si o seu projeto ideológico." (1974: p. 11). Ele pondera, então, que o Modernismo destruiu as barreiras da linguagem oficial e artificial das elites no poder, gerindo velhas estruturas que em breve se enfraqueceriam graças às transformações provocadas pelo surto industrial, abrindo caminho para a "politização" mais clara dos anos 1930 e sua preocupação com os problemas sociais, tentando "reformar ou revolucionar essa realidade, modificá-la profundamente, para além (ou para aquém...) da proposição burguesa" (1974: p. 19).

Por conseguinte, pensando no controle das representações, a subversão formal efetivada pelos "rapazes de 22", ainda segundo Lafetá, constituiria também uma ruptura ideológica, pois, na medida em que eles subverteram os códigos expressivos, quebrando sobretudo a norma culta portuguesa, própria das elites e de seu beletrismo, subverteram o próprio controle ideológico que se expressava nessa linguagem canonizada, aprovando ou rejeitando, de acordo com seus próprios códigos, principalmente as dicções oriundas da linguagem popular. Assim, o projeto estético *já continha em si* o ideológico, tal como este contém aquele, num convívio articulado e tenso, como tradução das coordenadas sociais e políticas de cada momento. Retomando o autor (1974: p. 23):

> A tensão que se estabelece entre o projeto estético da vanguarda (a ruptura da linguagem através do desnudamento dos procedimentos, a criação de novos códigos, a atitude de abertura e de autorreflexão contidas no interior da própria obra) e o projeto ideológico (imposto pela luta política) vai ser o ponto em torno do qual se desenvolverá a nossa literatura por essa época.

Reformulando um pouco esse ponto de vista, e assumindo que forma é sempre conteúdo aparecendo – como ensina Adorno –, parece ser mais adequado considerar o Modernismo, então, como um contexto geral que contém, em íntimo e tenso diálogo, todo o tempo, tanto *um* projeto estético como *um* ideológico – tomando os termos acima expostos –, que, todavia, não são os mesmos, embora convivam. Naquilo que interessa à persistência do realismo, é importante perceber que o último, proveniente com modificações das experiências do período republicano inicial, permanece por bom tempo como *resíduo* latente, que só virá a se estabelecer como *dominância* nos anos 1930, porque as condições históricas assim o permitiram.

O projeto estético da década anterior – uma acomodação às letras nacionais do impulso de negação próprio da linguagem das vanguardas europeias – foi, desse modo, uma espécie de *linha auxiliar* na *consolidação* de temas, situações e formas expressivas mais próximas do povo, justamente daqueles setores sociais que se veriam depois representados com nova angulação e profundidade. Ou seja, não se trata de um mesmo projeto com duas fases, mas de dois projetos diferentes, que acabam se cruzando.

É essa a linha de análise de Luís Bueno (2004: p. 84), que traz uma contribuição importante para o problema, pois não crê que a literatura de 1930 seja apenas "um alargamento do espírito de 22"; na verdade, para ele, trata-se efetivamente de dois momentos distintos. Baseado em ampla pesquisa em diversos jornais e revistas da época, em busca de críticas, comentários e interpretações dos romances publicados no período, ele conclui:

> Um levantamento do que os autores surgidos depois da revolução de outubro disseram do modernismo conduzirá a uma ideia central, repetida até a náusea, de que o movimento tinha um *caráter destruidor, incapaz de construir o que quer que fosse*. Os verdadeiros construtores da arte nova, capazes de afrontar os preceitos da "nobre arte da escrita" ou ainda aqueles que fugiram das convenções linguísticas redutoras não foram os participantes do movimento modernista, *mas sim eles próprios: os autores do romance de 30.*[1]

Ou seja, assim como se criou o mito de que o Pré-modernismo foi apenas um intervalo entre o Realismo/Naturalismo e o Modernismo, criou-se outro, correspondente àquele, centrado na ideia de revolução e combate modernistas, os quais,

1 Os grifos são meus.

de fato, não existiram naquele momento com a força apregoada. Importa assinalar que essa avaliação surgiu como tendência, firmando-se depois, a partir dos anos 1940, quando se consolidou a ideia de um Modernismo renovador e revolucionário, marcando com uma visão desabonadora tudo o que viera antes. Erigindo a Semana de Arte Moderna de 1922 como "o ápice da uma linha contínua e ascendente, concorreu para desqualificar tudo o que o antecedeu" (Camargo, 2001: p. 192).

Rebatendo essa mitologia (e o controle que significa), Graciliano Ramos ressalta que os "rapazes de 22" não queriam construir "o que quer que fosse", e escreve, em 1946: "Sujeitos pedantes, num academismo estéril, alheavam-se dos fatos nacionais, satisfaziam-se com o artifício, a imitação, o brilho do plaquê. Escreviam numa língua estranha, importavam ideias reduzidas. (...) Os modernistas não construíram: usaram a picareta e espalharam o terror entre os conselheiros" (Garbuglio; Bosi; Facioli, 1992: p. 114).

São conhecidas as avaliações de Mário de Andrade, mais tarde, sobre sua própria geração. Em carta a Oneyda Alvarenga (Andrade; Alvarenga, 1983: p. 198), em 1939, na qual mostra seu desagrado com o romance *Canção do beco*, de Dias Costa, por ser "um livro de combate, comunistizante", ele pondera, hesitando:

> Não estarão eles com a razão definitiva, a razão primeira de um mundo novo que eu sei estar nascendo e que não vejo? Não estarei de alguma forma passadistizando, prejudicando o desenvolvimento normal, ou pelo menos mais fácil, de uma realidade que não sou capaz de discernir?

Nesse mesmo sentido, cita-se sempre, entre outros do mesmo autor, a "Elegia de Abril" (Andrade, 1974: p. 187), escrita em 1941, espécie de revisão culpada da participação de seu grupo na vida literária e política:

> Da minha geração, de espírito formado antes de 1914, para as outras gerações, vai outra diferença, esta profunda, mas pérfida, que está dando péssimo resultado. Nós éramos abstencionistas, na infinita maioria. Nem poderei dizer "abstencionista", o que implica uma atitude consciente do espírito: nós éramos uns inconscientes. Nem mesmo o nacionalismo que praticávamos com um pouco maior largueza que os regionalistas nossos antecessores, conseguira definir em nós qualquer consciência da condição intelectual, seus deveres para com a arte e a humanidade, suas relações com a sociedade e o

> Estado. (...) Os novos que vieram em seguida já não eram mais uns inconscientes e nem ainda abstencionistas.

Ainda mais contundente é "O movimento modernista" (Andrade, 1987: p. 255):

> Eu creio que os modernistas da Semana de Arte Moderna não devemos servir de exemplo a ninguém. Mas podemos servir de lição. O homem atravessa uma fase integralmente política da humanidade. Nunca jamais ele foi tão "momentâneo" como agora. Os abstencionismos e os valores eternos podem ficar pra depois. E apesar da nossa atualidade, uma coisa não ajudamos verdadeiramente, duma coisa não participamos: o amilhoramento político-social do homem. E esta é a essência mesma da nossa idade.

Naquilo que concerne a continuidade do realismo como especificidade narrativa, dominante a partir dos anos 1930, portanto, a argumentação de Luís Bueno interessa muito, porque problematiza a mítica modernista, chamando assim para o debate. Ela permite destacar que, apesar de haver, nos "rapazes de 22", a partir de meados da década, o desejo de fazer uma arte brasileira, nacional, envolvendo o uso de uma linguagem mais perto do povo, além da tentativa de aproximação maior da realidade do país, aspectos que ganham força e amplitude nos anos 1930, a realização estética de ambos é muito diferente,[2] sobretudo a proeminência do romance sobre a poesia. E é com essa proeminência que ascendem renovados a postura e o método realistas, perfeitamente adequados para traduzir literariamente as injunções do novo contexto.

No entanto, ajustando mais o foco, é inegável a herança do trabalho dos "rapazes de 22" em relação àquele da "geração de 30", no que tange o próprio realismo, dado que, *grosso modo*, este mais uma vez esbarra no nacionalismo e com ele dialoga, nacionalismo esse cujo conceito, agora, pluraliza-se nos diversos grupos que com ele operaram na década de 1920 (Anta, Verdeamarelismo, Antropofagia, Pau-brasil etc.), gerando outras refrações. As diferentes concepções, que vão da esquerda até a direita, estão assim ligadas ao modo pelo qual as elites políticas e

---

2 Também a estratégia dos integrantes dos dois momentos é muito diversa; o primeiro produziu muitos manifestos e revistas, organizou-se em vários grupos, como se sabe, enquanto o segundo não elaborou nenhum manifesto estético, a não ser o *Manifesto regionalista*, escrito por Gilberto Freyre, em 1926, e que só veio a ser publicado em 1955.

culturais consideravam seu papel social, o papel do Estado e a função da arte como legitimadora desses valores.

Brasilidades

É importante lembrar, nesse sentido, que a passagem do Império para a República assinalara a progressiva transferência da hegemonia política nacional do Rio de Janeiro para São Paulo, que se expande urbana e economicamente. Esse movimento não foi apenas uma mera substituição de elites dirigentes ou um deslocamento geográfico do centro político, mas diz respeito a toda uma movimentação simbólica de reelaboração da nacionalidade. Marcada por elementos residuais da mitologia nacional sobre o Império, criou-se em São Paulo, que crescia, outra mitologia, a bandeirante, introduzindo elementos emergentes do novo contexto de lutas sociais e políticas no estado (Bertelli; Pellegrini, 2009). A prosperidade gerada então pela expansão do café, o crescimento urbano e a progressiva industrialização de São Paulo davam margem a uma elaboração épica que, por meio da figura do bandeirante, exaltava as proezas e virtudes da "pátria paulista", espaço simbólico para o qual letrados e políticos reivindicavam a condição de vanguarda da nacionalidade.

Vida e morte do bandeirante, de José de Alcântara Machado (1965: p. 234) é um exemplo digno de ser citado. Publicado em 1929, com base no estudo de inventários processados em São Paulo de 1578 a 1700, o livro elabora um estudo quase etnográfico do povo paulista desses tempos, centrado na figura do bandeirante. Assim consegue reconstituir a vida da São Paulo de Piratininga de então, sem um sentido épico explícito, pois o que os documentos pesquisados revelam é a espantosa pobreza da vila. Mas, por isso mesmo, o autor confere ao bandeirante um caráter heroico, na sua força de superar as adversidades, embrenhando-se no sertão, alargando terras e apresando índios.

> Mas, em geral, são os pais que aviam os filhos de menor idade, mandando-os a princípio à caça de escravos, e, depois de iniciado o ciclo do ouro, botando-os para as minas. Só por um erro de perspectiva se poderá acoimar de desumano esse procedimento. Na época o sertão é a escola por excelência. Face a face com a natureza o homem aprende a contar com as próprias forças, numa terra em que tão frouxa e demorada se revela a ação do poder público. Além de temperar simultaneamente, ao calor do perigo, os músculos e o caráter, o sertão pre-

> para os moços para o exercício das duas únicas profissões tentadoras que o meio comporta: o tráfico vermelho e a mineração.

Entretanto, os mesmos processos que estimulavam os círculos cultivados das elites paulistanas a construir sua linhagem colaboravam para seus temores: uma sociedade recém-saída da escravidão, com uma precária inserção social dos ex-escravos e seus descendentes, somava suas distorções e desigualdades a novos focos de conflito, ligados à crescente presença de imigrantes de várias nacionalidades, um contingente operário que se agitava e organizava, muitas vezes imbuído do ideário anarquista.

A dinâmica cultural configurava-se, portanto, como um território estratégico em que estavam em jogo também os embates e conflitos da constituição da nova ordem social republicana. Como parte dos esforços de elaboração de um nacionalismo *paulicêntrico* (Bertelli; Pellegrini, 2009), uma série de iniciativas culturais contribuiu para dotar São Paulo das condições de existência e funcionamento de um campo de produção artística e literária. Portanto, o Modernismo paulista esteve vinculado a uma nova concepção de nacionalismo, ligada à emergência de São Paulo como polo dinâmico da economia e ponto hegemônico da política nacional. Em resumo:

> Foi, portanto, no bojo da expansão cafeeira e nos primórdios do movimento republicano que se manifestaram em São Paulo as primeiras tentativas institucionais e simbólicas de uma elaboração cultural, cujo material seria firmemente calcado na idealização da experiência histórica paulista. É na especificidade de tal experiência, ou no que aparecia como tal, aos olhos dos letrados e políticos da terra, que seriam garimpados não só os temas, personagens, figuras e heróis a serem (re)construídos, como também as tramas e pontos de vista a partir dos quais vieram a ser narrados (Bertelli; Pellegrini, 2009, p. 57-58).

Assim, era imperativo para os "rapazes de 22", ou pelo menos para alguns deles, que acertassem melhor o passo com a nova realidade paulista e nacional, submetidos que estavam as suas pressões e limites, de forma mais evidente já a partir de 1924, quando Oswald de Andrade publica seu *Manifesto da poesia pau brasil*. Em termos da construção da estética renovada que aí se coloca, percebe-se a consciência da necessidade de uma nova postura: é preciso produzir linguagens artísticas que possam dar conta da realidade do momento. O que se propõe, então, é um "senso de realidade", no sentido mesmo da adequação da representação estética à realidade brasileira, isto é, aquilo que chamaram de *brasilidade*, no que lhes parecia peculiar (Moraes, 1988).

Não bastam mais posturas e métodos universais, como os das vanguardas europeias, que foram as armas do combate inicial; é preciso adequá-los a um critério de nacionalidade que, inclusive, incorpore nosso atraso geral em relação ao ritmo da modernização que se efetivava em São Paulo e àquele que se via na Europa. Essa *brasilidade* seria tributária, de maneira um tanto romântica – além de uma tentativa de integração nacional –, da recuperação, de vários modos e sob variadas óticas, dos setores marginalizados e da sua linguagem, dentro e fora de São Paulo (o que os regionalistas aqui tratados, a seu modo, já tinham tentado fazer). Constroem-se, então, o que se pode chamar de "retratos do Brasil", com uma dupla função.

Em primeiro lugar, têm-se uma dimensão crítica, que invalida como inadequadas as representações tidas como passadistas, tais como o simbolismo, o parnasianismo e o naturalismo, por terem suas raízes presas a contextos políticos não mais atuantes e sem compromisso com a pesquisa da brasilidade agora proposta, embora se preserve a concretude da matéria que as gerou: "A poesia existe nos fatos. Os casebres de açafrão e de ocre nos verdes da favela, sob o azul cabralino, são fatos estéticos", postulou Oswald de Andrade (Telles, 1986, p. 326).

Em segundo lugar, há uma dimensão construtiva, pois esses retratos se afirmam como elemento-chave na constituição de uma *entidade* nacional, mas sem descartar a relação com o contexto moderno internacional. A construção dos retratos do Brasil insere-se também na consciência de uma relação tensa, antes improvável, entre a parte nacional e o todo, que seria o "concerto internacional". A preocupação agora é mais complexa e dialética; não basta a construção interna, mas a construção de uma nova relação entre as várias faces do interno e o externo, que leve em consideração o atraso como um traço da nacionalidade; ou seja, como manifesta o mesmo Oswald: "Acertar o relógio império da literatura nacional" (Telles, 1986, p. 330). E a poesia a traduzir tudo isso: "Nenhuma fórmula para a contemporânea expressão do mundo. Ver com olhos livres" (Telles, 1986, p. 330).

No meu modo de entender, talvez esteja aí a mais forte relação de continuidade com os "rapazes de 30", no que concerne ao realismo: a consolidação da representação do Brasil "real" por meio de seus contrastes e diferenças internas; todavia – e essa é a diferença – de forma controlada pela ideologia da mítica paulicêntrica. Na verdade, é preciso destacar, sempre são modos indiretos de controle – diferentes daqueles das ditaduras –, dependentes das alianças entre as elites locais regionais, alianças essas não só de caráter artístico e intelectual, mas principalmente político e econômico.

Nesse sentido, tal como houve rejeição inicial do nordeste e também de outras regiões ao modernismo de São Paulo, havia um estranhamento paulista na aceitação das manifestações literárias provenientes de outras regiões, tal como houvera antes, no Rio de Janeiro. Agora se trata principalmente do grupo ligado a Gilberto Freyre, o qual sugeria, baseado num claro tradicionalismo, um retorno à paisagem regional e à temática dos engenhos, vistos como autêntica essência do nacional. Lido no Primeiro Congresso Brasileiro de Regionalismo, em 1926, no Recife, só foi publicado em 1955, dando ênfase, curiosamente, a elementos não literários: "elogio do mucambo", "defesa de valores plebeus e não apenas elegantes e eruditos", "cunhães, negras e quitutes do nordeste", "contribuição dos engenhos patriarcais para uma culinária regional", "a civilização regional do nordeste como expressão de uma harmonia de valores" (Telles, 1986, p. 345).

Da análise das obras modernistas, no norte e no sul, ressuma, então, em maior ou menor grau, e de maneiras diversas, a preocupação consciente ou inconsciente com a verdadeira brasilidade; além disso, discussões e questionamentos dos temas relativos ao nacionalismo e seus significados, traduzidos nos diferentes manifestos dos diferentes grupos, com diferentes funções, foram organizados à direita e à esquerda do espectro ideológico. Assim, no interior do Modernismo, defendiam-se as mais diversas posições, "por vezes aglutinando contraditoriamente conservadorismo e mudança, apelos sociais mais libertários e populares a posições mais elitistas (...) numa combinatória cheia de sutilezas e obedecendo a toda ordem de interesses e racionalizações" (Helena, 2000, p. 51).

Ou seja, nesse amálgama de interesses pode-se entrever uma disputa de questões estético-ideológicas calcadas na necessidade de pensar o Brasil, no todo ou em parte, e representá-lo nas particularidades da combinação das várias facetas do atraso e do progresso, nas dicotomias dos seus contrastes, ou seja, na dualidade intrínseca que, nesse momento, faz-se mais evidente com a ascensão de São Paulo e do *paulicentrismo.*

É emblemática dessa questão a obra de Antônio de Alcântara Machado (1973: p. 48-49), que consegue capturar, com outros matizes de representação, o complexo social paulistano, com a difícil e violenta integração dos seus imigrantes, sobretudo italianos. A sua transposição artística do popular não é eufórica e desvairada; é ironicamente realista e não despida de certa simpatia; traduz a linguagem do povo miúdo, gente do proletariado e do pequeno comércio, a cor, o ruído e o burburinho das ruas dos arrabaldes pobres e dos bairros operários, no estilo direto e rápido dos modernistas da primeira hora. Um pouco como Lima Barreto, mas com um ponto de vista condescendente, como quem olha do andar de cima:

> Quando o Bruno bacharel em Ciências Jurídicas e Sociais pela Faculdade de Direito de São Paulo ao sair do salão nobre no dia da formatura caiu nos seus braços Tranquillo Zampinetti chorou como uma criança. No pátio a banda da Força Pública (gentilmente cedida pelo doutor secretário da Justiça) terminava o hino acadêmico. A estudantada gritava para os visitantes:— Chapéu! Chapéu-péu--péu! E maxixava sob as arcadas. Tranquillo empurrou o filho com fraque e tudo pra dentro do automóvel no Largo de São Francisco e mandou tocar a toda para casa. Dona Emília estava mexendo na cozinha quando o filho de Lorenzo gritou no corredor: — Vovó! Vovó! Venha ver o Tio Bruno de cartola! Tremeu inteirinha. E veio ao encontro do filho amparada pelo Lorenzo e pela nora. ——*Benedetto pupo mio!* Vendo os cinco chorando abraçados, o filho de Lorenzo abriu também a boca.

Constatar e contestar

O romance de 1930, nesse processo contínuo de tentar narrar e (d)escrever o Brasil, vai expor, como consequência dos abalos conceituais e estéticos das décadas anteriores, a maneira pela qual os escritores e intelectuais brasileiros colocaram-se diante das grandes transformações pelas quais passou o país naquele momento, marcado então pela Revolução de Outubro; como elaboraram com seus textos novas formas de exercer a atividade de escritor e como se legitimaram perante o público e a crítica, propondo novas possibilidades de articulação da literatura com a sociedade e a política, num compromisso agora declarado com a realidade brasileira. É Antonio Candido (1987, p. 182), novamente, quem explica as "correlações novas" que se estabeleceram:

> Tudo ligado a uma correlação nova entre, de um lado, o intelectual e o artista; do outro, a sociedade e o Estado – devido às novas condições econômico-sociais. E devido também à surpreendente tomada de consciência ideológica de intelectuais e artistas, numa radicalização que antes era quase inexistente. Os anos 30 foram de engajamento político, religioso e social no campo da cultura. Mesmo os

> que não se definiam explicitamente e até os que não tinham consciência clara do fato, manifestaram na sua obra esse tipo de inserção ideológica, que dá contorno especial à fisionomia do período.

E será com os escritores do nordeste do país que isso ganhará força, notadamente porque pareciam estar ali os mais graves problemas sociais que compunham a "parte má" da realidade, citada pelo jovem Graciliano. É fato já muito discutido que a realidade nacional, durante toda a Primeira República, apresentava-se de maneira completamente desigual, pois as características socioeconômicas do país não eram de modo nenhum homogêneas, como não são até hoje. Num extremo estava São Paulo, no outro os estados do norte e do nordeste, sem falar das vastas áreas de população esparsa e também do sul do país, onde a importância política do Rio Grande do Sul era desproporcional ao seu desempenho econômico. Enquanto São Paulo entrava em um novo período, marcado pela crescente industrialização e por intensa imigração, que se estendeu também para o sul, os estados do norte e do nordeste experimentavam um nível de crescimento muito inferior, quando não estavam estagnados ou em recessão (Fausto, 2008: p. 772).

É principalmente ali, devido à longa experiência de declínio da economia açucareira, que os escritores passaram a revisitar e reavivar decididamente tradições estéticas do século XIX, como o realismo e o naturalismo, combinando-as com traços das vanguardas europeias, reelaboradas na década de 1920, digamos assim para simplificar. Criaram-se temas e soluções expressivas que só poderiam se desenvolver no romance, gênero com amplitude suficiente para absorver e recriar o farto material socialmente disponível para representação. Anna Teresa Fabris (1994: p. 285) reforça que, depois de "os rapazes de 22" questionarem o passado, era urgente construir a arte brasileira à luz de uma consciência política que pusesse em primeiro lugar "o Brasil 'real' e não mais a projeção utópica do início dos anos 20", que fora "a explicitação de uma modernidade positiva, enfeixada na imagem emblemática de São Paulo". Imagem eufórica, entusiástica, idealizada, arlequinal.

Viu-se que o modernismo paulista não esteve livre de contradições. Como enfatiza Roberto Schwarz (1987, p. 27), analisando o poema "Pobre alimária", de Oswald de Andrade: "o parti pris de ingenuidade e de 'ver com olhos livres', algo tem de uma opção por não enxergar, ou melhor, por esquecer o que qualquer leitor de romances naturalistas sabia". Mas o que se tem destacado, como disse, são apenas as dimensões avançadas, adequadas à visão paulicêntrica de ascensão da burguesia paulista dependente do café e de sua necessidade de referendá-la com um lastro cultural significativo, ou seja, uma elaboração discursiva da nação pelo viés de São Paulo e do paulista genuíno, que encarnavam a normatividade adequada para emoldurar o Brasil. O Modernismo tinha se configurado, pois, como um território estratégico no qual estavam em jogo os embates que confrontavam a constituição da nova ordem social republicana e suas representações, sendo que a crítica também teve ali seu papel e suas funções de legitimação.

O romance de 1930, portanto, em sua relação com a vida social brasileira, vai encontrar, na sua gênese, um quadro mais complexo do que o da década anterior, no qual tacitamente se rejeitaram as heranças estéticas geradas no sistema agrário do Império ou do início da República, a que o realismo deu forma literária, seja com Machado de Assis, seja com Aluísio de Azevedo, seja com Lima Barreto ou Euclides da Cunha. As oligarquias rurais ainda têm bastante poder, sobretudo com a proteção governamental para o café, mas a burguesia industrial, comercial e financeira cresce nas cidades, junto com a classe média e o proletariado. São novas contradições acelerando as mudanças, que irão estourar depois da crise do café de 1929, na Revolução de 1930, levando Getúlio Vargas ao poder. Desse modo, em comparação com 1922, "o ano de 1930 evoca menos significados literários prementes por causa do relevo social assumido pela Revolução de Outubro", comenta Alfredo Bosi (1994, p. 383). E acrescenta:

> Mas tendo esse movimento nascido das contradições da República Velha que ela pretendia superar, e, em parte superou; e tendo suscitado em todo o Brasil uma corrente de esperanças, oposições, programas e desenganos, vincou fundo a nossa literatura lançando-a a um estado adulto e moderno, perto do qual as palavras de ordem de 22 parecem fogachos de adolescente.

Sem contar que a década de 1930 vê ganhar corpo em todo o mundo o fascismo, o nazismo, o socialismo e comunismo, criando um clima de intensa luta ideológica, cujo reflexo, no Brasil, é o crescimento do Partido Comunista (fundado em 1922), do Integralismo e do populismo getulista. Trata-se, na verdade, de um processo de ascensão do capitalismo brasileiro e de modernização geral, que vai permitir criticar radicalmente as instituições já ultrapassadas: "Novas angústias e novos projetos enformavam o artista brasileiro e o obrigavam a definir-se na trama do mundo contemporâneo" (Bosi, 1994, p. 385). Nesse contexto, a literatura desempenhará função significativa.

Como se pode depreender do ritmo desigual do desenvolvimento no país, também as instâncias de produção e circulação de bens culturais e de livros concentram-se no centro-sul, onde se localizam mais da metade das gráficas e editoras, sendo que, de todas as publicações, o gênero de maior alcance de público e de comercialização mais segura é o romance de ficção. "Não é de estranhar, portanto, que a "carreira" de romancista tenha se configurado plenamente nos anos 30", afirma Sérgio Micelli (1979, p. 92). E continua:

> Os escritores que então investiram nesse gênero desde o começo de suas carreiras eram, em sua maioria, letrados da província que estavam afastados dos centros da vida intelectual e literária (...). Num período de intensa concorrência ideológica e intelectual entre diversas organizações políticas (integralismo, Igreja, forças da esquerda), o romance converteu-se em móvel importante da luta em torno da imposição de uma interpretação do mundo social a um público emergente: os grupos de esquerda classificavam as obras dos romancistas identificados com a Igreja de romances "introspectivos" ou "psicológicos", os críticos de direita ou de tendências espiritualistas rotulavam as obras dos militantes de esquerda de romances políticos em sentido pejorativo, ou seja, como obras de propaganda e proselitismo.

Como se vê, a inserção ideológica foi um aspecto marcante do romance desses tempos; mas, mesmo dentro desse marco, houve grande diversidade temática e formal que a crítica, simplificando, dividiu em duas vertentes aparentemente antagônicas: o romance social (o político), geralmente definido como regionalista, e o romance urbano (o introspectivo). Na verdade, essa tipologia estabelece uma nova forma de controle das representações, na medida em que o romance psicológico e/ou urbano é colocado em patamar superior, mais sofisticado, justamente por tratar de temas e situações citadinos, "civilizados", alheios e distantes da rusticidade da gente dos rincões atrasados que se pretendem ignorar, apesar de sua "ingenuidade e pureza". No mapa ideológico que aí se elabora, entretanto, são outras as veredas que subterraneamente se desenham.

As narrativas desse tempo são também um resultado das novas condições de produção e circulação da literatura. Estas se relacionam, de modo indireto, ao modernismo formal, que absorve a assimilação do povo e de sua fala, de mescla com alguns processos estilísticos das vanguardas, elaborados pela geração precedente, como se viu; acresce-se o compromisso mais resolvido com a realidade brasileira, derivado dos impulsos ideológicos da luta política desse tempo. A herança realista, refratada por esses novos parâmetros, coube muito bem à expressão desse amálgama, que fez aumentar o interesse dos leitores, pela simplificação da linguagem e por sua maior identificação com os temas tratados.

No conjunto, pode-se afirmar a existência de um mundo compartilhado por um tecido histórico semelhante, expresso nesses temas: a crise do Brasil tradicional, no decorrer do processo de gradativa modernização de parte da sociedade, refratada no prisma da decadência social das famílias patriarcais, sobretudo do nordeste. A tensão resultante é agravada pela falta de dinamismo dessas realidades locais, incapazes de produzir saídas para os impasses, que permanecem sem solução (Arruda, 2002, p. 194). Existe na literatura, que traduz esses impasses, um pessimismo latente ou expresso, uma visão pós-utópica, a quase ausência de crença na possibilidade de transformação positiva para o país - muito diferente do otimismo vibrante da poesia e dos manifestos de 1922 – e que tem ecos do desencanto de Euclides e Lima Barreto, para ficar nos já citados.

Não é por acaso, portanto, que grande parte do romance de 30 tenha mesmo se gestado no nordeste, o que lhe acarretou também a denominação de terceira geração regionalista, termo que nunca escondeu a centralidade econômica e ideológica paulista. Ele emerge ali como expressão da crise que afeta economicamente a fração açucareira da oligarquia nordestina, como uma espécie de tentativa de buscar formas de representação cultural que exponham ou mesmo mascarem essa crise, dependendo de cada autor. Desse modo, transferiu-se para o terreno da literatura a disputa pela perda da hegemonia socioeconômica diante de São Paulo e do centro-sul. Pode-se notar também, pensando no funcionamento do campo literário, que muitos discursos desses autores regionalistas do nordeste revelam muitas vezes certo ressentimento no tom, endereçado principalmente às manifestações culturais e literárias do Modernismo paulista.

Por exemplo, o *Prefácio interessantíssimo*, de Mário de Andrade (1922) e o *Manifesto da poesia pau-brasil*, de Oswald de Andrade, conseguiram de imediato a antipatia deles. Com a expansão econômica do eixo Rio-São Paulo, o mercado editorial aquecido já tinha reais condições de penetração em vários estados, fazendo com que o pensamento modernista se alastrasse com razoável rapidez. Por outro lado, o "romance nordestino", que se tem como iniciado após a publicação de *A bagaceira*, de José Lins do Rego, em 1928,[3] é visto com reservas pelos intelectuais e pelo público letrado de São Paulo.

> Uma das explicações buscadas para esta censura crítica pode ser a volta maciça do romance realista praticado pelos "romancistas do nordeste", já em pleno Estado Novo, quando a atual organização política ensejava as denúncias sociais contidas nessas narrativas. Mas, para além da prática realista, havia também a persistência do naturalismo documental, que retomava a linha de continuidade da tradição romanesca brasileira. Uma tradição sistêmica que se tinha rompido com a publicação de *Macunaíma* e de *Serafim Ponte Grande* e que, esperavam os modernistas, pudesse continuar na mesma linha de experimentação (D'Andrea, 1992: 112-3).

Mas os nordestinos acirram sua defesa, criticando acidamente a Semana de 1922; artigos com poucas variações nos argumentos aparecem em províncias do nordeste, fazendo questão de ressaltar a diferença entre o regionalismo *autêntico* e o modernismo *importado*. Respondendo a algumas críticas de Sérgio Milliet, José Lins do Rego (D'Andrea, 1992: p. 113) declara:

> Para nós do Recife, essa 'Semana da Arte Moderna' não existiu, simplismente[4] porque, chegando da Europa, Gilberto Freyre nos advertira da fraqueza e do postiço do movimento. Eu mesmo (...) me pus do lado oposto (...) para verificar na agitação modernista uma velharia, um desfrute que o gênio de Oswald de Andrade inventara para divertir seus ócios de milionário.

Nessa mesma linha, porém muito mais ácida, é marcante a hostilidade de Tasso da Silveira, do grupo católico do Rio de Janeiro, contra o Modernismo paulista, expresso em texto publicado na *Revista Branca* (Martins, 1969, p. 105):

> Em si mesmo, em sua última substância, a Semana de Arte Moderna foi apenas um golpe ideológico. Lá esteve metido na coisa Mário de Andrade, de sincera fé católica, mas em cujo temperamento fermentavam todos os germes de dissolução que lentamente o arras-

3 Selma M. D'Andrea argumenta que o romance do pernambucano Mario Sette, *Senhora de Engenho*, publicado em 1921, fornece a matriz temática e ideológica que forjou o personagem principal de *A bagaceira*, sendo ele, portanto, o iniciador do regionalismo desse período.

4 Manteve-se a grafia original.

> tariam para a esquerda. Os mais eram quase todos esquerdistas. Se não francamente comunas, pelo menos contra Deus e a Igreja. Eis a causa de haver o gesto libertador da Semana de Arte Moderna degenerado logo em simples atividade destrutiva. Já em 1924, o que imperava era o sarcasmo, a pilhéria, a blague. E também a porneia em grande escala.

Para ilustrar um pouco mais o funcionamento da vida literária, nesse momento, veja-se o tom confessional e um tanto desapontado de Graciliano Ramos, em carta a sua mulher, Heloísa, por ocasião de uma viagem a São Paulo, em 1937 – quando foi apresentado a Mário e a Oswald de Andrade –, percebendo a distância que o separava do centro cultural do momento:

> Aqui ninguém me conhece, não encontrei meu livro em parte nenhuma. Veja que sou um cidadão desconhecido do público. Há apenas essas exceções de que falei, duas ou três pessoas que me leram ou dizem ter lido. Em um milhão de pessoas que vivem em São Paulo, isso é pouco (Ramos, 1981: 176).

Os conflitos e tensões, as aproximações e afastamentos, a aceitação e recusa entre os grupos parece ser a dinâmica social que dará visibilidade ao romance de 1930, com variações, incluindo não apenas o nordeste, mas também Minas Gerais e Rio Grande do Sul. Este estado ganhara espaço político com a Revolução de 1930 e, em consequência, intelectuais gaúchos puderam assumir postos na burocracia do Estado, projetando-se muitas vezes no ambiente cultural, inclusive com a criação de novas editoras, como a Globo, de Porto Alegre, em que foi fundamental a colaboração de Erico Verissimo. Graciliano Ramos (2012, p. 147), com peculiar ironia, em texto de data incerta de meados da década, explica os ares do tempo:

> Para alguma coisa a Revolução de 30 serviu. (...) O que é singular no movimento que se opera nestes últimos anos é que ele vem de dentro para fora. Antigamente um cidadão escrevia no Rio, e as suas obras, hoje quase todas definitivamente mortas, impunham-se ao resto do país.(...) Realizou-se na literatura o que indivíduos importantes não conseguiram em política: tornar independentes várias capitanias desta grande colônia. Quem já viu fora de Porto Alegre a cara do Sr. Erico Verissimo? Entretanto ele é hoje um romancista notável, um romancista notabilíssimo. O Sr. Lins do Rego faz a maior parte dos seus livros em Maceió, lugar terrível, absolutamente

> impróprio a esse gênero de trabalho. E a Sra. Rachel de Queiroz produziu excelentes romances numa rede. Estamos completamente livres da obrigação de ir à Rua do Ouvidor e visitar as livrarias.

Nesses autores e em outros mais, o desejo de se aproximar da realidade brasileira, para isso incluindo obrigatoriamente o uso de uma linguagem mais coloquial, vai retomando a velha linha nacionalista, que agora se afasta dos ufanismos utópicos, próprios de uma construção ideológica que aparecia como ilusão compensadora e escamoteadora das contradições.

Retomo aqui as noções de Antonio Candido (1989: p. 141), já muitas vezes utilizadas por vários críticos, entre os quais Bueno (2004), de "consciência amena do atraso", ligada à ideia de país novo, a construir, que vigorou no início do movimento modernista, e da "consciência catastrófica do atraso", correspondente à noção de país subdesenvolvido, que se consolida pouco a pouco. Ou seja, segundo esse ponto de vista, houve uma mudança na visão de Brasil. Concordando plenamente com essa formulação, parece-me evidente que a geração de 1930 descartou qualquer possibilidade de pensamento eufórico; o que se tem é uma ácida desconfiança com relação ao presente e um desalento sem remissão no que concerne o futuro. Não por acaso, o eixo dessa literatura gira em torno da representação do mundo agrário, no qual, em geral, vivem personagens impotentes e maltratadas pela derrota. Ali todos os valores se mostram relativos, nada vale essencialmente, a humanidade não é boa nem má, carrega e sofre suas heranças, tem consciência delas, luta contra elas, mas sempre conclui melancolicamente que foi vencida. "Hoje não canto nem rio. Se me vejo ao espelho, a dureza da boca e a dureza dos olhos me descontentam", diz Paulo Honório, em *São Bernardo* (Ramos, 2010, p. 142-143). E continua:

> Penso no povoado onde Seu Ribeiro morou, há meio século. Seu Ribeiro acumulava, sem dúvida, mas não acumulava para ele. (...) Imagino-me vivendo no tempo da monarquia, à sombra de Seu Ribeiro. Não sei ler, não conheço iluminação elétrica nem telefone. Para me exprimir recorro a muita perífrase e gesticulação. Tenho, como todo mundo, uma candeia de azeite, que não serve para nada, porque à noite a gente dorme. Podem rebentar centenas de revoluções. Não receberei notícia delas. Provavelmente sou um sujeito feliz.

É nesse contexto que o realismo recobrará vigor, numa tentativa de esquadrinhar com todas as tintas a precariedade e o atraso. É preciso destacar, entretanto, que existe uma diferença entre esse realismo e o do século XIX. No realismo do XIX, o interesse maior é pelo coletivo, a ponto de transformar indivíduos em meros tipos representativos dos modos sociais de ser e agir, para o que o melhor modo de narrar seria por meio de uma terceira pessoa, que, vendo de fora, podia reger e esmiuçar os movimentos coletivos. Além disso, tem-se a *constatação* direta e simples do estado embrutecido em que se encontra o homem, como se essa constatação, com o simples revelar-se, tal uma fotografia, pudesse levar a sua superação. É o que se faz de fora, olhando pelo buraco da fechadura ou pelo microscópio, com esses narradores em terceira pessoa, distantes, como cientistas a denunciar suas descobertas.

Já no realismo dos anos 1930, o que se tem é a tradução dos constrangimentos sociais e econômicos causadores da injustiça e da desigualdade, a sua organização econômica e social, como forma de *contestação*, na qual passa a ter parte ativa o escritor. Narrando em primeira pessoa, misturando-se a sua matéria, o que favorece o mergulho psicológico, mostra não apenas o que afeta o coletivo, mas como esse coletivo repercute na vida do indivíduo. Trata-se de um recurso pouco ou quase nada explorado anteriormente, cuja função se poderia chamar mais propriamente de resistência, aquela na qual o autor se envolve desde dentro, o que a transforma em projeto político consciente, sem as defesas de uma fria objetividade. Como enfatiza Graciliano (Garbuglio, Bosi e Facioli, 1992: p. 126), expondo sua posição em favor da tradição realista, no ensaio "O fator econômico no romance brasileiro": "Para sermos completamente humanos, necessitamos estudar as coisas nacionais, estudá-las de baixo para cima." E ensina: "Não podemos tratar convenientemente as relações sociais e políticas, se esquecemos a estrutura econômica da região que desejamos apresentar em livro".

Língua geral

Essa relação necessária com a estrutura econômica decorre das concepções marxistas de muitos autores, o que fundamenta inclusive a dimensão política da arte e a necessidade do realismo. Para os escritores mais à esquerda, a preocupação maior era a definição das linhas de uma política cultural do Partido Comunista, do estado socialista e dos militantes culturais comprometidos com a construção do socialismo (Napolitano, 2001). Pode-se dizer que o realismo, de acordo com a concepção que venho usando – e isso demonstra como se trata de um conceito maleável, refratado pelas condições históricas – guarda sensíveis aproximações com o que, à época, era denominado "realismo social" ou "realismo crítico" (Fischer, 2002), pois implicava uma postura engajada em relação à realidade circundante, enfatizando seu caráter de protesto e/ou denúncia inerente à maioria de suas manifestações. Pretendia dar forma ao real buscando traduzir seus aspectos mais característicos; com uma perspectiva de movimento, predominava a concepção de que a realidade não era um caos desordenado, mas motivada por processos históricos passíveis de serem objetivados nos textos.

Como uma espécie de corolário do desenvolvimento do realismo social ou crítico, surgiu o "realismo socialista", na União Soviética da década de 1920, depois da Revolução de Outubro, proclamando-se como "o realismo do povo, que está transformando e redefinindo o mundo, uma metáfora realista, baseada na experiência socialista" (Cerqueira, 1988: p. 13). De acordo com essa concepção, ao refletir a realidade, a literatura despertaria no homem uma perspectiva política de libertação do capitalismo, sendo que o papel dos intelectuais seria escrever textos de valor pedagógico, que permitissem ao proletariado atingir a consciência necessária para essa libertação. Em consequência, os grandes escritores teriam na representação fidedigna da realidade o critério fundamental a determinar a qualidade de uma obra. Esse realismo esquemático transforma-se, assim, na apologia do mundo novo do socialismo, com um espectro temático que inclui cenas populares, paisagens rurais e urbanas e atividades quotidianas do povo, com foco no trabalho edificante da classe operária. Com uma linguagem simples e figurativa, constituía o retrato idealizado da cultura comunista, inclusive rejeitando terminantemente qualquer veleidade vanguardista, impedindo-a com expurgos e banimentos dos autores.

Exigia-se alinhamento automático a esses esquemas para os escritores filiados aos Partidos Comunistas, inclusive do Brasil, sendo que a maioria dos intelectuais de esquerda não escapou das tensões e contradições decorrentes dessas diretrizes. Esse alinhamento obrigou vários autores a elaborar obras que, em termos do que era considerado valor literário à época, são discutíveis. Um exemplo significativo é *Cacau* (1961, p. 219-220), de Jorge Amado, que seguia fielmente as orientações do Partido, nesse período. Publicado em 1933, pretendia dar ao público o "máximo de realidade", em uma linguagem absolutamente didática no seu despojamento e simplicidade, sem evitar fortes traços naturalistas.

> Jaca! Jaca! Os garotos trepavam em árvores como macacos. A jaca caía – tibum – eles caíam em cima. Daí a pouco restava a casca e o bagunço que os porcos devoravam gostosamente. Os pés espalhados pareciam de adultos, a barriga enorme, imensa, da jaca e o da terra que comiam. O rosto amarelo, de uma palidez tenebrosa, denunciava herança de terríveis doenças. Pobres crianças amarelas, que corriam entre o ouro dos cacauais, vestidas de farrapo, os olhos mortos, quase imbecis. A maioria deles desde os cinco anos trabalhava na juntagem. Conservavam-se assim enfezados e pequenos até aos dez e doze anos. De repente apareciam homens troncudos e bronzeados. Deixavam de comer terra mas continuavam a comer jaca. Escola, nome sem sentido para eles. De que serve a escola? Não adianta nada. Não ensina como se trabalha nas roças nem nas barcaças. Alguns, quando cresciam, aprendiam a ler. Somavam pelos dedos. Escola de libertinagem, sim, era o campo com as ovelhas e as vacas. O sexo desenvolvia-se cedo. Aquelas crianças pequenas e empapuçadas tinham três coisas desconformes: os pés, a barriga e o sexo.

A grande questão literária da década de 1930, para os escritores de esquerda, sobretudo os ligados ao Partido Comunista, tornou-se, pois, a definição do que seria uma "literatura proletária", sendo que, com base no que se supunha fosse tal gênero, muitos livros foram expurgados e outros exaltados. Sabe-se, por exemplo, que Jorge Amado teve "sua capacidade e seu talento potencializados pelo PCB, cuja rede de contatos internacionais facilitou a publicação de seus romances em muitos países", além de lhe permitir acesso a muitos artistas de renome, como Neruda, Aragon, Siqueiros e Picasso (Ridenti: 2010, p. 63). A censura ao romance *João Miguel*, de Rachel de Queiroz, é um dos episódios mais citados pela historiografia literária desse período. A autora concedeu uma entrevista a Ary Quintella, no *Jornal do Comércio* do Rio de Janeiro, em 14 de março de 1970 (Martins, 1977, p. 70), em que conta:

> Eu tinha escrito *João Miguel* e o pessoal exigiu fazer censura prévia. Dei os originais para eles lerem e depois houve a reunião especial para discutir o livro. E o veredito foi que o livro não podia ser publicado. Diziam eles: "Acontece que no *João Miguel* um operário mata outro, e aquele 'coronel' é uma figura simpática, e a mocinha é uma reacio-

> nária... de modo que você tem de fazer o operário matar o 'coronel', quem tem de ser prostituta não é a Filó, tem de ser a moça, porque é nossa adversária de classe". Eu então mandei tudo para o inferno! Peguei o meu livro, fui embora, e desde esse dia, briguei com eles.

A fortuna crítica de Jorge Amado, além de apontar sua maior ou menor aproximação das teses do realismo socialista, ao longo de sua vida literária, a isso atribui inclusive a diminuição do seu engajamento na denominada segunda fase, iniciada com a publicação de *Gabriela, cravo e canela*, em 1958, quando rompeu com o Partido Comunista. Já em Graciliano Ramos destaca-se uma forte recusa a essa orientação. No livro *Viagem* (apud Garbuglio; Bosi; Facioli, 1987: p. 90), em que relata sua viagem à Rússia, explica porque seus textos não serviam para serem traduzidos em russo:

> são narrativas de um mundo morto, as minhas personagens comportam-se como duendes. Na sociedade nova ali patente, alegre, de confiança ilimitada em si mesma, lembrava-me de minha gente fusca, triste, e achava-me um anacronismo. (...)Necessário conformar-me: não me havia sido possível trabalhar de maneira diferente: vivendo em sepulturas, ocupara-me em relatar cadáveres.

Mas Ridenti (2010, p. 12) assinala que a relação de artistas e intelectuais com o Partido não foi de mão única, pois ele oferecia, em troca da obediência, uma rede de proteção e solidariedade, o sentimento de pertencer a uma comunidade que se imaginava na vanguarda da revolução mundial, lutando por popularizar a arte e a cultura brasileiras, registrando a vida do povo, comprometendo-se com sua educação e tentando romper o subdesenvolvimento do país.

Como se vê, embora a tônica dominante da literatura da década fosse o povo, elevado à categoria de protagonista e representado de um modo realista, essa representação incorria em formulações de controle vindas de várias instâncias. Diminuíra sensivelmente a rejeição ao realismo (mas nem tanto ao naturalismo), desde o início da República, chegando até a sua inclusão gradativa, mesmo tensionada, nas décadas seguintes. O que se percebe agora, porém, é um controle explícito e incisivo, de caráter político-ideológico, procurando estabelecer parâmetros contraditórios, beirando um certo idealismo, tanto à esquerda quanto à direita, pois o integralismo também crescia e ajudava a agregar os que viam no fascismo uma solução para todos os males do país. O resultado desse espírito foi uma polarização literária que pôs em confronto o romance social, visto como de esquerda, e o introspectivo, tido como de direita, o que, de diferentes modos, resgatava a oposição entre espiritualistas e realistas do final do século XIX, como apontei.

A análise das muitas revistas e suplementos literários dos jornais do momento, como *Boletim de Ariel*, *Lanterna Verde*, *Dom Casmurro*, *Autores e Livros* etc., feita por Cássia dos Santos (1998), permite comprovar as discussões a respeito do caráter desejável para o romance brasileiro e sua função social à época. Segundo a autora, as críticas aos romances do nordeste começaram a se acirrar a partir de 1933, por ocasião da publicação de *Cacau*, de Jorge Amado. Entre outras, com vários escritores, houve uma polêmica entre Jorge Amado e Lúcio Cardoso, em 1938, com críticas de parte a parte, que motivaram a explicitação do que se pode mesmo considerar como uma teorização sobre o próprio conceito de realismo. Respondendo a Jorge Amado, a certa altura, Cardoso afirma (Santos, 1998, p. 114-115):

> Já em várias ocasiões me referi a essa crença dominante na maioria dos nossos romancistas de que a "fidelidade à vida" – oh! Deus! – consistia na observação direta dos fatos e das coisas (...). A origem era quase exclusivamente nascida no desprezo em que mantinham uma das faculdades básicas em qualquer obra de arte – a imaginação. Todos pareciam de comum acordo em ignorar que é neste ponto que se manifesta a força do dom que um artista recebe do berço. Entretanto o real que era tão vigorosamente apregoado é tão diferente, tão mais profundo e misterioso do que parece, que será ingenuidade concordar que um simples golpe de vista "documentário" o apreenda. Porque, para humilhação nossa, é preciso dizer mais uma vez que a vida não é a constatação do ambiente exterior (...). A vida é o que os olhos não veem, mas o que a alma guarda. E fora disto não existe *arte* e *sim* fabricação.

Graciliano Ramos não demorou a se manifestar, mas em relação à divisão estabelecida entre norte e sul, questionando-lhe a legitimidade, com a verruma que lhe era peculiar (Silva, 1998, p. 112):

> O que há é que algumas pessoas gostam de escrever sobre coisas que existem na realidade, outras preferem tratar de fatos existentes na imaginação. Esses fatos e essas coisas viram mercadorias. (...) O fabricante que não acha mercado para o seu produto zanga-se, é natural, queixa-se com razão da estupidez pública, mas não deve atacar abertamente a exposição do vizinho. (...) Ora, nestes últi-

> mos tempos surgiram referências pouco lisonjeiras às vitrinas onde os autores nordestinos arrumam facas de ponta, chapéus de couro, cenas espalhafatosas, religião negra, o cangaço e o eito, coisas que existem realmente e são recebidas com satisfação pelas criaturas vivas. As mortas, empalhadas nas bibliotecas, naturalmente se aborrecem disso, detestam o Sr. Lins do Rego, que descobriu muitas verdades há séculos, escondidas nos fundos dos canaviais, o Sr. Jorge Amado, responsável por aqueles horrores da Ladeira do Pelourinho, a Sra. Rachel de Queiroz, mulher que se tornou indiscreta depois de *João Miguel*. (...) Os inimigos da vida torcem o nariz e fecham os olhos diante da narrativa crua, de expressão áspera. (...) Não admitem as dores ordinárias, que sentimos por as encontrarmos em toda parte. Não toquemos em monturos. São delicados, são refinados, os seus nervos sensíveis em demasia não toleram a imagem da fome e o palavrão obsceno. Façamos frases doces. Ou arranjemos torturas interiores, sem causa.

Essa polarização foi se acentuando com o passar dos anos, cada grupo em fricção com outro, lutando pela institucionalização de seu tipo de representação. Mas a própria história acabou por resolver o dilema, de modo contraditório: na mesma medida que a ditadura de Getúlio Vargas aplicava seus métodos de censura, à direita, a partir de 1937, fazia crescer, entre autores e intelectuais, a resistência à esquerda. Talvez seja esse um dos motivos da prevalência crítica de valorização dos autores que mais cerraram fileiras desse lado e o sombreamento a que outros foram votados.[5]

Entretanto, no conjunto, pode-se dizer que o romance de 30 é resultado de um momento em que se procuravam caminhos políticos e sociais mais dignos para o país. Os escritores imergiram na complexidade da vida social brasileira, em todas as suas dimensões, interessando-se por todos os lugares, todas as raças e todos os gêneros, nas cidades e no sertão, enfatizando as tensões sociais como o motor dos comportamentos e tendo o atraso do país como ponto central de referência. Procurava-se, com diversos modos de narrar, não unicamente o rosto da miséria absoluta, como parece sugerir o estereótipo crítico de romance da seca, mas também a face da pobreza proletária e da vida da pequena classe média atormentada pelas agruras do quotidiano, tão comuns nos grandes centros. E o viés

5 É o caso, por exemplo, de Lúcio Cardoso, Otávio de Faria, Cornélio Pena, Cyro dos Anjos, Dionélio Machado, alguns deles ligados a tendências católicas, muitas vezes com simpatia pela direita.

mais adequado para estabelecer uma representação verossímil foi novamente o realismo, na infinita possibilidade de suas refrações, presidindo a poderosa ascensão das vozes vindas de baixo à cena literária, ascensão essa que ainda não terminou. O realismo desse período tão conturbado interpela diretamente o tempo histórico, engajando-se na tarefa de compreender e participar, voltando-se para a construção do futuro.

Resistir, documentando: realismo e ditadura militar

O corpo no cavalete
É um pássaro que agoniza
exausto do próprio grito.
As vísceras vasculhadas
principiam a contagem
regressiva.
No assoalho o sangue
se decompõe em matizes
que a brisa beija e balança:
o verde - de nossas matas
o amarelo - de nosso ouro
o azul - de nosso céu
o branco, o negro, o negro.

Antônio Carlos de Brito, *Aquarela*

Literatura como missão

Compreender e participar, voltando-se para a construção do futuro, é só uma parte da missão que se retoma alguns anos depois, com mais força na década de 1970.[1] Agora é necessário também resistir, documentando e, para isso, o realismo

1 A elaboração deste capítulo baseou-se em minhas publicações anteriores sobre a produção

será mais uma vez o instrumento estético adequado, ressurgindo com força extraordinária, mantendo vivas e atuantes soluções já antigas e mesmo desgastadas, enquanto se reformula, instaurando novas perspectivas criadas pelo presente de então, marcado pela ditadura militar (1964-1985), com seus mecanismos explícitos e implícitos de controle. Se as condições políticas e ideológicas da década de 1930, incluindo a ditadura Vargas, foram tão marcantes para a produção literária, é importante frisar que a ditadura militar exerceu o mesmo papel, talvez maior, dadas as condições de produção artística instauradas, que incluem novas tecnologias de produção e comunicação. Esse período permanece, então, como uma espécie de parâmetro inescapável para a compreensão do fermento estético dos anos 1960 e 1970 e, inclusive, de grande parte do que veio em seguida, até os dias de hoje. E aí há inúmeros elementos a considerar.

Já existe uma ampla bibliografia crítica e analítica[2] sobre a produção cultural e literária desse período, iniciado com o golpe de 31 de março de 1964, na qual é possível encontrar uma série de pontos recorrentes, mesmo sendo seus objetivos e pressupostos teóricos e críticos bastante diversificados. Além de a censura então instituída ser um tópico que recebeu muita atenção, sobretudo no que se refere a sua influência e controle em autores e obras, o método usual de dividir longos períodos em décadas é predominante, com qualificativos já sedimentados. Desde os "dourados" anos 1960, considerados o ponto inicial do processo, passando pelos "anos de chumbo" da década de 1970, seguindo pela "década perdida" dos anos 80 e pela do "desencanto" dos anos 1990, chega-se ao "século XXI" – prematuramente assumido como ruptura temporal significativa –, em que se antevê um admirável mundo de novas tecnologias criando subjetividades encapsuladas em violência e plasma, refletidas nas produções culturais. Em resumo, um longo período de consequências, cujas causas principais teriam forte relação com o tempo da ditadura militar.

> Se essa história de cultura vai nos atrapalhar para endireitar o Brasil, vamos acabar com a cultura durante trinta anos!" — bradou o Coronel Darci Lázaro, durante a invasão da Universidade de Brasília, algum tempo depois do golpe militar de 1964 (Augusto, 1984, p. 05).

---

cultural e literária durante a ditadura militar, que vim desenvolvendo ao longo de três décadas e que constam da bibliografia.

2 Ver uma relação dos mais citados, certamente incompleta, na bibliografia geral.

Provavelmente o Coronel não entendia de polisssemia, mas soube usar com precisão o duplo sentido da palavra *endireitar*, o que, talvez num ato falho irreprimível, indicava qual era o projeto cultural acalentado pelo novo regime que se instaurava. Apesar da efetiva guinada política à direita, cujos frutos maduros continuamos colhendo, passados mais de cinquenta anos, verifica-se que o Brasil não *endireitou*, segundo outro sentido do termo. Isto é, não se tornou muito melhor ou mais justo para grande parte dos brasileiros, mas a cultura também não acabou. Não acabou, mas sofreu transformações substantivas.

De fato, foi ali que se gestaram projetos e situações determinantes para uma espécie de ponto de inflexão no curso e na dinâmica do processo de desenvolvimento cultural do país, que vinha se fazendo em ritmo pausado, com variações. Dentre estes, cabe realmente destacar a ação da censura, pois a truculência visível e invisível de seu aparato - maior do que na ditadura Vargas –, incidiu também sobre a produção da literatura, inspirando uma série de soluções temáticas e estilísticas novas e/ou mesmo antigas, então revisitadas, muitas delas claramente inspiradas no realismo e suas refrações.

Muito além da censura

Tomando, então, a censura como ponto nodal das instâncias de controle explícitas ou visíveis do período, pode-se dizer que, de modo geral, a visão mais linear a seu respeito tende a fixar os anos 1970, os "anos de chumbo", como aqueles em que ela atuou com maior peso, determinando uma espécie de estética do reflexo, na medida em que efetivamente impôs seus padrões de criação, proibindo, cortando ou engavetando o que podia. Por essa lente, toda a produção que conseguiu vir à luz já conteria, refletida em sua forma, elementos que visavam burlar a percepção de algum censor, numa espécie de código que só os iniciados poderiam decifrar.

Mesmo sob censura, porém, entre as famosas receitas culinárias truncadas, figuras e símbolos, poemas variados e os versos d'*Os Lusíadas*, que enchiam as páginas proibidas, muitos jornais e revistas de grande circulação na época, termômetros sensíveis das mudanças culturais, bem como artigos e ensaios acadêmicos, consagraram as expressões hoje emblemáticas, como "vazio cultural" e "geleia geral", indicando um ácido pessimismo: nada se estava produzindo ou não correspondia mais a padrões reconhecíveis aquilo que se produzia. Apostava-se, inclusive, que, no fim desse tempo tão duro, tanto as gavetas dos criadores quanto as dos censores estariam irremediavelmente vazias. Ledo engano, pois a grande produção desses anos traz marcas e cicatrizes bastante significativas, sobre as quais é possível refletir, sob os mais diversos ângulos.

Uma delas é uma "consciência do perigo" claramente perceptível, estimulando e direcionando o sentido de urgência de compreender e participar. Escritores, críticos, músicos, cineastas, professores, etc. tentavam esboçar um diagnóstico pelo menos satisfatório daqueles tempos difíceis, numa espécie de movimento de resistência subterrânea. Em 1972, em uma conferência nos Estados Unidos, mais tarde publicada no Brasil, Antonio Candido (1975: p. 25) manifestara apreensão com os rumos do processo:

> O atual regime militar no Brasil é de natureza a despertar o protesto incessante dos artistas, escritores e intelectuais em geral, e seria impossível que isto não aparecesse nas obras criativas (...). Por outro lado, este tipo de manifestação é extremamente dificultado pelo regime, que exerce um controle severo sobre os meios de comunicação. Controle total na televisão e no rádio, quase total nos jornais de maior circulação, muito grande no teatro e na canção; nos livros e nos periódicos de pouca circulação a repressão é mais branda, porque na razão direta dos meios de comunicação. Além disso, existe em escala nunca vista antes a repressão sobre os indivíduos (...). É claro que isso afeta a atividade intelectual e limita as possibilidades de expressão. Mas é difícil dizer se influi na natureza e sobretudo na qualidade das obras criativas.

As inquietações que aí se revelam o tempo acabou por confirmar, como se verá. Para isso, é necessário, porém, situar a censura no interior do espectro mais amplo do projeto econômico e político do regime militar. Este continha um planejamento estratégico específico para a área cultural, encarada então como um elemento de possível catalisação para os objetivos de modernização, integração e segurança nacional do país, além da inserção deste no ritmo do capitalismo internacional. Esse foco permitiu a mudança de patamar da produção de cultura no Brasil, ou seja, a consolidação de uma indústria cultural. Claro que esta indústria já existia: a "era do rádio", que dominou as décadas de 1930 e 1940, já declinava, substituída pela "era da televisão", iniciada em 1950; a imprensa desenvolvia-se, com o surgimento de jornais e revistas em novos formatos, divulgando fatos e fotos, nos quais notícias sobre literatura começavam a ser simples adornos.

Merecem destaque, então, elementos fundamentais na continuação desse processo, como a criação de órgãos e políticas governamentais efetivas que direcionaram de vez a planificação da cultura, após o golpe, tais como o Conselho Federal de Cultura, criado já em 1966, que elaborou a Política Nacional de Cultura, só promulgada em 1975. Esta surgirá, então, em um momento posterior, expressando o clima da "abertura lenta, gradual e segura", iniciada no governo Ernesto Geisel (1974 -1979). Além de tudo, nela já se concretiza a ideia de que a cultura é um produto com valor estabelecido até no mercado internacional, o que, para o Brasil da época, ainda não era algo que se levasse tão a sério. Propõem-se, assim, o incremento da participação no processo cultural, o incentivo à produção e a generalização do consumo da "cultura brasileira": "Caberia ao Estado criar os mecanismos necessários para assegurar o acesso de todos ao 'consumo' de bens culturais, estimulando assim a consolidação do mercado para tais produtos" (Cohn, 1984: p. 88). Ou seja, passa-se a considerar a "brasilidade cultural", revisitação dos nacionalismos anteriores, como um produto de exportação já bem mais elaborado e rentável do que as bananas de Carmem Miranda. Nesse sentido, é interessante notar a concepção de brasilidade contida na PNC (1975: p. 8):

> Cultura não é apenas a acumulação de conhecimento ou acréscimo de saber, mas a plenitude da vida humana no seu meio. Deseja-se preservar a sua identidade e originalidade fundadas nos genuínos valores histórico-sociais e espirituais, donde decorre a feição peculiar do homem brasileiro: democrata por formação e espírito cristão, amante da liberdade e da autonomia.

E também a maneira pela qual se pretende fazer caminhar o processo de desenvolvimento do país:

> Uma pequena elite intelectual, política e econômica pode conduzir, durante algum tempo, o processo de desenvolvimento. Mas será impossível a permanência prolongada de tal situação. É preciso que todos se beneficiem dos resultados alcançados. E para esse efeito é necessário que todos, igualmente, participem da cultura nacional (PCN, 1975: p. 9).

Mas enquanto este e outros documentos eram elaborados por essa "pequena elite intelectual", que buscava "a feição peculiar do homem brasileiro", o governo ocupava-se com procurar neutralizar, usando censura e repressão, a produção cultural da esquerda, que se aclimatara vigorosamente ao governo de João Goulart e era ainda atuante e barulhenta, o que levou Roberto Schwarz a escrever machadianamente que o país "estava irreconhecivelmente inteligente" (Schwarz, 1978: p. 61), expressão hoje comum em quase todos os textos críticos referentes ao período. Ele destaca a relativa hegemonia cultural de esquerda, perceptível no Cinema Novo, na música popular, nos teatros de Arena, Opinião e Oficina, em mostras de artes plásticas e na literatura. Essa inteligência insuflava, então, uma fermentação generosa de processos criativos, de sentido amplo e de alta voltagem ideológica, desde o início dos anos 1960, até a promulgação do Ato Institucional nº 5, em 1968. Até então, como se sabe, literatura, teatro, música, cinema e educação buscavam "conscientizar o povo", estabelecendo um circuito coletivo de comunicação e de troca de experiências. Acreditava-se, ingenuamente, que os intelectuais e artistas eram os iluminados a conduzir o povo, mas, a despeito disso, estabeleciam-se mediações e constituía-se uma promessa de socialização da cultura e de modernização em termos democráticos (Galvão, 2009).

Com relação a esse panorama, Marcelo Ridenti (2010: p. 88) argumenta que se vislumbrava ainda uma alternativa de modernização que não implicava a submissão ao mercado. Recolocava-se, desse modo, a questão da identidade nacional e política do povo brasileiro, a mesma que alimentara a "geração de 30", recuperando um certo tipo de nacionalismo e tentando romper o subdesenvolvimento, o que, para ele, não deixa de ser um desdobramento à esquerda da era Vargas.

Sendo assim, não se podem reduzir as características dos produtos culturais, durante a ditadura, apenas à influência de uma censura que se queria contornar, deixando de lado o formidável processo de gradativa e inexorável transformação nos modos de produção cultural, determinante das novas tendências que se gestavam a sua sombra. Eram mecanismos de controle, com sistemas de atuação diversificados, embora um contivesse o outro: a censura, embutida no projeto geral, age às claras, no que existe, com caneta vermelha e tesoura. Nesse ponto, qualquer semelhança com a era Vargas e o seu Departamento de Informação e Propaganda não é apenas lembrança. Agora, os novos modos de produção, com auxílio da censura, agem no que ainda vai existir, imprimindo um direcionamento industrial, com características específicas, a tudo o que veio à luz a partir daí. Dessa maneira, esses mecanismos de controle esculpiram um novo paradigma para a cultura brasileira: de *nacional-popular*, como sonhava a esquerda dos anos 1960, capaz de expressar a "nação brasileira" e seu "povo", ela passa a *industrial-popular* – e esse é o ponto que interessa em relação ao realismo, como logo se verá. Ridenti (2010: p. 12) esclarece o significado da cultura nacional-popular, que desaparece aos poucos, com o desenvolvimento da indústria cultural:

> Uma empreitada mais ampla da época, de popularizar a arte e a cultura brasileiras, *registrando a vida do povo,*[3] aproximando-se do que se supunha fossem seus interesses, comprometendo-se com sua educação, buscando, ao mesmo tempo, valorizar suas raízes e romper com o subdesenvolvimento – mesmo que, por vezes, incorressem em certa caricatura do popular e em práticas autoritárias e prepotentes.

Como se vê, o povo continua pedindo passagem, mas a hora já passou. Evidentemente que esse processo de substituição de uma coisa pela outra não foi uma via de mão única, pois todo movimento desse tipo comporta tensões inescapáveis, uma vez que envolve diferentes instâncias e mediações de criação, produção, veiculação e consumo, além, no caso, do desaparecimento de fortes ideias e sentimentos compartilhados a respeito da possibilidade próxima da revolução socialista brasileira.

Foi a partir da decretação do AI-5, em 13 de dezembro de 1968, que a cultura brasileira iniciou um processo de transformações mais radicais do que as provocadas pelo próprio golpe, quando se constrangera de forma paulatina a criação artística, sem chegar a sufocá-la. Os mecanismos de estrangulamento, até aí, eram muito mais lentos e sutis, constituíam mais um movimento que buscava estabelecer uma plataforma sólida para o poder recém-instaurado, sendo que a ação limitadora apresentava uma certa flexibilidade e muitas contradições, pois havia ainda um certo cuidado em preservar a vida cultural. Dessa forma, "o AI-5 foi o verdadeiro golpe para a cultura", reza o chavão, que, justamente por ser chavão, expressa o fato consumado. Com a censura prévia enfim institucionalizada (a Lei da Censura é de 26 de janeiro de 1970), o governo passou a exercer um trabalho cerrado de prevenção, com cortes e vetos, instaurando também, no nível político, os terríveis esquemas repressivos, com tortura, exílio e morte: "A década se abriu pelo avesso, de cabeça para baixo, como quem entra num pesadelo – e nunca, como naqueles dias, foi tão claro o sentido da pregação dos

3 O grifo é meu. É clara a filiação ao conceito de realismo que adotei.

heróis da década de 60, quando disseram 'the dream is over'. Acabado o sonho, caiu-se nas trevas" (S/a, 1978: p. 177).

É importante levar em conta que o processo de organização e controle da cultura, estabelecido nos documentos elaborados pelo regime,[4] coincidiu com a elevação do padrão de vida das camadas médias da população, que aos poucos vinha se constituindo como um público novo e ampliado para bens culturais mais modernos, sobretudo os ligados à comunicação, acentuando-se seu crescimento a partir do "milagre econômico", do início dos anos 1970. Nesse contexto, portanto, a censura funcionou claramente como uma espécie de expressão ideológica do tipo de orientação que o Estado pretendia imprimir à cultura, formando uma consciência favorável e participante, defendendo e propagando de forma contínua e sucessiva seus valores essenciais. Num momento de descenso forçado da produção engajada e participante dos anos 1960, ficou evidente o esforço do regime para assumir tal espaço, como uma das táticas da estratégia maior de derrotar a esquerda, legitimar-se perante a opinião pública e modernizar o país.

Há ainda outro tipo de interferência do Estado na produção dos bens culturais, como mais uma instância de controle: a cooptação dos intelectuais e produtores de cultura, funcionando às vezes às escâncaras, às vezes de forma invisível, de acordo com as gradações de tolerância do poder estatal em relação a temas, problemas e pessoas, oferecendo empregos, promovendo concursos, concedendo prêmios, financiamentos, bolsas de estudo e subvencionando coedições. Não foram poucos os que se envolveram com isso, muito menos foram poucos seus efeitos, tanto para a literatura como para a vida cultural.

Agindo em todas as frentes, o Estado conseguiu firmar sua política específica, calcada na ideologia de integração e de segurança nacionais. Estabeleceu-se, dessa forma, uma contradição aparente. Enquanto criava órgãos estatais de estímulo à cultura e investia em infraestrutura por meio de empréstimos e subvenções (por exemplo, para a modernização das gráficas, editoras, emissoras de rádio e TV, além de crédito para aquisição popular de aparelhos), reforçando a necessidade de profissionalização e inserção no mercado, ele controlava com a censura, atendendo assim tanto aos seus próprios interesses, quanto aos da indústria cultural em

---

4 Além da Política Nacional de Cultura, criaram-se diversos órgãos de estímulo e ao mesmo tempo de controle, tais como o Concine (Conselho Nacional de Cinema), em 1976, e a Funarte (Fundação Nacional de Arte), em 1975, reformulando-se outros, como a Embrafilme (Empresa Brasileira de Filmes), que fora fundada em 1969.

expansão. Na verdade, a contradição não existe. Trata-se de uma chave que gira para os dois lados: ambiguamente impede um tipo de orientação, a de conteúdo ideológico de esquerda, promovendo uma espécie de "higienização", que interessava à ideologia da segurança nacional, mas incentiva outro, aquele que prega obediência à Pátria, à moral e aos bons costumes.

Novos tempos

No quadro acima, apenas esboçado, as iniciativas de incentivo e controle relacionadas à literatura dizem respeito, mais propriamente, ao mercado editorial. Destaca-se a reativação do Instituto Nacional do Livro (o INL, criado em 1937, no governo Vargas), fomentando uma política de subsídios que financiava parte das tiragens de livros técnicos, didáticos e paradidáticos, gerando um aumento palpável da produção. Essa política, além de se dirigir majoritariamente para as editoras de livros didáticos, estendeu-se depois para editoras de outro tipo, com o apoio a traduções de livros estrangeiros e a publicações de diversos livros de ficção - aprovados pela censura -, inclusive por meio de coedições e de subsídios para a implementação de um parque gráfico moderno (Calabre, 2005).

Beneficiando-se dessa e de outras políticas de incentivo, que também estimularam a produção de papel, diminuindo seu custo, além de subvencionar a importação de máquinas mais modernas, o setor livreiro aumentou exponencialmente o número de edições, de títulos e de exemplares publicados. Além do INL, criou-se também a Embralivro, "que tencionava criar dois mil pontos de vendas de livros em todo o território, agilizando a distribuição, desde então diagnosticada como o principal gargalo da indústria editorial" (Miceli, 1984: p. 63).

Grande parte dos autores nacionais aprende a encaixar sua produção nesses novos parâmetros, por dois motivos: tem que competir num mercado inflado por produtos estrangeiros (cresceu muito o número de *best-sellers* traduzidos), bem adequados ao gosto do novo público, já se formando basicamente pela TV em expansão, se possível conseguindo auxílio do INL para publicação. Ao mesmo tempo, procuram enganar a censura - os mais progressistas -- para não compactuar com ela, aceitando a cooptação, inclusive como estratégia de sobrevivência, o que terá uma profunda implicação na forma e no conteúdo dos textos, cuja análise caso a caso já constitui uma ampla e variada fortuna crítica.

A destacar é que, às voltas com a nova situação, adotam-se atitudes e produzem-se textos, os quais, grande parte das vezes, são respostas pessoais inseridas nesse campo de forças exteriores ao plano estético, como se viu, com pressões e limites bem determinados. Estes também têm a ver com o andamento específico do mercado livreiro, sempre instável, com altos e baixos sucessivos, que refletem as peculiaridades do leitorado brasileiro, reconhecidamente pouco afeito à leitura, devido a causas conhecidas e discutidas de longa data: a educação precária, o ensino deficiente, poucas bibliotecas, influência da televisão etc., a que, mais tarde, vão se somar as mídias digitais, exigindo hoje novos critérios de análise. Referendando a preocupação com o problema, em mesa-redonda promovida pela revista *Veja,* sobre o momento vivido pela literatura brasileira, Rubem Fonseca (1975: p. 107) assinalava:

> O problema da literatura é que a leitura é uma atividade elitista. Sempre foi assim, mas só percebemos isso quando vimos que não aumentava, percentualmente, o número de pessoas que leem, o que ocorria era um aumento vegetativo (...). O problema realmente é este: no lazer as pessoas leem cada vez menos. É uma tendência universal. É que a leitura é uma atividade elitista. (...) Não me refiro ao livro em geral, mas livros de literatura. A leitura de livros de ficção, como atividade de lazer, essa diminuiu.

Apesar de todas as restrições, dentro do clima ambiguamente favorável para o crescimento artístico, que a ditadura criou, a literatura efetivamente cresceu, a ponto de se poder falar no *boom de 75*, quando se lançam no mercado muitos autores novos, e o conto, que até então, com poucas exceções, mantivera-se mais arraigado aos temas de ambientação rural e suburbana, consolida-se como o gênero de maior repercussão, centrado nos temas e problemas de uma classe média urbana ampliada.

Desde os anos 1950, vinha-se enfraquecendo a convencional distinção campo/cidade, que alimentava a pluralidade temática específica dos textos ficcionais, sobretudo os romances. Vão ficando raros, ainda que não desapareçam, os temas ligados ao pasto e à lavoura, à natureza e aos animais, à fecundidade ou aridez da terra, à singeleza e à força do caboclo, à religiosidade, ao clã familiar, ao folclore, narrativas de fundamento telúrico, ancorada num tipo de organização econômico-social ainda de bases na maioria agrárias, o que preferencialmente inspirou o romance do nordeste, na década de 1930. A industrialização crescente, desde a era Vargas, acelerada, sobretudo a partir dos anos JK (1955-1960) – em última instância – confere força à ficção centrada na vida dos grandes centros urbanos, que incham e se deterioram, daí a ênfase na solidão e desamparo relacionados a todos os problemas sociais e existenciais que se colocam desde então.[5]

A cidade torna-se o centro dos debates, pois a realidade citadina e a imaginação estético-política fazem matéria literária do imperativo do progresso e da integração à sociedade de massas, em que o conto, por ser curto e de muita rapidez, encaixa-se perfeitamente. A respeito do crescimento do gênero, é também Antonio Candido (1975: p. 6) quem comenta, em entrevista à revista *Veja*:

> Talvez o gosto pelo conto reflita o profundo reajuste da literatura como linguagem. Hoje não há mais gêneros literários. Esta crise nos gêneros favorece no escritor o gosto de uma liberdade desejada, mas incômoda (...). O escritor está entregue à sua própria liberdade. Daí não apenas a possibilidade, mas a necessidade de experimentação. Nesse panorama, o conto tem uma grande virtude: ele pode ser tudo o que o autor quiser. Hoje em dia chama-se conto qualquer escrito, incorporando a substância do que antes se chamaria, de preferência, crônica, impressão, flagrante do quotidiano, história, novela.

Ele não quer dizer que estar "entregue a sua própria liberdade" significa ser livre para explorar ou usufruir a liberdade da realidade concreta, em risco, mas a liberdade subjetiva que se exprime literariamente; todavia, mesmo assim, em relação aos temas, o conto ou qualquer outro tipo de texto não mais "pode ser tudo o que o autor quiser". O que se tem é uma liberdade controlada, à qual às vezes resta apenas a "migração interior", como afirma o crítico (Candido, 1975: p. 3), na mesma entrevista. É uma instância de controle interna em que "a pessoa emigra para dentro de si mesma, fechando-se totalmente para o mundo e apresentando uma máscara de conformismo".

Não foi o que aconteceu com dois grandes autores fundamentais para o realismo crítico desse período, que se dedicaram ao conto com maestria: Dalton Trevisan, estreando ainda em 1959, com *Novelas nada exemplares*, e Rubem Fonseca, em 1963, com *Os prisioneiros*. Negaceando com as instâncias de controle, trouxeram para a ficção curta as classes baixas das grandes cidades, que até então, em geral, apenas faziam parte da paisagem, com uma fartura de diálogos e cenas rápidas, nos quais a violência das relações sociais e individuais é a personagem

5 Atualmente, quase 90% da população brasileira vive nas cidades.

principal. Assim eles renovaram o gênero, trazendo-o do campo para a cidade, se assim se pode dizer, e expondo com contundência as fraturas do tecido social. Ambos fizeram incursões pelo romance, e suas dicções, embora totalmente diferentes uma da outra, têm aproximações por meio da temática da violência, o que levou a lhes serem atribuídas definições precisas, sobejamente citadas e enfatizadas por sua fortuna crítica: *realismo feroz* ou *brutalista*.[6] São termos relativos ao desamparo, à crueldade e à degradação que grassam nos nossos centros urbanos, em que até hoje se cruzam barbárie existencial e sofisticação tecnológica, da qual os dois escritores se tornaram exímios retratistas.

Em nenhum dos dois existe aquela espécie de idealização do povo, característica do nacional-popular, que desaparece totalmente, por conta da violência visceral das narrativas. Em Trevisan essa violência não se expõe como "visualidade"; ela se dilui, quase impotente, na imaginação das personagens e nas relações individuais mesquinhas, no varejo. Em Fonseca, a quem também se atribui a consolidação da literatura policial no Brasil, ela é direta, sem peias, no atacado, "visual", inclusive com foco na luta de classes. Isso lhe valeu a censura a *Feliz Ano Novo* (1975) e sua proibição em todo o território nacional, sob a alegação de "atentado à moral e aos bons costumes"; o autor recorreu, em 1977, sem nada conseguir, e o livro só foi liberado, depois de um longo processo, em 1989. Veja-se, abaixo, um excerto do conto que deu nome ao livro (Fonseca, 2012: p. 6):

> Filha da puta. As bebidas, as comidas, as joias, tudo aquilo para ele era migalha. Tinham muito mais no banco. Para eles, nós não passávamos de três moscas no açucareiro.
> Como é seu nome?
> Maurício, ele disse.
> Seu Maurício, o senhor quer se levantar, por favor?
> Ele se levantou. Desamarrei os braços dele.
> Muito obrigado, ele disse. Vê-se que o senhor é um homem educado, instruído. Os senhores podem ir embora, que não daremos queixa à polícia. Ele disse isso olhando para os outros, que estavam quietos, apavorados no chão, e fazendo um gesto com as mãos abertas, como quem diz, calma minha gente, já levei este bunda-suja no papo (...).
> Seu Maurício, quer fazer o favor de chegar perto da parede?

6 Termos usados, respectivamente, por Candido, Antonio. "A nova narrativa". In: *A educação pela noite e outros ensaios*. São Paulo: Ática, 1987, e Bosi, Alfredo. "Situação e formas do conto contemporâneo". In: *O conto brasileiro contemporâneo*. São Paulo: Cultrix, 1988.

> Ele se encostou na parede (...). Atirei bem no meio do peito dele, esvaziando os dois canos, aquele tremendo trovão. O impacto jogou o cara com força contra a parede. Ele foi escorregando lentamente e ficou sentado no chão. No peito dele tinha um buraco que dava para colocar um panetone.
> Viu, não grudou o cara na parede, porra nenhuma.

Contos e contistas, em geral, conseguiram bastante espaço nas muitas revistas literárias e/ou culturais, como *Escrita* (1975-1988), *Argumento* (1973-1974), *Almanaque* (1976-1982), *José* (1976-1978) e outras, além dos suplementos literários da grande imprensa, entre os quais teve muita importância o *Folhetim* (1977), da *Folha de S. Paulo*. Entre as revistas, importa destacar *Ficção* (1976-1979), totalmente dedicada à ficção nacional, que chegou a publicar mais de 400 autores, entre novos e já conhecidos, com uma tiragem média de 15 mil exemplares, distribuídos em livrarias e bancas (Bastos, 2004, p. 140). Um complexo de relações entre a cultura industrial-popular e a erudita desenha-se assim, influindo inclusive na configuração dos gêneros literários, com a ajuda do aparecimento dos tabloides alternativos bastante progressistas, os nanicos, como *Pasquim*, *Ex-*, *Movimento*, *Versus*, *Opinião*, que ajudaram a redimensionar a concepção do que fosse o espaço literário, nesse momento. Ainda na mesma entrevista acima citada, Candido (1975: p. 6) comenta:

> Na verdade, o intelectual brasileiro quase sempre se inclina para as diferentes formas de oposição. (...) *Ex-*, *O Pasquim*, *Opinião*, *Movimento*, estão penetrando com muitas dificuldades no sistema e representam uma preservação da atitude crítica a duras penas, além de uma certa esperança do intelectual e do jovem de poder abrir um pouco a situação. Essa esperança dá muito alento; e bendito seja quem a mantém.

Até então, desestimulados ou amedrontados, muitas vezes sucumbindo à migração interior e à autocensura, os autores novos preferiram aguardar prudentemente que o panorama se aclarasse, que ficassem mais definidas as condições de produção, enquanto preencheram o quadro aqueles já atuantes em anos anteriores, inclusive porque significavam retorno garantido para as editoras: Antônio Callado, Jorge Amado, Erico Verissimo, J.J. Veiga, Autran Dourado, Osman Lins, Murilo Rubião, Adonias Filho, João Ubaldo Ribeiro, Clarice Lispector, Lygia Fagundes Telles e outros, além de Rubem Fonseca e Dalton Trevisan.

Mas essa alta de mercado literário, detectada em 1975, é contraditória, pois, à medida que ele cresce, com mais títulos e exemplares publicados, decresce o público leitor real, afastando-se dos gastos tidos como supérfluos, como a leitura, pois se agigantam as dificuldades financeiras, com a desmistificação do milagre econômico. Na verdade, esse *boom* na produção representa a crescente evolução da literatura no circuito da mercadoria, como mais um produto à venda, sujeito às preferências de um público de classe média já condicionado pelo gosto do leve e suave, que há algum tempo lhe era oferecido, e às opções editoriais embasadas nas possibilidades de lucro rápido e seguro, à sombra dos incentivos do governo. Isso significa também uma diversificação desse público e dos níveis de produção; para todos, algo já está sendo produzido.

O que houve, então, foi a substituição da lentidão editorial de alguns anos antes, com muito de voluntarista e artesanal, por certa pressa aliada à divisão do público em nichos específicos, como alternativa de competir sobretudo com a televisão, que aperfeiçoa cada vez mais as telenovelas, cujas estruturas de consolação, baseadas no melodrama, funcionam até hoje como substitutivos da ficção escrita para possíveis e cada vez mais arredios leitores, imersos nas novas possibilidades da tecnologia digital.

O crescimento editorial, assim direcionado, deixa entrever um duro embate no interior do campo cultural. Contam-se, então, com novos constrangimentos, como a necessidade de profissionalização do escritor, que não mais exerce a literatura como um "momento de criação" desvinculado de sua principal atividade profissional, levado a isso pela emergência da nova ordem econômica que se instala e de um novo tipo de vida social, a que a ditadura imprime sua marca (Pellegrini, 1996: p. 127). Nesse panorama, despontam, afirmam-se ou desaparecem depois muitos nomes, os "novos" do momento: Aguinaldo Silva, José Louzeiro, Sérgio Sant'Anna, Ignácio de Loyola Brandão, Antônio Torres, João Antônio, Ivan Ângelo, Renato Pompeu, Carlos Sussekind e outros mais.

Uma das soluções encontradas para enfrentar tantas coerções visíveis e invisíveis – instâncias de controle –, no nível textual, paradoxalmente virá da revitalização do realismo e suas múltiplas refrações. Voltam assim os chamados retratos do Brasil – nos quais Fonseca e Trevisan, à sua maneira, estão incluídos –, profundamente enraizados num certo sentimento de "nacionalismo ultrajado", o avesso dos antigos nacionalismos, digamos, esbatendo-se o forte sentido utópico da possibilidade de construção de "um Brasil mais justo", que alimentara as esperanças da esquerda, expressas em tantos romances dos anos 1930.

Nacionalismo ultrajado

Há muitos estudos a respeito das narrativas dos anos 1970, o chamado núcleo duro do período ditatorial, que as analisam sob um viés pouco dialético, com argumentos de várias ordens. Os estudos mais citados são os de Flora Sussekind (1984 e 1985) – já mencionados anteriormente –, cujo cerne destaca a falta de cuidado formal e justamente o excesso de conteúdos dessa literatura, além de considerar o recurso ao realismo apenas como necessidade de afirmação da nacionalidade, mais uma vez. A pesquisadora (Sussekind, 1985: p. 27) considera, referindo-se aos textos "de resistência" de então, que, de certa forma, eles colaboram com o sistema:

> Isso porque servem ao mesmo senhor: ao interesse de representar literariamente um Brasil. E até o negativo da foto interessa à Política Nacional de Cultura. Em positivo ou negativo, o texto-retrato tende a ocultar fraturas e divisões, a construir identidades e reforçar nacionalismos pouco críticos.

Tal argumentação, recusando os conteúdos, esquece, em primeiro lugar, que, como já disse antes, forma sempre é conteúdo aparecendo, segundo a lição de Adorno. Assim, que havia uma relação essencial entre tais conteúdos e as tentativas de resistência aos interesses do regime, que envolviam relações de poder nacionais e internacionais. Como poderiam interessar ao sistema denúncias, camufladas ou não, sobre sua atuação, descritas como verdades ou mesmo como efeitos de real, quando se procurava a todo custo construir uma imagem de "país que vai pra frente"? Como, se a censura abafava todo tipo de denúncia, inclusive a existência da própria censura? Os retratos realistas, negativos, revelavam, na medida do possível, a face escura do regime e da sociedade, que se transformava em todos os níveis; ao regime interessavam, na verdade, apenas os retratos em tons vibrantes de verde-amarelo.

Como se viu antes, a argumentação de Sussekind escora-se em uma concepção de realismo (naturalismo) que o toma como uma ideologia unificadora e restauradora das divisões existentes na sociedade brasileira, em momentos de transformações importantes para o país, como a passagem do século XIX para o XX, ou os anos 30 do século passado: "A ideologia naturalista funciona assim, no plano estético, como uma espécie de *band-aid* de uma sociedade cujas divisões estão patentes" (Sussekind, 1984: p. 174); e, segundo ela, essas divisões não são reveladas ou questionadas, apenas diluídas em soluções científicas, nostálgicas ou utópicas, dependendo de cada momento histórico. Com relação aos anos 1970, em que, acertadamente, percebe o recrudescimento do realismo, ela o toma como uma espécie de simples "repúdio à formalização", em um país onde a circulação de informações está impedida. Sendo assim, muitos escritores "estariam revivendo algumas das opções literárias mais conservadoras e menos capazes de olhar criticamente para o país e de ampliar o horizonte artístico-ideológico de seus leitores" (1985: p. 43).

Além de, a meu ver, o realismo, até então, não ser uma opção conservadora *tout court*, percebe-se nessa afirmação não se levar em conta que toda realidade gera sua própria linguagem e delineia recursos e procedimentos de escrita que lhe são próprios, pois a linguagem é um fato real entre outros tantos fatos reais que se relacionam. Sendo a escrita uma função, ela constitui uma relação entre a criação e a sociedade; nesse sentido, a premência do momento não estimulava preocupações adicionais com a "consistência estética" do texto (tal como no realismo crítico dos anos 1930, que, de certo modo, continua no impulso nacional-popular); o principal era conseguir aproximar-se de leitores arredios e até de não leitores, informá-los, conscientizá-los, como se dizia na época, para o que o realismo era a forma ideal, por sua aparência de realidade, facilmente inteligível. Isso fazia dele um mecanismo privilegiado de informação, mesmo cifrada, mais importante do que o deleite estético poderia ser, pois urgia resistir, documentando. Isso foi especialmente verdadeiro para muitos autores jovens, que estavam começando a se desenvolver e criaram um conjunto de obras específico, num momento em que a literatura, contraditoriamente, por seu restrito alcance de público, era a única que podia, de alguma forma, comunicar a realidade, transmitir as notícias omitidas ou apagadas. Escrever ficção, naquele momento, era uma atividade comprometida e subversiva.

Isso não quer dizer que não tenha começado a crescer a incidência dos efeitos da indústria cultural em expansão sobre essa literatura. Utilizando-se do realismo como a melhor forma de conquistar todo tipo de leitor, por sua aparência de real, ou seja, por sua aparente veracidade, que facilita o reconhecimento, a compreensão e a própria resistência, muitos autores já cediam às exigências do mercado, que começava a impor regras de produção ironicamente coincidentes com os métodos do próprio realismo crítico dos anos 1930, revisitados naquele momento:

linguagem simples, descrição minuciosa, assuntos de interesse quotidiano, temas relacionados a questões populares, etc.

O desejo de veracidade, uma espécie de compromisso urgente com a referencialidade, característica do jornalismo, chegou até a criar (ou a recriar, segundo vários críticos) o romance-reportagem, com seu teor documental, referencial, alegórico e político, de que o realismo veio a ser o suporte narrativo por excelência.

A respeito dessas questões, vale a pena lembrar um conhecido debate entre Davi Arrigucci Jr. (1999: p. 77) e outros estudiosos de literatura (Carlos Vogt, Flávio Aguiar e João Luís Lafetá), em 1975. Dialogando no calor da hora sobre vários livros de ficção publicados no período, que não se enquadravam mais nos gêneros tradicionalmente catalogados, tais como *Cabeça de papel*, de Paulo Francis, *Aracelli, meu amor*, de José Louzeiro, *Maíra*, de Darci Ribeiro e outros, o crítico, entre alguns aspectos, afirma reconhecer na ficção dos anos 1970 "um desejo muito forte de voltar à literatura mimética, de fazer uma literatura próxima do realismo (...) que leve em conta a verossimilhança realista. E com um lastro muito forte de documento", "uma espécie de neonaturalismo, de neorrealismo", provindo de técnicas jornalísticas ou de aproximação com a factualidade inerente ao jornal.

Essa relação íntima entre jornalismo e literatura, que é típica da indústria cultural, deve-se, provavelmente, também, a que passou a haver uma constante migração de jornalistas para o terreno literário, como uma das consequências imediatas da censura, levando os repórteres, impedidos de escrever nos jornais, a buscar principalmente na ficção o espaço que lá lhes fora negado (Cosson, 2001: p. 17). Como se viu antes, o jornalismo no Brasil sempre manteve uma forte vinculação com a literatura, seja pelo espaço que costumava ocupar nos jornais, desde o surgimento do folhetim, seja com a publicação de contos, poemas, crônicas, ou ainda pela veiculação de importantes debates sobre autores e obras.

Nesse momento, é como se a ficção resgatasse a tradição documental que sempre foi sua, mas sem uma reflexão mais profunda, despojando-a de qualquer artifício mais estético – a fim de acentuar sua contundência –, de forma a aproximá-la até o limite possível da realidade concreta, falando em geral a uma classe média desinformada ou indiferente à situação de miséria e violência a que estavam submetidos setores da população. Veja-se o excerto inicial de *Infância dos mortos*, de José Louzeiro (1984: p. 11-12), publicado em 1977, que ficcionaliza o "Caso Camanducaia", o abandono à própria sorte, por agentes do governo, de muitas crianças de rua na cidade de Camanducaia.

> A manhã estava clara e leve. Pichote livrou-se das folhas de jornal, olhou o dia que principiava, os que entravam e saíam apressados da estação de trens. Ergueu-se antes que os guardas aparecessem. Surgiam por volta das 6 horas e espancavam os que podiam pegar. Era a quarta vez que dormia na estação e escapava dos guardas. Dito não acreditaria. Na primeira madrugada, acordou ainda escuro. Na verdade, não chegou a dormir direito. Na segunda despertou com o barulho dos jornaleiros e do homem do bar, suspendendo as portas de ferro. Na outra, sentiu alguém mexendo nos seus bolsos. Era o crioulo risonho e bêbado, canivete apontado. Não gritou, não disse nada. O crioulo revistou-lhe os bolsos, até encontrar a cédula de cinco. Teve vontade de correr atrás, gritar-lhe palavrões, mas sabia o quanto era arriscado. Por isso, tornou a encolher-se. Chorou baixinho e, chorando, adormeceu. Despertou com a barulheira dos caminhões descarregando jornais. (...) Com certa sensação de vaidade, nos seus onze anos de vida e pelo menos três de delinquência, Pichote afundou as mãos nos bolsos, pôs-se a pular por entre os que chegavam em grandes levas, a rodopiar, a rir das caras sérias, dos olhares raivosos. Os sapatos de pano que calçava estavam se rasgando, a calça mostrava-lhe parte das canelas muito finas. Estendeu a mão amarela e suja, o homem gordo empurrou-o com indiferença, as mulheres que vinham falando alto e rindo esforçaram-se por ignorar sua presença.

A agilidade do texto, com frases curtas e linguagem coloquial, mantida até o final do livro, acrescentando diálogos curtos e rápidos, tem semelhanças, por exemplo, com *Capitães de Areia*, de Jorge Amado (1937), o que não é mera coincidência, mas uma certa filiação. Além do tema, as crianças de rua, podem-se lembrar o sentido e o tom da famosa advertência que este escrevera para *Cacau* (1933): "Tentei contar neste livro, com um mínimo de literatura para um máximo de honestidade, a vida dos trabalhadores das fazendas de Cacau do sul da Bahia". José Louzeiro,[7] mais que um "máximo de honestidade", enfatiza que "os fatos que substanciam esta narrativa foram tirados do nosso amargo quotidiano" e "mostram muito bem o grau de desumanização a que chegamos".

Ou seja, esse realismo, tal como o de Amado, obedece, antes de tudo, à necessidade de denúncia social do realismo crítico, como nos anos 1930, ou à ne-

7 Outros de seus muitos livros, de grande repercussão no período, foram *Lúcio Flávio*, o passageiro da agonia (1975) e *Aracelli, meu amor* (1976), este censurado e recolhido.

cessidade de suprir a história que está sendo omitida agora. Mas atende também aos princípios jornalísticos de clareza, objetividade e novidade, elementos-base do jornalismo, que não se colocavam antes com a mesma força, e que se adequam bastante à crescente complexidade do mercado editorial em expansão. Retomam-se, assim, casos policiais de repercussão na imprensa, geralmente também centrados na violência, enxertando-os com elementos ficcionais, dando-os a ler a um público ávido de informações desse tipo, que facilmente reconhece a "realidade" ali posta com tanta minúcia.

Além de José Louzeiro, Aguinaldo Silva, Valério Meinel, Wander Pirolli e outros praticaram o gênero. Tem-se aqui incluído também João Antônio, como uma espécie de precursor; mas a ele, na verdade, não cabe o aspecto de "reportagem", como os outros. Ficcionista maior, simplesmente, perfeito contista, herdeiro das possibilidades críticas do realismo do século XIX e da empatia de Lima Barreto com relação à população pobre, sensivelmente imbuído das características do nacional-popular, tem-se dado a ele, no presente, um olhar que vem questionando os rótulos conferidos ao longo do tempo, retirando-o de uma espécie de ostracismo a que foram relegados muitos dos que procuraram tratar a matéria popular: "escritor do submundo", "autor da marginalidade", "clássico velhaco", etc. Estreando em 1960 – bem antes da onda do romance-reportagem –, sua ficção mimetiza a realidade de baixo para cima, isto é, trazendo à tona as contradições do tecido social, com o olhar voltado da margem para o centro, do excluído para o integrado, à semelhança do que propõe hoje a chamada "literatura marginal" e seus representantes contemporâneos. Alfredo Bosi (BOSI, 2012, p. 595–596) assim comenta:

> Ter sido pobre, boêmio e suburbano numa São Paulo ainda não devorada pelo consumo; ser jornalista de raça e escritor atracado com o real; viver às voltas com a própria biografia; sentir-se, enfim, em dura e amargosa oposição aos regimes e estilos dominantes: tudo isso faz parte da condição humana e literária de João Antônio (...). Abeirar-se do texto ora lancinante ora tristemente prosaico de João Antônio requer (a quem não o faz por natural empatia) todo um empenho de ler nas entrelinhas um campo de existência singular, próprio de um escritor que atingiu o cerne das contradições sociais pelas vias tortas e noturnas da condição marginal. Sei que o termo "marginal" é fonte de equívocos; sei que, na sociedade capitalista avançada, não há nenhuma obra que, publicada, se possa dizer inteiramente marginal. O seu produzir-se, circular e consumir-se aca-

> bam sempre, de um modo ou de outro, caindo no mercado cultural, dragão de mil bocas, useiro e vezeiro em recuperar toda sorte de malditos. Mas esse fato bruto de sociologia literária não impede o leitor solitário de ouvir os tons diferentes que sustentam o recado de João Antônio e a sua combinação de estilo original, realista até o limite da reportagem, sem deixar de envolver-se em um fortíssimo *pathos* que vai do ódio à ternura e do sarcasmo à piedade. Ora, realismo fervido na revolta pende mais para a margem que para o centro da sociedade.

Nesse sentido, as personagens de João Antônio constituem uma galeria de restos humanos, malandros, jogadores, gigolôs, prostitutas, michês, vivendo no aprendizado quotidiano da sarjeta, rejeitos de uma sociedade em acelerada transformação, que vai expelindo do centro para a periferia aqueles que não se adaptam ao novo ritmo, mas sem a violência escabrosa de Rubem Fonseca. Dessa forma, sem absolutamente ser reportagem, mas sendo realista o suficiente, sua obra traduz criticamente todas as transformações vinculadas aos acontecimentos anteriores e posteriores ao golpe de 1964 (Durigan, 1989: p. 13), com as sequelas decorrentes do projeto de inserção do país no contexto do capital internacional, que acentuaram, com novas tintas, mazelas muito antigas: a pobreza de muitos, a riqueza de poucos, a marginalização de parte da população, a transformação dolorida e inevitável das formas de sociabilidade.

Como muitos outros textos, em "Joãozinho da Babilônia", a título de exemplo, abaixo, conto que compõe o volume *Leão-de-chácara*, o autor (1976, p. 52) articula um narrador em primeira pessoa, denotando uma reflexão dolorida sobre a condição do marginalizado, a partir de um ponto de vista interno, assim diminuindo a distância estética, muito diverso dos narradores em terceira pessoa sempre utilizados no romance-reportagem, que observam de fora, preservando-se.

> Não jogo, tenho bebido pouco e quando a noite acaba me raspo do Danúbio, no rabo da manhã, não vou para casa. Enfio pelo comprimento de uma rua e fico, tocando, de bobeira. Muita vez, ali pelas cinco, topo os pescadores que saem pro mar, no Forte de Copacabana, topo mendigos e moleques, corpos suados, arriados aos barcos, estirados em folhas de jornal. Aqueles que não têm para onde ir dormem na praia. E são os que fazem Copacabana àquela hora. Cedinho, velhos barrigudos e caquerados fazem ginástica, custosamente. Correm nas areias, correm frouxo, bufando. Velhas sacodem celulite e pelan-

> cas nos maiôs fora de moda, largos. Aborreço a velharada; para o Arpoador e fico tempo sem fim. Do alto das pedras da Praia do Diabo, sentado, vejo a garotada vermelha, crioula de sol nas pranchas, meninos, rapazinhos, cabelos voam no surfe. Outra gente, de dinheiro. Pranchas rápidas brincam, perigando, lisas, ariscas, ganhando a frente da crista das ondas. Mas aborreço. Uma casa no subúrbio, quarto e cozinha. Chegava. Ou já seria um começo de vida.

O sentido de um nacionalismo ultrajado, de quem se sente traído no âmago de suas convicções e esperanças políticas e sociais, ressuma, de modos diversos e em diferentes graus, tanto em João Antônio quanto nos autores do romance-reportagem. E se hoje já se retirou a obra de João Antônio da categoria romance-reportagem e se procede a uma reavaliação crítica de sua importância, o mesmo não se pode dizer do novo gênero. Ele permanece nesse lugar lateral, ambíguo, dúplice, fruto de um momento específico, devido às características industriais que o configuram e que também são traduções das condições gerais de uma época de crescimento da marginalidade econômica e social, de consumismo ascendente e de controle ideológico em todos os níveis. Todavia, juntamente com as narrativas de João Antônio, Rubem Fonseca e Dalton Trevisan – apesar das diferenças entre eles – o romance-reportagem vai lançar sementes, tornando-se um dos embriões das "narrativas da violência" que germinarão com força total no final do século. Deixando de lado a função de resistência e denúncia, mas utilizando-se do realismo, que em diferentes matizes e gradações as enformava, essas novas narrativas passarão a utilizá-lo como a linguagem preferencial da literatura industrial-popular, que estará então consolidada.

Consciência da fratura

As refrações realistas importantes, configurando desenvolvimento e transformação dos traços específicos da representação ficcional durante a ditadura militar, guardam em geral, como características marcantes, a visão política de contestação entranhada no nacional-popular e, justamente por isso, o sentido do nacionalismo ultrajado. Além disso, elas traduzem uma espécie de "consciência de uma fratura", operada na realidade política e social, inscrita no tempo histórico e assinalada no texto pela busca de novas soluções estilísticas ou, pelo menos, da utilização das já conhecidas, agora com outras marcas. Destaca-se, entre todas as tentativas, pelo imenso sucesso de público e crítica, *Incidente em Antares*, de Erico Verissimo

(1971), logo depois do endurecimento de 1968. Embutida no tecido ficcional dessa narrativa, vislumbra-se a expressão do clima pesado que tomara conta do país, vazado na minúcia realista, desenhando fotograficamente caracteres e situações; os narradores (pois são vários) conduzem a trama como se fossem testemunhas oculares da história brasileira alegorizada.

O que estimulou interpretações de todos os tipos, nesse romance, porém, foi a recorrência ao elemento fantástico, incomum nas nossas letras (Murilo Rubião e J.J. Veiga também são exceções), mas funcionando muito bem como tentativa de dar conta de uma realidade tornada absurda, ou seja, a quase impossibilidade de expressar uma cosmovisão coerente, em uma realidade que primava pela incoerência. No entanto, como se viu, existia total coerência na racionalidade dos projetos do regime e traduzir essa realidade requereu mais uma refração dos caminhos realistas tradicionais, a fantástica, vista como uma possibilidade do próprio real. Foi assim que Verissimo, com o auxílio dos muitos narradores que criou, colocou na rua seus mortos ressuscitados, bradando alegoricamente contra os controles e arbitrariedades do regime.

> Testemunhas visuais (e olfativas!) do fato são unânimes em afirmar que os defuntos se moviam de maneira rígida, como bonecos de mola a que alguém – Deus ou no diabo? – tivesse dado corda. E seus olhos, fitos num ponto indefinível do horizonte, estavam cobertos duma espécie de película que para uns parecia viscosa e brilhante e para outros fosca. Causou estranheza o fato de seus corpos não produzirem nenhuma sombra. Não foram poucos os cidadãos antarenses que recusaram dar crédito ao que viam, julgando-se vítimas duma alucinação. Mortos ressurrectos? Fantasmas? Era incrível! Pavoroso! Algo de inédito não só nos anais desta comuna como também nos da Humanidade! E aquilo acontecia na nossa querida e pacata Antares! (Verissimo, 1971: p. 259)

Pouco antes de *Incidente em Antares*, que não foi censurado devido à importância do autor em circuitos políticos e letrados internacionais, Antônio Callado publicara *Quarup* (1967), um retrato do desenvolvimento brasileiro, de sentido desencantado e pessimista, que a trajetória do herói, Padre Nando, procura redimir. Os dois livros, muito diversos um do outro, são poderosos painéis realistas representativos do Brasil e de sua história, tendo sido *Quarup* praticamente o último romance de resistência publicado antes do AI-5.

Quinze anos passados depois de 1964, importantes fatos políticos marcam o crepúsculo da ditadura: a revogação do AI 5, a extinção da censura, a Anistia, a volta dos exilados, em 1979, todos eles com consequências para a literatura. Importa lembrar, nesse percurso, que, por volta de 1976 ou 1977, experimentara-se uma espécie de saturação do mercado editorial, num momento em que uma recessão econômica atingiu principalmente a classe média, a maior consumidora de literatura e outros produtos culturais. Há até quem fale, nos jornais da época, em *crack* literário. Autores lançados com grande alarde, há pouco, não conseguiram mais publicar e as grandes tiragens de exemplares caíram para os dois ou três mil regulamentares até então. As revistas literárias foram desaparecendo aos poucos, assim como os muitos concursos de contos por elas promovidos. O início da descompressão política, que culminaria na Abertura, parece ter levado a atenção do público a se voltar para o cinema, o teatro, a música, a televisão, que tinham sido mais controlados, pela amplitude de seu alcance.

A ditadura só terminaria em 1985, mas no final da década já se respiram outros ares, podem-se, enfim, contar as amarguras vividas, o sofrimento, a tortura, as separações, o exílio e as mortes. Começa a aparecer, a partir da esquerda, uma série de textos de teor testemunhal, com o objetivo de narrar o vivido, para que permaneça como documento, sendo que o de maior sucesso de público e crítica foi *O que é isso, companheiro?*, de Fernando Gabeira (1979). Já se liberavam filmes, peças, livros e canções censuradas, e testemunhos como o de Gabeira, a fala de um sobrevivente preso, torturado e exilado, traduzia a ânsia de reavaliar a história e rediscutir a realidade brasileira. Outros relatos semelhantes surgiram, com dicções diversas: *A rebelião dos mortos*, de Luís Fernando Emediato, *Cadeia para os mortos*, de Rodolfo Konder, *Em câmara lenta*, de Renato Tapajós, os três já em 1977, sendo que o último foi publicado e depois recolhido pela Censura Federal. Também vale mencionar *Nas profundas do inferno*, de Artur J. Poerner, e *Tortura*, de Antônio Carlos Fon, os dois em 1979; em 1981, saiu *Os Carbonários*, de Alfredo Sirkis.

Tais livros, além de uma maneira de ainda resistir, documentando, parecem surgir como a materialização de um anseio difuso de busca de sentido para o que se vivera. Os relatos aparecem como vozes de sobreviventes, revelando a consciência de uma dolorosa fratura histórica e individual. Seu sucesso pode ser explicado, em parte, pelo fato de terem vindo ao encontro de um público específico, na maioria uma classe média leitora mais ou menos apolítica, que em grande parte apoiou o golpe e que agora, sentindo-se culpada, ou no mínimo desconfortável, precisava confirmar para si as denúncias veladas de tortura e morte, que vinham sendo feitas à revelia das instâncias de controle do regime. Além disso, já eram inegáveis os resultados do projeto deste para a área cultural, ou seja, a consolidação de uma indústria da cultura no país, que, funcionando a todo vapor, empreendeu modernas estratégias de divulgação e venda para tais relatos, fazendo com que *O que é isso, companheiro?*, por exemplo, permanecesse durante 86 semanas nas listas dos mais vendidos, segundo dados da revista *Veja*, de 25 de fevereiro de 1981.

Além do mais, no que se refere ao realismo, esses relatos, cujo conteúdo de verdade é bastante convincente, visto que os narradores foram testemunhas e assim seus relatos foram lidos como testemunhos –[8] embora sujeitos a todos os equívocos e/ou filtros voluntários ou involuntários que narrativas desse tipo podem conter –, são resultado de um trauma profundo, cuja expressão mais aguda reside nas descrições minuciosas da tortura, traduzindo em texto a violência infligida pela ditadura aos corpos que a ela se opuseram. A despeito de análises insistentes sobre uma "estética do suplício", que abusa de "uma retórica emocionada para a delícia de certo tipo de leitor-vampiro", diluindo assim "qualquer efeito de choque que pudesse causar" (Sussekind, 1986: p. 45), acredito que, embora se pudessem deter na antecâmara do horror, evitando o excesso, esses textos denunciam o mal como uma ameaça sempre à espreita, passível de repetição, pois exprimem indelevelmente a desigualdade de forças entre o indivíduo impotente e o Estado onipotente. Produzem assim um choque profundo, resgatando da ignomínia da prática o sentido mais denso da palavra resistência. Como se vê no excerto abaixo, de *Em câmara lenta*, de Renato Tapajós (1977: p. 172):

> Os choques aumentaram de intensidade, a pele já se queimava onde os terminais estavam presos. Sua cabeça caiu para trás e ela perdeu a consciência. Nem os sacolejões provocados pelas descargas no corpo inanimado fizeram-na abrir os olhos. Furiosos, os policiais tiraram-na do pau-de-arara, jogaram-na no chão. Um deles enfiou na cabeça dela a coroa-de-cristo: um anel de metal com parafusos que o faziam diminuir de diâmetro. Eles esperaram que ela voltasse a si e disseram-lhe que se não começasse a falar, iria morrer lentamente. Ela nada disse e seus olhos já estavam baços. O policial começou a apertar os parafusos e a dor a atravessou, uma dor que

---

8 Ainda não se colocara para a crítica o conceito de *autoficção*, por meio do qual, depois, muitos desses textos têm sido revistos, descartando-se *testemunho*, muito importante logo depois da ditadura.

> dominou tudo, apagou tudo e latejou sozinha em todo o universo como uma imensa bola de fogo. Ele continuou a apertar os parafusos e um dos olhos saltou para fora da órbita devido à pressão do crânio. Quando os ossos do crânio estalaram e afundaram, ela já havia perdido a consciência, deslizando para a morte, com o cérebro esmagado lentamente.

Há que se levar em conta, também, as condições de produção de cada texto. *Em câmara lenta* foi escrito na prisão, onde o autor esteve entre 1969 e 1974. Em 1972, recebeu a notícia de que sua cunhada havia sido morta, após seções de tortura, o que o levou a escrever o romance. Seu ponto central é justamente a narração detalhada da cena de tortura, que se alonga em quatro páginas, embora o narrador não a tenha presenciado. É possível pensar que as condições de confinamento e as seções de tortura a que ele próprio foi condenado tenham-no impelido a escolher esse tipo de realismo lento e meticuloso, procurando dar à forma a mesma intensidade palpável da dor real – como se fosse possível –, representando assim a traumatizante presença do mal.

Gabeira, por sua vez, escreveu *O que é isso, companheiro?* na volta do exílio. O livro é narrado com distanciamento temporal e já sem as opressões e horrores da prisão, podendo se beneficiar dos filtros que a memória pode oferecer, atenuando as dores, amenizando a premência e ficcionalizando cenas e personagens. Seu realismo é reflexivo, procura ser "afetivo", na acepção de Schollhammer,[9] um acerto de contas consigo mesmo, em primeira pessoa: "Sobrevivi. E pensei que talvez fosse interessante contar a história" (Gabeira, 1979, p. 130). Nessa história, a tortura é um personagem secundário; a questão crucial é a da identidade posta à prova. Assim, os detalhes são atenuados, as minúcias omitidas, o horror é mitigado, mas permanece o mal à espreita, permanece o trauma gerando o texto, permanece a consciência da fratura, que representa o caminho percorrido.

> Os relógios tapados ficaram para mim como o símbolo da tortura (...) a noção de tempo era roubada ao torturado. Ele não poderia jamais saber que horas eram, pois aguentaria mais alguns minutos

---

9 O termo é de Schollhamer, que assim o define: "Um novo tipo de realismo que procura realizar o aspecto performático da linguagem literária, destacando o efeito afetivo e sensível em detrimento da questão representativa". Schollhamer, K.E. "Os novos realismos na arte e na cultura contemporâneas". In Pereira, Miguel; Gomes R.C.; Figueiredo, V.F. (Orgs.). *Comunicação, representação e práticas sociais.* Ideias e Letras, 2004, Rio de Janeiro: PUC-Rio.

> e, em muitos casos, poderia salvar uma vida (...). A noção de tempo tapado era também o exercício da onipotência fantástica do torturador. Sua fantasia de suprema dominação sobre o outro só é possível se articulada com outra fantasia: a da ausência de tempo. A tortura só é perfeita quando o tempo não passa (p. 155).

Desse modo, a atrocidade, mitigada pela ausência de minúcias, ensaia uma reflexão mais detida sobre o significado global de um processo caracterizado pela iniquidade.

Há muitos textos que procuram dar conta da mesma realidade, abordando outros aspectos e empregando diferentes recursos expressivos, abandonando excessos e minúcias, enveredando por soluções diversas, como a fragmentação, o estilhaçamento, as elisões, etc., como em *Confissões de Ralfo*, de Sérgio Sant'Anna (1975), *Armadilha para Lamartine*, de Carlos Sussekind (1976), *Quatro olhos*, de Renato Pompeu (1976), os quais, por isso mesmo, na época, foram considerados mais respeitáveis, mais conformes ao que se valorizava como literário. Dentre esses, o mais significativo no emprego desses recursos é *Zero*, de Ignácio de Loyola Brandão, escrito em 1971, só publicado em 1975. Um enredo aparentemente banal não disfarça sua essência de painel alegórico do país, refletido no estilhaçamento da linguagem e das estruturas narrativas, em que a violência toma conta do relato. Com elaboração formal de outro tipo, quase escapando da intenção mimética, o romance utiliza como método a colagem e a montagem de diferentes tipos de discurso, revelando uma postura crítica radical em relação à situação do país sob ditadura, com sua escritura quase esquizofrênica.

Não se trata de uma radiografia da realidade; não se descreve minuciosamente a barbárie ou se reflete sobre ela; não é documento, nem memória; não é câmara fotográfica ou microscópio cientificista; trata-se de um caleidoscópio (brinquedo ainda comum à época) dentro do qual se amontoam, informes e disformes, os estilhaços dos velhos e novos retratos do Brasil: "narrativa sem narrador, intencionalmente desarmoniosa, aos jorros súbitos, solavancos, borbotões; fluxos curtos, cacos, pedaços que (re)montados (re)compõem a realidade. Essa montagem nada tem de aleatória, pois baseia-se no documento e na acusação. Literatura como função: espelho despedaçado" (Pellegrini: 1996, p. 174).[10]

---

10 No meu livro *Gavetas vazias – Ficção e política nos anos 70* (1996) procurei fazer uma interpretação de *Zero*, *Incidente em Antares* e *O que é isso, companheiro?* como representantes das ficções possíveis durante a ditadura militar.

Trata-se de outro modo de representar, outro modo de ser realista, levando ao paroxismo, pela linguagem em explosão, a violência do real; utilizando a quase pulverização da narrativa, o romance mimetiza a impossibilidade de dar conta de uma realidade tornada "inenarrável", leva-a ao paroxismo, quase implodindo a própria ideia de refração, como se nem mais houvesse um prisma cujas faces pudessem refratar qualquer realidade. Mas o prisma é a linguagem, que refrata o núcleo duro do real, esmigalhando a narrativa em "mil pedaços" (Brandão, 1982, p. 273). Esse realismo, assim como as refrações de Fonseca, de João Antonio, de Louzeiro, de Tapajós e de outros que nem mencionei, corresponde à era da violência em todos os níveis e se ajustam à análise de Antonio Candido (1981, p. 67): "Não se cogita mais de produzir (nem de usar como categorias) a Beleza, a Graça, a Simetria, a Harmonia. O que vale é o Impacto, produzido pela Habilidade ou a Força. Não se deseja emocionar o leitor nem suscitar contemplação, mas causar choque".

Tantas refrações assumidas pelo realismo, durante o período em questão, significam a formalização textual, com graus diferentes de elaboração, da relação essencial entre a realidade e o discurso ficcional, em que a experiência histórica do momento se incorpora como elemento diretamente estruturante, permitindo definir sua função de resistência, num momento em que as instâncias de controle se tornaram explícitas, ao que as narrativas reagiram. No entanto, outra forma de controle, menos visível e mais sutil, viera emergindo com a consolidação da indústria cultural: o controle do mercado, que vai funcionar perfeitamente azeitado, utilizando-se do próprio realismo, até então contestador e resistente.

Matrizes do futuro

Passado o furacão, quando ainda se lambiam as feridas e se afrouxaram os mecanismos explícitos e implícitos de controle do regime, foi possível começar a ter uma visão da totalidade do processo vivido, uma visão de sua abrangência. Percebeu-se que as soluções ficcionais utilizadas – umas mais do que outras –, além de tentativas de resistência a uma situação política singular, específica do país, eram também sinais de uma acomodação da cultura às regras do capitalismo em expansão, determinando uma mudança de posição das peças em jogo, sendo que a definitiva consolidação da indústria cultural brasileira alterava de vez a rota percorrida pela literatura até então. O sucesso do projeto do regime, agora implantado, conseguira estabelecer com toda clareza que criação cultural passara a ser, definitivamente, produção cultural.

Em artigo sobre os efeitos do AI-5 sobre a cultura, por ocasião de sua revogação, Geraldo Mayrink (1978: p. 30) escrevera: "Estranhamente, algumas sementes brotaram – pois o AI-5, quando vivo e saudável, teve ainda o dom de influir por dentro na produção do país, tornando-se o segundo exemplo na vida recente brasileira em que um decreto lei se transformou em dado estético, em elemento de criação". E acrescenta:

> No entanto, o fermento estético do Ato secou depois de 1975, quando "a fachada modernizante do país arcaico" (já nesse momento entre aspas) mostrou que os filmes brasileiros eram campeões de bilheteria no mercado nacional, que as telenovelas em cores passaram a ser a linguagem viva e o ópio de milhões de brasileiros, que a censura desapareceu da imprensa escrita e que o mercado fonográfico tornou-se o 5º do mundo. O triste país espiritual de 1968 acorda então com um suporte material que evidentemente nada tem a ver com a qualidade da produção, mas que permite sua existência e saúde.

Considerando a data dessa citação, a última frase é fundamental para entender o alcance do processo efetivado desde 1964: as ações empreendidas pelo Estado militarizado, no campo cultural como um todo, conjugadas com as condições internacionais de desenvolvimento do capitalismo, foram fortes o suficiente para conseguir penetrar no coração da instância criativa, consolidando inclusive uma mudança de mentalidade – já em gestação anteriormente – também na esfera literária, agora pautada quase unicamente pelas normas do mercado. Se principalmente os anos 1970 foram propícios à criação de condições para que uma nova estrutura se instalasse, as décadas seguintes vão assistir ao seu funcionamento em larga escala. Pode-se dizer que, a partir da ditadura militar, o Brasil ingressou definitivamente na pós-modernidade – no sentido dado por Fredric Jameson (1985: p. 17) –,[11] com todas as conhecidas peculiaridades nacionais das transformações ocorridas e que só serão acentuadas desde então.

Com efeito, a partir dos anos 1980, agudizam-se traços já presentes no período anterior, a ponto de, no novo contexto, passar a haver uma ênfase de outro tipo

11 "Cabem aqui algumas palavras sobre o emprego apropriado deste conceito: ele não é apenas mais um termo para a descrição de determinado estilo. É também (...) um conceito de periodização, cuja principal função é correlacionar a emergência de novos traços formais na vida cultural com a emergência de um novo tipo de vida social e de uma nova ordem econômica – chamada, frequente e eufemisticamente, de modernização, sociedade pós-industrial ou sociedade de consumo, sociedade dos mídia ou do espetáculo, ou capitalismo multinacional."

na dimensão internacional da cultura (oposta à ênfase na sua dimensão nacional--popular), que, dadas as novas condições, nada mais é do que a legitimação da mídia e do mercado. Trata-se, agora, de superar nosso descompasso em relação às "nações civilizadas" pela imersão num mundo supostamente universal e eletronicamente unificado, onde todas as diferenças são abolidas; "são os novíssimos termos da opressão e da expropriação cultural" (Schwarz, 1987: p. 33).

Esses termos relacionam-se ao fenômeno de aparente aceleração da história global, impulsionado pela proliferação de imagens e simulacros, pela abundância de informações, por uma nova relação com o tempo e o espaço daí decorrentes, com a multiplicação de estímulos e referências reais, imaginárias e simbólicas. Trata-se de uma espécie de flutuação de percepções e sensibilidades, gerando novas estruturas de sentimento, no início quase intraduzíveis literariamente, mas que aos poucos encontram modos expressivos adequados. Dessa maneira, quando termina a ditadura, acentuam-se as interações entre aspectos globais, identidades regionais e locais, questões de gênero e raça, desafiando conceitos estanques e formalizando-se esteticamente, além de adequar-se também com frequência ao gosto de um mercado já internacionalizado.

Lygia Fagundes Telles (1981: p. 8), no início da chamada "década perdida", a de 1980, tem uma avaliação bastante pessimista em relação às mudanças que consegue perceber na literatura:

> O que acontece, atualmente, é que a literatura brasileira está no seu pique, cresceu assustadoramente o número de escritores. Mas a verdade é que a maior parte está em encalhe, são muito ruins. Eu recebo livros muito ruins, já publicados e não os consigo ler. Hoje em dia todo mundo quer escrever. Se o homem está impotente, ele resolve escrever um livro. Se a mulher foi abandonada, ela resolve escrever um livro. É claro que entre os novos tem muita gente de potencial. Apesar de todas as dificuldades, o mercado sempre estará aberto para a boa literatura.

Concorde-se ou não com a percepção da autora, naquele momento, a readequação da produção cultural e literária, com todas as implicações nacionais do processo, reflete a formidável reorganização da cultura nos países capitalistas em geral, a cujo ritmo o Brasil se ajusta, o que já é discutido por intelectuais e estudiosos. Em um debate sobre identidade cultural, no *Folhetim*, em 1981, Roberto Schwarz (1981: p. 6) declara:

> De certo modo, estamos assistindo à liquidação da esfera da cultura como ela era definida tradicionalmente em nossa sociedade. Sinais dessa modificação: os assuntos culturais mais discutidos e que chamam mais atenção dos intelectuais são assuntos da esfera dos *mass media*. (...)Hoje se discute telenovela com a mesma paixão intelectual com que, noutro momento, se discutiriam os romances de Graciliano Ramos. Da mesma forma, aparece no processo a desaparição da fronteira entre os diversos gêneros artísticos (...) o que significa, na verdade, uma ampla reorganização da esfera da cultura no conjunto da civilização capitalista.

Nesse mesmo debate, o poeta Antônio Carlos de Brito, o Cacaso (1981: p. 7), acrescenta considerações que tangenciam a mesma realidade, mas em sentido oposto:

> Atualmente, o mercado é a grande justificativa para a criação brasileira. Eu não vejo mais hoje em dia, na década passada e na que começa agora, não vejo nenhum tipo de ideologia forte motivando a criação. Vejo muito o criador de cultura, o artista diante do mercado. (...)Quer dizer, o fato de você mergulhar no mercado capitalista, a partir de um certo momento, isso é traduzido em liberdade para quem cria, porque você pode ter uma área maior de manobra e de autocontrole da criação, o que vem do fato de você ter remuneração objetiva pelo seu trabalho.

Se Schwarz vê a imersão no mercado como perda, ou melhor, como uma modificação substancial no próprio conceito de cultura, Cacaso analisa-a como ganho objetivo, isto é, como liberdade de criar garantida pelo mesmo mercado, sobretudo porque já não existe mais o forte apelo ideológico que alimentara a criação em décadas anteriores. De qualquer modo, essa interpretação diferente do mesmo fenômeno indica que se coloca uma nova realidade para a literatura, aos poucos construída durante o regime militar, e da qual, naquele momento, poucos tinham clareza quanto ao verdadeiro significado. Desde Baudelaire, que perdeu seu "halo" de poeta na rua enlameada, passando por Walter Benjamin, que a retoma como "aura", a discussão desse tema está posta.

É preciso lembrar também que, nesse longo processo, desempenharam papel importante as revistas de atualidades semanais ou mensais, as quais, desde os anos 1960, começaram a transferir para o Brasil modelos europeus ou americanos (*L'Express*, *Time*, *Newsweek*), adequando-se às expectativas do novo público que se criava: *Veja* (1968) e *Isto É* (1977).[12] A revista *Visão* surgiu bem antes (1952), com outra proposta: era um veículo informativo das tendências dos negócios em geral, e só mais tarde foi ampliando o espaço dedicado à cultura e literatura.[13] A atenção que essas revistas davam a autores e livros incorporava-os aos esquemas promocionais antes só aplicados a esportistas, cantores ou atores de cinema e TV, funcionando como instrumento de hierarquização da atividade literária, por estabelecer comunicação mais eficiente com o público. Este descobriu que, para estar bem informado, deveria incluir no rol de novidades algum livro recém-lançado de um autor novo e moderno, que constasse das listas de mais vendidos.

A consolidação da indústria cultural conseguiu estabelecer, portanto, parâmetros e paradigmas para as décadas subsequentes, já então direcionando a produção para as diferentes fatias de mercado, como se viu, tanto no que se refere aos temas quanto aos resultados formais. Estes, desde então, passaram a sofrer, como nunca antes, o impacto das mais diferentes soluções advindas de outros meios, principalmente os visuais, ligados à televisão, no início, e aos artefatos digitais, depois.

Ora, a literatura sempre manteve estreito vínculo com a visualidade, devido ao seu diálogo histórico com a pintura, a fotografia e o cinema, por exemplo, e sempre esteve, também, ligada a mecanismos de compra e venda, claro que com diferentes modos de operá-los, em cada época. Mas agora as coordenadas do mercado, cuja linguagem explícita é a imagética, impõem-se como parâmetro quase unidimensional. Parafraseando Guy Debord (1997: p. 25), que criou na década de 1960 o conceito de "sociedade do espetáculo", este, que domina tudo, é na verdade o mercado, "em tal grau de acumulação que se transformou em imagem". Trata-se, de fato, do mundo da mercadoria, o epicentro dos significados da sociedade contemporânea. Pode-se dizer, então, que as coordenadas estéticas configuram soluções antes impensáveis, mediadas por imagens, que são a Mercadoria por excelência, cuja função é a reprodução do existente, sobretudo em termos quantitativos e adequados à ideologia do consumo, totalmente naturalizada. Debord (p. 18) pondera ainda: "Quando o mundo real se transforma em simples imagens, as simples imagens tornam-se seres reais (...). O espetáculo, como tendência a fazer

---

12 Hoje *Istoé*.

13 Cite-se também *O Cruzeiro* (1928-1975) e *Manchete* (1952-2000), além de *Senhor* (1959-1964), de cujo modelo a *Piauí* é hoje herdeira; mas foi *Realidade* (1967) que instaurou uma temática crítica da realidade brasileira, o que lhe valeu muitos vetos da censura.

ver (por diferentes mediações especializadas) o mundo que já não se pode tocar diretamente, serve-se da visão como o sentido privilegiado da pessoa humana".

Cabe lembrar que todas as sociedades sempre produziram imagens, na sua ânsia de traduzir o real concreto; sempre representaram a si próprias por meio de ritos e espetáculos, mas até então nunca se vivenciara a consolidação de tecnologias capazes de modificar inclusive os modos como se formam as subjetividades e como estas reagem aos impulsos do seu tempo, traduzindo-os em criações artísticas. Daí, na literatura de ficção, principalmente, que é a representação na linguagem de uma imagem irreal (imaginada) da realidade circundante, a constância do realismo, justamente por seu valor imagético, carregado do desejo incontido de reprodução do real, cujo impacto substantivo na percepção do leitor permite que ele reconheça facilmente suas regularidades temáticas e formais.

Trata-se de um aspecto ainda vigoroso, mesmo que Beatriz Resende (2017, posição 84)[14] assinale, com razão, que são necessários agora novos critérios de análise para a produção artística e literária contemporâneas, elaborada não mais pelo cruzamento de vários meios, como fotografia, cinema, televisão, teatro, quadrinhos, etc., como até duas ou três décadas atrás. Ela chama de "convergência de mídias" a uma configuração inédita, uma "transformação cultural", criada pelo "convívio quotidiano, generalizado, democratizado de produtos culturais e manifestações artísticas no processo de criação e das novas formas de participação, fruição e interferência na recepção", incluindo questões de produção, autoria, veiculação e mediação.

Essas questões foram se tornando mais claras a partir da década de 1990, quando temas e soluções literárias "novas", encontradas ou recuperadas nos anos do regime militar, tanto como expressão individual, no corpo-a-corpo com a censura, quanto traduzindo as influências mais gerais de conteúdo e forma, geradas aqui ou vindas de fora, passam a ser revisitadas e reduplicadas, sendo rapidamente diluídas as fontes que lhes deram origem. As aspas em "novas", a meu ver, seriam necessárias, pois a ausência delas só se justificaria se o termo traduzisse uma transformação radical, a substituição de algo por outra coisa completamente diferente, e não se referisse a citações, modificações, alterações, retomadas, revisitações, apropriações ou outros termos equivalentes, estes sim adequados para abordar grande parte dessa produção.

---

14 As referências são da edição Kindle.

Trabalhando com a categoria de matriz, procuro apenas entrelaçar o passado com o presente, com base na ideia de que não se trata de buscar certa pureza original, edênica e incontaminada da representação do mundo. Pretendo somente sublinhar de novo a ideia de processo, em que se encadeiam continuidades e rupturas, alterações de sentido, significados e funções, novamente modificados nesses tempos de já ininterrupta produção de imagens de todos os tipos.

Refiro-me a algumas matrizes principais: João Antônio, Dalton Trevisan e Rubem Fonseca, tematizando a segregação social e a violência urbana, seja com microficções, como Trevisan, ou com brutalismo direto, como Fonseca, de onde deriva um grupo grande de autores realistas amparados pelo mercado, como Marçal Aquino, Marcelino Freire, Marcelo Mirisola e outros, pertencentes ao que se chamou de "Geração 90".[15] Refiro-me também a Ignácio de Loyola Brandão, cuja herança modernista que ressoa nas ousadias formais de *Zero* (1975), como a apropriação do rumor da rua, a mistura de linguagens e a atomização do discurso, vem sendo revisitadas por muitos autores contemporâneos. Identifico a própria Clarice Lispector, de quem se veem sonâncias e dissonâncias nas inúmeras vozes femininas que enchem hoje as prateleiras das livrarias, os *blogs* e as redes sociais. Vejo também Graciliano Ramos, que, retirado da década de 1930, ainda hoje inspira e alimenta o neorregionalismo de Milton Hatoum e Ronaldo Correia de Brito.

Não utilizo aqui categorias valorativas para esses autores, e nem é o caso, mas destaco que se inserem em um processo construído sempre de continuidades, mais que de rupturas, como se pode verificar num exame mais acurado de seus textos. Cada uma dessas matrizes citadas se estabelece como continuidade no interior da série da literatura de ficção, sendo possível estabelecer sua linhagem desde que começou seu processo de formação; e é inegável que cada momento histórico a ela soma novos aspectos temáticos e formais, como influência interna e/ou externa. Lembrem-se as vanguardas modernistas instaurando em definitivo a fragmentação na linearidade discursiva e a desconstrução do enredo; a sondagem psicológica insuflando uma nova capacidade de penetração ao realismo; a crise

15 Denominação dos autores considerados então "jovens", que se expressam em temas e soluções formais diversificadas, embora tenha sido a representação da violência que lhes garantiu maior visibilidade. Eles obtiveram bastante notoriedade a partir de duas coletâneas de contos organizadas por Nelson de Oliveira: *Geração 90: manuscritos de computador* (2001) e *Geração 90: os transgressores* (2003), ambos com o subtítulo de "Os melhores contistas brasileiros surgidos no final do século XX", publicadas pela Boitempo Editorial, de São Paulo. Em 2011 saiu *Geração Zero Zero*, com a mesma proposta dos anteriores.

da representação inspirando a desconfiança na suficiência do real; a incorporação consciente de outras linguagens, como a fotografia, o cinema, a propaganda, isso tudo para ficar apenas nas matrizes do século XX, cujas transformações em relação às do século XIX procurei acompanhar.

Chamo matrizes as formações literárias duráveis, que permanecem ao longo do processo histórico, às quais se acrescentam ou das quais se retiram, sem afetar seu núcleo, aspectos circunstanciais, devidos a cada momento, sendo que tais aspectos têm maior ou menor densidade ou força, na dependência dos fatores externos em jogo. O núcleo dessas matrizes duráveis, na literatura brasileira em prosa, é o realismo, a busca da representação do real, do que se entende por real ou se imagina seja o real, que persiste nas expressões urbanas e regionais, introspectivas ou não, na multiplicidade de suas refrações.

O período da ditadura militar teve, então, força e densidade suficientes para, por meio de seu aparato político e jurídico autoritário, além do aparecimento de novas tecnologias, constituir aspectos circunstanciais nacionais combinados com a conjuntura internacional de desenvolvimento da cultura, os quais, incidindo sobre a literatura, possibilitaram o ressurgimento de matrizes temáticas e expressivas modificadas, que foram sendo retomadas, revisitadas e adaptadas nas décadas subsequentes, num processo constante de continuidades e rupturas, mais ou menos intensas. Dessa forma, como destaquei, o adjetivo novo assume outra significação: o que se pode chamar de novas são a amplitude e a intensidade do modo mercantil de produzir literatura – modo que não é novo em si –,[16] algo antes desconhecido no panorama nacional, consolidado então, a que, nos dias de hoje, acrescenta-se a alta visualidade e a volatilidade vertiginosas propiciadas pelos meios digitais.

Nesse sentido, cabe buscar uma possível adequação do termo contemporâneo, utilizado, a meu ver, com excessiva fluidez nos textos críticos em geral. Como pergunta Beatriz Resende (2014: posição 140): "A contemporaneidade seria uma idade, uma época, um período? Se sempre fomos contemporâneos de nosso próprio tempo, o que torna peculiar a expressão hoje?" Percebe-se, nestas interrogações, certa dificuldade, uma quase impossibilidade de recortar espaços e tempos, que podem ser minimizadas pelo agendamento histórico, no que se refere às condições brasileiras. Com base na definição de matriz, aqui colocada, proponho entendê-lo como um conceito de periodização específico, que se inicia com o regime militar e seu

---

16 A história do livro e da leitura pode comprovar isso.

projeto de modernização, com consequências que incidiram direta e indiretamente sobre as matrizes literárias pré-existentes. Obviamente não se pensa em uma datação fechada e nem existe uma relação determinista nessa incidência, mas uma tensão inescapável entre ela, sua temporalidade e as subjetividades autorais, por sua vez também tensamente inscritas nessas formações densas e complexas.

A partir dos anos 2000, já está completamente naturalizado o casamento entre cultura e mercadoria, de maneira que não mais se percebem as diferenças entre elas, influenciando as configurações das matrizes literárias. Muito distante dos aspectos de resistência e solidariedade interna, vividos durante a ditadura, encontra-se, mesmo entre os setores mais críticos da sociedade, uma despolitização generalizada e diretamente proporcional à disseminação de poderosa mercantilização. Esta consegue desmontar os parâmetros de conteúdo e forma, para remontá-los em novas combinações, mais adequadas aos valores que se impõem e às subjetividades que se formam nesse quadro. Cria-se assim uma aparente instabilidade, resultado das tensões dos elementos em jogo, que quase se afigura como crise, mas na verdade são apenas ressignificações e adequações posteriores às coordenadas definidas no momento da ditadura, com seus constrangimentos claros e objetivos. Literariamente traduzida pela crítica em geral como aquilo que se costuma chamar pluralidade ou multiplicidade, seja de temas ou de soluções expressivas, essa crise articula-se como apresentação de uma variedade prismática que, de fato, é a apreensão de antigas matrizes, recompostas de outro modo, ou do mesmo modo, com outras cores e matizes.

Assim, o realismo, crescido nas turbulências políticas e sociais do século XIX, como o que de melhor a literatura podia produzir – no sentido de trazer, democraticamente, para a dignidade da representação as camadas pauperizadas da população –, lançou mão de algumas regularidades formais que conseguiram atravessar dois séculos, com um significado maior ou menor de resistência à opressão, em cada tempo e lugar. Terminada a ditadura, ele vai se tornar, ironicamente, a linguagem preferencial da literatura industrial-popular, agora solidamente instalada num sofisticado aparato de penetração global, trabalhando em reelaborações que, na maioria, perderam no caminho muito de seu antigo sentido contestador e utópico.

Não por acaso, esse realismo de outro tipo não será apenas o que reproduz factualmente a experiência; não será um artifício que produz uma ilusão, um efeito de real, ou do mundo que reconhecemos mimeticamente como real. Algumas de suas refrações contemporâneas baseiam-se justamente na inexistência de diferença entre criação e produção, entre obra e produto, de modo que o primeiro pode ser o último e vice-versa. Num reflexo do rompimento de antigas fronteiras, essas refrações têm-se identificado vigorosamente também com o tema da violência, pois se esta é uma presença inescapável, não só na sociedade brasileira, infelizmente, é a que, por isso mesmo, têm maior apelo de mercado. É da análise desse aspecto, em alguns textos escolhidos, que tratará o próximo capítulo.

A violência de todos os dias: realismo no tempo presente

Perhaps even realism is now extremism, since extremism is the way of the world.

Terry Eagleton

Não estamos alegres, é certo.
Mas também por que razão
haveríamos de ficar tristes?

V. Maiakovski

Tempos modernos

A ideia de literatura como mercadoria, consolidada durante o regime militar, desenvolveu-se nos anos posteriores, já em pleno processo de globalização, como se viu, e definiu para o mercado editorial a estratégia de vender livros como outro produto qualquer, confiando, para o sucesso dessa estratégia, na prévia alfabetização pela imagem dos futuros possíveis leitores. Isso porque se foi criando um tipo de controle entranhado na própria indústria, na aparência mais implícito e sutil, e tão corrosivo quanto antes a própria censura. Sob esse controle, o próprio sentido e as formas de valoração da literatura, tanto por autores quanto pela crítica, transformaram-se substancialmente, uma vez que ela sempre se inseriu em contextos cercados por fronteiras em que os critérios de literariedade eram transitórios. Estes vêm se tornando mais fluidos, pois se mesclam àqueles ligados à condição "espetacular" do mundo contemporâneo, como define Debord, que cito mais uma vez (1997: p. 14): "O espetáculo não é um conjunto de imagens, mas uma relação social entre pessoas, mediada por imagens".

Antes, comparada a outras formas culturais, como a música ou as artes plásticas, por exemplo, que podiam promover grandes shows ou exposições, a literatura prestava-se menos ao espetáculo. Hoje, nas grandes feiras e bienais, ela procura firmar-se como evento cultural de massa, globalizado, mas, na verdade, o que se promove é o objeto livro, secundado por palestras, festa, música e dança. Nesses imensos *happenings*, alguns escritores, tornados celebridades, procuram aparecer em atividades que ainda conservam um certo vestígio da antiga "aura": a intangível presença da "criação" - e não da produção - ainda brilha por algum tempo. Assim, se palestras e entrevistas multiplicam-se, em auditórios ou tendas, acompanhadas de telões, fotos, ilustrações e exposições de todos os tipos, a literatura não é a estrela maior do evento. Além disso, quase já desapareceram os poucos programas literários antes existentes na televisão e diminuíram sensivelmente as colunas semanais em suplementos de jornal ou revistas, substituídos por páginas pessoais dos autores, seus blogs e páginas nas redes sociais.

Da necessidade de adequação ao controle do mercado foi se fortalecendo a prevalência, na ficção, dos chamados gêneros de massa, os policiais, as narrativas históricas ou de ficção científica, e contos, muitos contos, caracterizados por certa pressa na fatura, indicada por uma escrita linear, solta, ligeira, às vezes entremeada de leve ironia ou humor jocoso, que dilui qualquer densidade ou compromisso de reflexão mais séria, praticada principalmente por autores de gerações jovens. Aliada à preferência por temas de ocasião, escolhidos dentre os que ocupam o interesse da mídia e do público no momento da escrita – tal como fazia o romance-reportagem e a despeito da própria importância político-social ou existencial intrínseca a muitos deles –, a construção dos universos ficcionais tem-se mostrado limitada – com as exceções de sempre, que não permitem o pessimismo. Em muitos deles, são ações esquemáticas e personagens sem espessura, envolvidas nas questões imediatas de um "eu mínimo" à procura de um lugar confortável no interior de sua vida íntima, ou tentando conquistar posições de poder no seu círculo privado, além de enredos brutais em que os protagonistas são a violência e a crueldade. Textos escritos para serem consumidos rapidamente e repostos com a mesma rapidez, como exige o tempo do mercado, do espetáculo, que não é exatamente o mesmo do cuidado estético, embora eles venham se aproximando.

Sem ideias realmente novas, pois não há pausas para reflexão, muitos autores recompõem ou simplesmente copiam as matrizes do passado, ou ainda imitam o estilo da mídia, montado em *zappings*, pisca-piscando verbos e substantivos numa rápida sequência de ações. É possível até afirmar que o controle do mercado faz com que muitos escrevam tendo em mente a transposição direta de seus textos para as narrativas visuais da televisão, do cinema ou da internet, o que, de saída, já estabelece a forma e o conteúdo de cada um deles. Percebe-se que existe um "teor de qualidade" no mais das vezes ligado ao entretenimento puro e simples, que estabelece padrões de produção, com fórmulas específicas ligando uma ficção ligeira a formatos breves, com pouco mais de cem páginas, com custos baixos e lucros altos para as editoras, além de curtas horas de dispêndio do precioso tempo do leitor.

Trata-se, portanto, de um contexto muito diferente daquele em que, a despeito da censura, o escritor ainda procurava – como fértil herança do pensamento progressista, durante duas ditaduras –, na relação com a mídia e o mercado ainda em expansão, uma possibilidade de conexão com o público, que funcionasse como auxiliar de um projeto de resistência, emancipador da sociedade. Ou seja, oculto sob a censura havia um projeto estético-político (que ela identificava e por isso reprimia), cujos traços eram a busca de uma forma de narrar para resistir; a relação com a tradição como retomada necessária, adequada ao presente, com função específica; a busca de um certo padrão de qualidade com esperança de transformar e não apenas com objetivo de distrair; a convicção do poder da literatura sobre o real como instrumento de defesa de um projeto social específico, gerando a abertura do significado da ficção a múltiplos e renovados sentidos.

O momento a que me refiro é a passagem do século XX para o XXI. As alternativas que ali se colocam, sob o controle da mídia e do mercado, estão muito longe de permitir à ficção ser um fator de descoberta, interpretação e transformação da realidade. O realismo, que fora uma das linguagens mais poderosas para esse objetivo, como por tanto tempo se pretendeu, por sua inesgotável capacidade visual de aproximar-se das massas, devido a isso mesmo veio a se tornar a língua privilegiada da adequação, do conformismo e da afirmação do real, sendo a violência seu signo mais produtivo.

Realismo e violência

A análise crítica da ficção contemporânea tem recorrido demais a termos como plural, múltipla, fértil, híbrida etc. para qualificá-la, mas esses termos já foram muitas vezes antes aplicados a qualquer outro período da história da cultura ou da literatura, nos quais também não era ainda possível estabelecer consensos sobre características dominantes, posto que, sempre, vêm juntas as residuais e as emergentes. Além disso, tem havido certa pressa em determinar balizas temporais que afinem a aplicação dos rótulos, tais como "a partir da década de 90" ou "no século XXI", eliminando rapidamente quaisquer identificações anteriores, como se "contemporâneo", que tentei precisar anteriormente, fizesse referência ao presente mais imediato, como se o fluir do tempo tivesse sido estancado e, de repente, uma nova era de fato tivesse começado.

São termos *pret-à-penser*, que elidem os achados de uma lenta acumulação, tensa, contraditória e pluridisciplinar de saberes sobre o assunto, reforçando a sensação de uma certa frivolidade do objeto. Considerando-se mais uma vez que o desenvolvimento das formas artísticas se dá em processo e que, nele, o binômio continuidade/ruptura é determinante, pois uma não existe sem a outra, acredito que o qualificativo mais adequado – pois apesar de tudo é necessário escolher um –, seja transitório. Não que esse termo não pudesse ter sido usado antes; haja vista, por exemplo, o "Pré-modernismo", como assinalei, interpretado como "intervalo", "passagem" etc., interregno entre dois períodos mais importantes. Aqui, transitório refere-se ao conjunto da prosa do momento, de fato plural, fértil e híbrido, que aparenta romper várias matrizes estabelecidas, transitando pela história. Mas, na verdade, conserva-as ciosamente, para revisitá-las muitas vezes, o que transforma também seu uso e função.

A matriz fundante, como se viu, é o realismo, com outra postura e outros métodos, e grande parte dos temas, retirados da matéria social, passam a se elaborar de preferência em tons e semitons da violência. Surgiram, nessa clave, novas refrações do realismo, multifacetadas e complexas, procurando dar conta de representar ordens diversificadas da experiência humana, sobretudo dos setores pobres da população, envolvidos em questões prementes de vivência e sobrevivência, em uma sociedade de consumo. E, apesar das diferenças, não há como negar a semelhança com algumas condições sociais do mundo hostil do qual surgiu o primeiro realismo, tornando o problema de sua representação menos simples do que parece.

O que se modificou aos poucos, no longo percurso que fizemos, foram as posturas e os métodos adotados pelos criadores, a escolha, organização e articulação dos aspectos da vida quotidiana representados, constituindo uma interrelação dialética entre o indivíduo e a sociedade, em cada momento, devido às transformações do próprio chão histórico. O realismo veio acompanhando, assim, as alterações da sociedade e de regimes políticos, que passaram da aparente circunspecção e conservadorismo do Império agrícola às agitações industriais modernistas, para atravessar depois duas ditaduras "modernizantes" e ingressar, com a volta da democracia, na era do livre mercado e da imagem eletrônica.

Nesse longo caminho, a violência caminhou *pari passu*, constituindo-se não apenas como dado para a compreensão da própria dinâmica social brasileira, mas também como representação, nutrindo a movimentação específica da produção cultural e literária, servindo a interesses e ideologias. O que se vê como novidade, na relação entre violência e representação, são sua concretude e seus modos de manifestação: tanto a violência *real* – assaltos, sequestros, morte, miséria – quanto a *representação* da violência, via realismo – filmes, telenovelas, propaganda, jornalismo, internet – parecem vir de toda parte, atingindo os mais diferentes segmentos sociais e eclodindo em qualquer contexto. Enquanto representação, afirma-se como elemento discursivo e estilístico peculiar à contemporaneidade; brota com ímpeto e incidência antes insuspeitados, traduzindo, inclusive, subjetividades diferentes das tradicionalmente envolvidas com arte e literatura,[1] e indicando, em letras e imagens, uma espécie de normalização estética do lado mais trágico da sociedade brasileira, por meio da insistente reiteração do conflito e do confronto, da crueldade e da barbárie. Não se pode deixar de lembrar sempre que o conceito de representação, trazendo consigo o de imagem e imaginário, pressupõe que a nomeação do real ou os discursos sobre o real engendram efeitos sociais.

O primeiro tópico a ser enfrentado aqui é a definição de violência. Tão complicado quanto a definição de realismo, para ele existem várias respostas possíveis, evidenciando clivagens que tangenciam outras áreas do conhecimento, que não a literária; a mais adequada, porém, para os propósitos deste capítulo, parece ser considerar violência como a ação física voluntária entre indivíduos, causando dor ou danos físicos ou mentais de qualquer tipo. Trata-se de uma definição que se

1 Refiro-me especificamente ao conjunto que se abriga sob o termo "literatura marginal", com suas características próprias, que possui já bibliografia crítica importante, interessante e abrangente.

baseia na concretude do ato violento – se assim se pode dizer –, sendo aquela que mais se relaciona hoje a certas formas "diretas" de representação realista. Contudo, há outro conceito a considerar, a violência simbólica, presente nos símbolos e signos culturais em geral (Bourdieu, 2004); trata-se de uma "doce violência", nem sempre percebida como tal, que se dá pela ação de reforço das próprias normas sociais internalizadas, concretizando-se pelo consentimento e assim forjando subjetividades. Ela age de modo indolor, invisível e eufemizado, interferindo na formação e transformação dos esquemas de percepção e de pensamento, nas estruturas mentais e emocionais, ajudando a conformar uma visão de mundo. Algo aparentado aos esquemas da censura, real e simbólica ao mesmo tempo, que induzia à migração interior e à autocensura.

Seguindo esse enfoque, acredito que uma maneira de tornar mais eficiente a argumentação que até agora vim trazendo, a respeito do nó inextricável entre a realidade as formas de representação realista, seja mergulhar em algumas das chamadas "narrativas da violência", um dos modos de narrar mais comuns e efetivos dos últimos tempos. O termo "mergulho" indica a tentativa de perceber a ligação entre a forma dessa literatura (o realismo e seus modos) e as configurações (sociais e culturais) que a geram e alimentam, pois, como se viu, as formas de relação social envolvem inúmeros agentes, que se modificam e até trocam de lugar ao longo da história, estando profundamente incorporadas às formas artísticas, agindo como instâncias de controle.

Explicando melhor: uma das maneiras de procurar circunscrever a multiplicidade de tendências temáticas e formais da prosa brasileira, de modo a tentar captar as estruturas de sentimento da passagem do século XX para o XXI, tem sido utilizar alguns traços conceitualmente um tanto vagos, tais como desintegração, desterritorialização, descentramento, desrealização.[2] O prefixo *des* marca a tentativa de destruição de tudo o que é sólido, peculiar ao Pós-modernismo, implodindo a realidade concreta representada, evidenciando as zonas de sombra dos pontos de vista, vale dizer, das subjetividades, das fímbrias e fissuras do dito e não-dito, assim destacando disparidades e pluralidades de posturas e procedimentos de escrita. Alegadamente, uma estética que se erige sobre os escombros do real, considerado muitas vezes até inexistente, o qual, entretanto, reitera vivamente sua

2 São termos bastante utilizados nas análises referentes à arte e literatura contemporâneas, sob o signo de algumas concepções de pós-modernismo, denominação sobre a qual, como se sabe, existem inúmeras interpretações e que, aos poucos, vem sendo recusada.

existência nessas mesmas ruínas, testemunhas vivas de um mundo concreto que resiste, mesmo como escombro.

Assim, parcela significativa dos novos autores, dos novíssimos, dos emergentes e dos apenas aspirantes pode ser aglutinada como tributária direta ou indireta desse prolífico tema, os escombros do real, vistos como rejeitos de um projeto que não se cumpriu. Neste ponto, é importante ressaltar que a premência desse tema e sua marca realista vinculam-se principalmente ao processo de expansão e transformação das cidades, em todo o mundo, mas aqui acelerado depois da ditadura militar, criando imensos e problemáticos contrastes entre a riqueza e pobreza, num mesmo espaço; um novo complexo de relações físicas e psicológicas, expressos na geografia de bairros nobres cercados por comunidades pobres, em morros, ruas e becos, com favelas e cortiços, onde se atravancam trabalhadores e desocupados, muitas vezes vindos do campo, de regiões ou de países distantes. Uma realidade de vício, violência e desespero para os menos afortunados, de medo explícito ou inconsciente para os outros, mas de insegurança intensa e geral para todos, que se instala e espraia, devido à concentração acelerada e febril de uma modernização excludente. Ruínas do projeto modernizante do regime militar. Vale lembrar que não é um fenômeno novo, como se viu; com intensidade e sequelas variáveis, chega aos dias de hoje.

A violência, nesse processo, vem sendo a viga-mestra da organização e funcionamento da nossa própria ordem social, simbolicamente representada na história e na tradição da literatura nacional, com múltiplos matizes, tons e semitons, sendo encontrada desde as origens: a conquista, a ocupação, a colonização, o aniquilamento dos índios, a escravidão, as lutas pela independência, a formação das cidades e dos latifúndios, os processos de industrialização, o imperialismo, as ditaduras. A despeito das interpretações que preferem elidir os conceitos de história e nacionalidade, englobando tudo num universo multicultural e a-histórico, descolado das especificidades configuradoras de cada sociedade – aliás, globais elas próprias, o que complica o quadro –, no meu modo de ver, a violência de que fala a prosa brasileira contemporânea (não sendo, por certo, elemento exclusivo dela), é um dado sintomático das peculiaridades específicas do processo excludente da modernização capitalista que aqui se cumpriu.

O homem lobo do homem

Modificando o método de trabalho mais histórico-cultural e crítico desenvolvido até aqui, procuro agora provar, bem rente a textos literários escolhidos, a íntima relação que existe entre eles e seu contexto, elegendo o tema da violência como o vetor de maior visibilidade a alimentar o realismo contemporâneo. Para isso, não por acaso, selecionei contos de Marçal Aquino e Marcelino Freire, autores cuja obra – percebe-se numa primeira leitura – condensa vários aspectos significativos do problema até aqui exposto.

Bastante acessível à mídia em geral, como é comum atualmente, Marçal Aquino, o primeiro a ser examinado, costuma fazer declarações interessantes, que funcionam muitas vezes como bons indícios a sondar:

> Preciso do estímulo da realidade. Ela dispara a centelha da ficção dentro de mim. A vantagem do escritor realista hoje é que ele pode propor qualquer situação, por mais absurda que seja, que ela vai ser sancionada pela realidade. O roteirista da vida real ganharia o Oscar todo ano. Participei de uma coletânea sobre os dez mandamentos com o tema "não cobiçarás os bens alheios". Escrevi sobre dois mendigos, porque vi dois deles batendo boca, disputando o espaço sob o viaduto. Outra vez estava na fila do banco e vi um mendigo sentado no poste. Uma mulher se agachou para falar com ele. Bolei a história de uma professora da USP que o acolhe em casa por piedade e acaba se apaixonando por ele, que tem um certo refinamento. Chama-se "A exata distância da vulva ao coração" e vai virar filme [...].[3]

Provavelmente, quando se refere aos dois mendigos, está remetendo ao conto "Boi", publicado na coletânea *Famílias terrivelmente felizes*, de 2003. Nesse texto, existe uma dedicatória: "Homenagem a João Antônio [1937-1996], poeta dos escombros do mundo". O outro mendigo mencionado figura em *Aquela canção*, outra coletânea, em que vários autores foram desafiados a criar um enredo, sob a inspiração de canções populares brasileiras, utilizando melodia e letra como contraponto.[4]

---

3 Citado em http://loucurasdeladylita.blogspot.com . Acesso em 04/01/12.

4 Aquino escolheu "Último desejo", de Noel Rosa, cuja letra inclui os seguintes versos: "Perto de você me calo/ Tudo penso e nada falo/ Tenho medo de chorar/ Nunca mais quero seu beijo/ Mas meu último desejo/ você não pode negar." Nestrovski, Arthur (Org.). *Aquela canção*. São Paulo: Publifolha, 2005, p. 58.

No primeiro conto, "Boi", tem-se uma crua operação de compra e venda entre dois mendigos, que vivem entre as ruínas da vida urbana. Boi é um deles: "Estava sempre inchado - de cachaça e das bordoadas da vida. Daí o apelido: Boi" (Aquino: 2003, p. 183)". Costuma dormir sob uma marquise, exposto a tudo, virando-se com papelões, e deseja o conforto do barraco de Eraldo, localizado debaixo de um viaduto: "De longe, o melhor barraco das redondezas" (p. 184); resolve oferecer por ele um revólver encontrado num matagal. Recusada a oferta, Boi tenta usar a arma em outra compra: oferece-o a dois homens, em troca da expulsão de Eraldo; este, além de um nome humano e uma propriedade, também tem capital de giro; consegue comprar, com dinheiro guardado, a morte de Boi, pelos mesmos homens. Todavia, numa reviravolta imprevisível, Boi atira nos homens, que fogem; volta ao barraco, golpeia Eraldo, que bate a cabeça em uma pedra. Vitorioso, Boi passa a noite no barraco, agora seu. No dia seguinte, porém, chegam operários avisando que ele seria demolido, para reparos no viaduto. Sem saída, Boi mata-se com um tiro. No final, Eraldo, levado a um hospital, fica para sempre preso a uma cadeira de rodas:

> Eraldo vive hoje num asilo. Divide um quarto com mais três velhos e dorme numa cama com lençóis sempre cheirosos - são trocados toda segunda feira. Ele não consegue falar, sequela da pancada na cabeça. Só baba e repete uma única palavra. O tempo inteiro. No começo, seus companheiros de asilo riam. Depois acharam que ele estava tentando informar seu apelido. Então passaram a chamá-lo de Boi (Aquino, 2003; p. 193-194).

Aquino ficou conhecido especialmente por utilizar a violência como *leit motif* de seus contos, romances e roteiros de cinema, na esteira da matriz realista atualizada por João Antônio, que ele homenageia acima. Outro modelo claro é Rubem Fonseca, que aprofunda a representação de nossas fraturas sociais, com uma crueldade descarnada e fria em relação ao ser humano, até então inédita em nossa prosa, que encontrou na ditadura o terreno propício para crescer, como se viu. Mas há diferenças entre esses dois modelos: o teor crítico de Rubem Fonseca rende esteticamente, misturado à exploração da violência como espetáculo, fator ainda embrionário na década de 1970. O que de fato evoca a produção de Aquino é a experiência urbana degradada, a realidade violenta de uma situação social instalada, sem solução à vista, nem mais como projeto. Não se vê a possibilidade de denúncia, resistência ou lamento; não há, portanto, compromisso ético com a representação dos marginalizados, como forma de dar vista a suas agruras. Lembre-se que João Antônio, por sua vez, aparecera num período de transição, encenando os dilemas da representação das classes populares brasileiras do período, com vistas à sua superação, com inegáveis simpatia e solidariedade em relação a elas, bem de acordo com o projeto nacional-popular.

O projeto hoje vitorioso de inserção do país no circuito do capitalismo avançado, com seus milagres tecnológicos e promessas de felicidade geral, causou duras penas e aprofundou contradições sociais insolúveis, que explodem em violência e são traduzidas no cinema, na televisão, nas redes sociais e na literatura industrial-popular, com as suas múltiplas variantes realistas. Os autores que trago neste capítulo, a meu ver, carregam para dentro de seus textos essa dolorosa e contraditória contemporaneidade brasileira.

Quase trinta anos depois do final da ditadura, Aquino começa a publicar contos e romances, na esteira dessas matrizes – mais de Fonseca que de João Antônio, acredito –, depois de incursões pela literatura juvenil e por um livro de poemas.[5] Traz na bagagem as lições do jornalismo exercido nas editorias policiais e de comportamento,[6] o que modela sua prosa ágil, irônica e desconcertante.

Quase sem retoques ou mediações, traduz realidade em ficção com frases breves e secas, diálogos certeiros, de ritmo acelerado e leve, apesar do peso da "matéria vivente", como diria Guimarães Rosa. Utilizando com habilidade as tradicionais categorias estruturantes da narrativa, desenha uma arquitetura sombria, com personagens sempre envolvidas em alguma disputa ou vingança, que ocorre em tempos e lugares concretos, embora indeterminados: grotões distantes ou ruas, becos e antros, num eterno presente sem futuro, ratificando a ideia dos escombros do mundo. Por isso, estão ausentes as descrições minuciosas, que Barthes (1984) recrimina como "pormenores inúteis", pois destinadas a produzir o tradicional "efeito de real"; elas, de fato, aqui não são mais necessárias, pois a realidade de que partiram é de todos sobejamente conhecida e parece aspirada diretamente para dentro da narrativa. O realismo de Aquino, então, é visceral e de tipo fonsequiano:

5 Seu primeiro livro de contos, *As fomes de setembro*, foi publicado em 1991. Seguem-se *O amor e outros objetos pontiagudos* (1999), *Faroestes* (2001), *Famílias terrivelmente felizes* (2003). Escreveu também romances: *O invasor* (2002), *Cabeça a prêmio* (2003) e *Eu ouviria as piores notícias de seus lindos lábios* (2008), vários deles transformados em filmes.

6 Trabalhou na *A Gazeta Esportiva*, *O Estado de S. Paulo* e *Jornal da Tarde*.

suga o real concreto, quase sem mediação, em cenas e movimentos rápidos, *shots* curtos, falas mínimas, manejados por narradores em primeira ou terceira pessoa, que sabem muito bem do que estão falando, sem tergiversar com preciosismos estilísticos ou rarefações psicologizantes. Tudo bastante cinematográfico e facilmente reconhecível por qualquer leitor; tudo simples, claro, objetivo, articulado com a agudeza quase científica de um observador naturalista, sem complacência para com o real concreto.

> Eraldo estendeu o braço com a lanterna. Quando Boi curvou-se para alcançá-la, Eraldo girou o braço e golpeou. Mas, num movimento ágil, a despeito de seu tamanho, Boi se esquivou. Eraldo é que perdeu o equilíbrio com o golpe em falso. E, depois de escorregar, rolou pela encosta. Até parar de repente. Com a cabeça numa pedra (Aquino, 2003: p. 191).

Desse modo, da palavra certa, na frase exata, em ritmo abrupto, a violência estala sem misericórdia. É possível até pensar que, no conto em questão, pode-se intuir a reedição de um tema do pensamento político clássico, desenvolvido por Thomas Hobbes (1974, p. 81), o estado de guerra constante, que torna o homem "lobo do homem", aqui metaforicamente associado ao problema da miséria:

> Desta guerra de todos os homens contra todos os homens também isto é consequência: que nada pode ser injusto. As noções de bem e de mal, de justiça e injustiça, não podem aí ter lugar. [...]Outra consequência da mesma condição é que não há propriedade, nem domínio, nem distinção entre o *meu* e o *teu*; só pertence a cada homem aquilo que ele é capaz de conseguir e apenas enquanto for capaz de conservá-lo.

Premidos pela categoria do "não ter", ou seja, da escassez ou da falta, as personagens do conto vivem um "estado de guerra", como diz o filósofo, articulando ações cujo único objetivo é tentar superá-lo a qualquer custo; isolados e em luta permanente, eles cercam e protegem seu território, vivendo o "constante temor e perigo de morte violenta" (p. 81), pois, não havendo a quem recorrer, a vida não tem garantias e nem se reconhece a posse de nada. A ação de um é limitada apenas pela força do outro; seus atos, todos ligados à necessidade de sobrevivência entre ruínas, são ditados por seu "estado natural", não importando se envolvem violência e sangue, desde que a única lei válida é a força.

A cidade assim representada, por onde perambulam essas personagens em "estado natural", na verdade é uma aglomeração humana, que expulsa os menos capazes; não por acaso já chamada de "cidade escassa" (Carvalho, 2000, p. 55), é a que se torna palco de disputa generalizada e bruta entre os habitantes, pois ela não consegue mais contê-los minimamente sob sua lei, guarda e proteção. Assim, em relação ao tema, há desterritorialização, desrealização e descentramento, no sentido de não reconhecimento de particularidades, de centros ou realidades específicas de uma geografia, de uma região, cidade ou país, os chamados deslugares, isto é, qualquer lugar semelhante no mundo globalizado. Com uma diferença: trata-se da representação de territórios demarcados, bem particulares, concretos, reais, fechados e centrados em si mesmos, sem saída – a parte pelo todo –, metaforizando todos os lugares em que "a vida do homem é solitária, pobre, embrutecida e curta" (Hobbes, 1974, p. 80).

Cínico pesar

A cidade escassa parece tornar-se assim o palco ideal para a encenação da guerra social brasileira, em uma espécie de "retorno do trágico", não exclusivo da literatura, que há tempos se exibe insistentemente na televisão, nos jornais, no cinema e inclusive no teatro (Resende, 2008, p. 30). Isso levanta algumas suspeitas: o que faz, em meio ao ceticismo aleatório, ao relativismo e a frágil leveza da sensibilidade pós-moderna esse gênero ancestral, baseado na fatalidade cósmica, no peso do destino, na seriedade e nobreza mais elevadas? Pois não é a tragédia o lugar do sofrimento e castigo de heróis bem nascidos e deuses vingativos, da catástrofe e da transgressão do ordenamento divino? Na verdade, o termo tragédia, como indica Terry Eagleton (2003), hoje pode significar simplesmente algo como "muito triste", aplicado também a acontecimentos quotidianos reais, como uma chacina, um deslizamento de encosta ou o desmoronamento de um prédio, o que complica as coisas, pois uma análise literária de cunho sociológico, como esta, deve prender-se também a questões da realidade social, de caráter ético, digamos, e não só às da teoria dos gêneros literários, mais normativas. Nesse caso, é importante frisar que normativo ou ético, o termo tragédia, hoje, trai um subtexto sensacionalista, uma aura de violência ou exotismo, de emoções fortes e sensações proibidas, até de prazeres eróticos reprimidos, que, de modo relutante, denunciam seu parentesco com o melodrama (Eagleton, 2003, p. 9). Voltaremos a este ponto mais adiante.

Nessa linha, o retorno do trágico baseia-se em um conceito contemporâneo de tragédia, de raízes aristotélicas já muito remotas, envolvendo uma visão de mundo histriônica, que sobrevive como desafio a qualquer ordem cívica ou moral. Nos termos de Raymond Williams (2000, p. 149):

> Trata-se de uma forma específica extremamente condicionada, de um tipo profundo, que se tornou, por assim dizer, propriedade cultural bastante geral, pertencendo mais a sociologia da nossa espécie, em determinado nível de desenvolvimento cultural, do que à sociologia específica de uma dada sociedade, num certo local e época.

Contudo, ele adverte que essas formas mais profundas não podem ser abstraídas do desenvolvimento social geral, tanto quanto não podem ser reduzidas a condições meramente locais. É em relação a essa dialética que procuro avançar.

Em termos gerais, sendo ainda o núcleo da tragédia o drama (ação), baseado na desmedida, na escolha mal feita e suas consequências, tem sido bastante comum, atualmente, encontrá-la em contos, que podem ser elaborados com facilidade num único momento de irrupção ou desfecho do conflito; nesse sentido, trata-se da narração de um "mundo abandonado por Deus", expressão relativa ao romance, que Lukàcs (s/d) consagrou. Mas este, que ainda abriga o *pathos* necessário para a visão trágica, abre-se para uma multiplicidade de núcleos dramáticos alongados no tempo, instituindo infindáveis cadeias de causalidade, que podem diluir e adiar o impacto do terror e da piedade, tão necessário para a má consciência contemporânea, saturada de urgência e velocidade, que se satisfaz nos limites de um conto. Talvez esteja aí também uma das explicações do gosto presente pelas narrativas curtas, além da que Antonio Candido forneceu, páginas atrás. Não é o caso aqui de discutir a teoria do conto e da tragédia, mas de perceber de que modo e porque esta última tem se apresentado hoje como recurso eficaz na representação realista da violência.

Voltando, pois, ao texto em foco, percebe-se nele um evidente mecanismo trágico, como escombro da tragédia ancestral, envolvendo também seu efeito catártico. De modo geral, nas tragédias, castigados os maus e premiados os bons, definidas com clareza as fronteiras entre o bem e o mal, o público – ou o leitor –, pelo terror e pela piedade, geralmente sai purificado e distanciado daquilo que sabe ser apenas uma representação. Entretanto, neste conto, como em muitos do autor, embora predomine o tom sombrio do mundo abandonado por Deus, que faz parte da própria estrutura da ação – e da realidade representada, daí o "realismo direto" –, a gramática da tragédia foi alterada: não há bons ou maus, culpados ou inocentes; nem deuses, nem heróis, só mendigos, em estado de natureza, iguais na miséria e na ausência de qualquer princípio que não seja o instinto de sobrevivência animal, já anunciado no título.

Mas há um componente humano, demasiado humano, nesse instinto animal socialmente nutrido: a cobiça, instigando o misérrimo a desejar a qualquer preço o que lhe falta e que parece sobrar ao apenas miserável: "Enquanto se aquecia num sol ralo, espiava a construção de madeira criteriosamente encravada no alto, sob o viaduto. Era o barraco de Eraldo. Tão bem feito que podia ser chamado de casa." (Aquino, 2003: p. 183)

A sutileza do verbo "espiar" denuncia a inveja e a cobiça, reforçadas pela expressão "tão bem feito", insinuando seu oposto, a precariedade do pouso de Boi, sob uma marquise. Embora possamos atribuir a Boi – na ânsia consolatória de rotular bons e maus –, o tradicional papel de oponente ou vilão, Eraldo não resiste a um olhar mais acurado, se tentarmos elevá-lo a herói: "O dinheiro é de vocês. Agora quero que vocês levem o Boi pra bem longe daqui e batam nele sem dó. Estou pagando pela surra. Que é pra ele aprender" (p. 186).

Sem resquício de solidariedade, que desaparece com a desumanização, eles se atracam pela posse do barraco até a eliminação, pois são o lixo, a escória, o refugo que a própria sociedade cria e precisa destruir, para continuar a mesma. Percebe-se a organização de um discurso calcado no imaginário de um mundo pré-moderno, hobbesiano, todavia representado por uma estética moderna, descarnada e tosca, firmada em poucos signos, animada por sujeitos quase "sem existência", à mercê de um jogo de acasos inevitavelmente violento. É essa mistura de moderno e pré-moderno, realisticamente representada, que dá a medida da pós-modernidade brasileira, ou seja, ela é a marca inescapável de um período da história nacional.

A modernidade dessa gramática textual, todavia, calcada sobretudo no seu ritmo ágil, como apontei, escora-se em recursos ancestrais, como as peripécias e catástrofes trágicas; as reviravoltas da ação, baseadas na animosidade e na disputa, estabelecem sucessivas rupturas de expectativa, frustrando incessantemente o anseio de restabelecimento do equilíbrio, já ameaçado desde o início. Assim, a violência contida, em que não se vê sangue, mas se ouvem apenas estampidos secos de um revólver, no princípio deixa o leitor aturdido, pois, além de ser levado pela celeridade das cenas, não consegue identificar quem é o mocinho da história.

Mas logo percebe, aliviado, que se trata de "outro lugar", ao qual não pertence, e de "outra gente", que não é a sua; sai da leitura chocado, mas consolado, banhado em suave compaixão, enfim purificado pelo sacrifício da escória da sociedade: cumpriu-se a catarse. Aliviados com o *happy end* às avessas, podemos nos livrar da culpa social, voltar para nossa zona de conforto e abrigar-nos na proteção de nossas veleidades de classe média leitora.

Desse modo, tal realismo, crítico na aparência, registra, a sua maneira, um traço importante da produção cultural e literária de hoje: o barateamento do trágico, que não é de modo algum seu simples retorno, mas só o preço do ingresso para o espetáculo da indústria cultural, do qual a violência direta ou simbólica é um dos atores mais bem pagos. Adorno (1986, p. 141-142) advertira, há muito tempo, que a indústria programa para o trágico um lugar fixo na rotina da produção, já transformado em um aspecto aceito e calculado do mundo – esta é uma das modernas formas de controle. Assim, tanto em "Boi", como em tantas outras narrativas semelhantes, o final infeliz "torna mais clara a impossibilidade de destruir a vida real".

> (...) muito longe de simplesmente encobrir o sofrimento sob o véu de uma camaradagem improvisada, a indústria cultural põe toda a honra da firma em encará-lo virilmente nos olhos e admiti-lo com uma fleuma difícil de manter (...). A mentira não recua diante do trágico. Do mesmo modo que a sociedade total não suprime o sofrimento de seus membros, mas registra e planeja, assim também a cultura de massas faz com o trágico (...). Ele nos protege da censura de não sermos muito escrupulosos com a verdade, quando de fato nos apropriamos dela com cínico pesar (Adorno, 1986: p. 141-142).

Os olhos tristes do cão

Já o mendigo de "A exata distância da vulva ao coração", o conto da coletânea *Aquela canção*, como o próprio título indica, adentra a cena em outro tom. Não traz a contundência do realismo miserável dos outros dois, não evidencia a violência direta, embora traga para dentro de um conhecido universo de classe média a cicatriz do que chamei de tragédia social brasileira. Nesse sentido, a dissimulação gradativa dessa cicatriz obriga à substituição do mecanismo trágico do enredo anterior pelo mecanismo do melodrama, embora, como antes sugeri, este já esteja ali contido. Se o realismo e a tragédia, grosso modo, confrontam a imaginação com a verdade e organizam o mundo como uma rede complexa de contradições, controlando e delimitando o poder dos homens em relação ao seu próprio destino, o melodrama vê esse mundo de outra maneira. De acordo com Ismail Xavier (2003, p. 85), ao melodrama:

> estaria reservada a organização de um mundo mais simples, em que os projetos humanos parecem ter a vocação de chegar a bom termo, em que o sucesso é produto do mérito e da ajuda da Providência, ao passo que o fracasso resulta de uma conspiração exterior que isenta o sujeito de culpa e transforma-o em vítima radical.

De fato, o melodrama opera com base num esquema narrativo, usado no cinema e na televisão, com rendimento extraordinário, que repousa nas vicissitudes de um inocente maltratado pelo destino, o qual, auxiliado por alguém ou buscando forças no mais fundo de si, supera a situação desfavorável: "Um nobre que tivesse perdido a maioria das contendas com a vida" (Aquino, 2003, p. 65), fantasia Marilu, personagem do conto em questão.

É o que ocorre: uma professora universitária, sozinha e carente de afetos, acolhe um mendigo que montara uma barraca de lona sob uma figueira, no canteiro central da avenida, bem em frente a sua casa. Ele tem nome: Jorge. Um nome comum, mas digno e sério, ao contrário do nome dela, Marilu, que na escansão das vogais e consoantes sugere algo de frívolo. Ela o carrega para dentro de casa; do quartinho no quintal, passo a passo, ele chega à cama da moça. Ela quer conhecer seu passado, ele nega sempre. A curiosidade de Marilu se acentua, pois ele mostra algum refinamento, escreve poemas e consegue sustentar uma conversação social; ela morre de ciúmes, pois ele faz sucesso entre as mulheres; brigam, ele volta para a barraca; reatam e, no final, ele lhe concede um "último desejo": aceita contar seu passado, em troca da permanência na casa.

O acento irônico, já presente no título, acena para um leve deboche, pois a palavra "vulva", ali empregada, introduz um toque erótico, sutilmente pornográfico, sobretudo por juntar-se a "coração", tradicional símbolo de casto amor romântico. Aquino é um escritor incrivelmente habilidoso na criação de títulos para suas narrativas, na maior parte articulados com muita originalidade. Desse modo, de imediato, coloca o leitor em expectativa, pronto a mergulhar no que tem a contar.

Aqui, logo na primeira linha, a expectativa, já mesclada à excitação causada pelo termo erótico, aumenta sensivelmente:

> O homem e o cão tinham olhos tristes. Marilu viu os dois de manhã quando saía com o carro da garagem do sobrado. (...) As posses do homem amontoadas num carrinho de supermercado. A barba e o cabelo ocultavam seu rosto (...). À noite, de volta da universidade, ela reparou no abrigo improvisado com um pedaço de lona amarela. O mendigo fixava residência no bairro. (Aquino, 2003: p. 59).

Os olhos tristes do cão e do homem têm algo de chapliniano. Certa doçura que amolece, logo desmentida ironicamente, pois, na verdade, "o mendigo era estrábico". A excitação e a expectativa juntam-se agora à curiosidade, pois surgiu um enigma, elemento básico de narrativas policiais. Quem será esse mendigo? O que fará Marilu? Sofrerá algum tipo de violência? Qual será o desenlace do entrecho? Mesclam-se, assim, resquícios de antigos gêneros populares ou triviais: os folhetins, com dramas emocionantes, as "leituras para homens", cujos temas giravam em torno de sexo, prostituição etc., a narrativa policial e a comédia, talvez a farsa.

> Restava a Marilu aventar hipóteses: talvez Jorge fosse um jogador compulsivo, desses que perdem tudo no baralho, até a família. Outra hora pensava nele como alguém que desistira do mundo depois de enfrentar uma grande dor (...). E se fosse um psicopata? Ela se perguntava. Um fugitivo do manicômio? (p. 70).

A inserção do elemento trágico masculino, marcado pela queda e pela desdita não explicitadas, que o transformaram na vítima melodramática por excelência, funciona como um coeficiente de realidade no quotidiano doméstico de uma mulher de classe média instruída – retratada com ironia, segundo estereótipos de gênero –, aparentemente por vontade dela mesma, verdadeira encarnação da Providência. O esquema narrativo montado elimina a contundência da experiência social que, mal ou bem, permeia o primeiro conto; o aparente realismo esbarra na pouca verossimilhança do fato nas condições brasileiras: pessoas de classe média não costumam recolher em casa um morador de rua. Mas trata-se de ficção, e o inusitado da situação, que espicaça o leitor, o narrador justifica com a bonomia de Marilu e a limitação delicadamente atenuada de seus predicados físicos:

> Não que Marilu fosse feia, longe disso. Os traços de seu rosto eram graciosos, delicados, e sua boca do tipo carnuda. Seus olhos escuros tinham inteligência e o mesmo brilho de seus cabelos sedosos. O problema era a balança. Alguém que se referisse a Marilu como "aquela gordinha" não poderia, de forma nenhuma, ser processado por calúnia (p. 61).

O leitor acompanha pressuroso o gradual avanço de Jorge da barraca para o quartinho dos fundos, em seguida para a mesa e cama e, finalmente, da vulva para o coração de Marilu. Espera sangue e morte no final – bombardeado que é por enredos semelhantes no cinema e na TV –, mas sofre uma reversão de expectativas, pois o desenlace previsto não acontece, relativizando os clichês do gênero. Não há crime desta vez, não há sangue. O conflito pessoal estabelecido resolve-se pelo perdão e pela reconciliação, não sem antes passar por peripécias cômicas, como o ciúme que Marilu sente da faxineira: "Dia de faxineira em casa era dia em que Marilu padecia horas de azia amorosa. Um veneno que alterava seu metabolismo e seu peso" (p. 79).

Mas Jorge, depois de idas e vindas, como um herói cômico, obtém seu triunfo, seja o que for que tenha feito para provocar a própria queda, tenha sido honesto ou vil, seja criminoso ou inocente. Ele pode ser quem for – o *alazón*, intruso, impostor, segundo Northrop Frye (1979, p. 45) –, não interessa; na ambígua relação de compra e venda que se estabelece, Marilu dá a Jorge casa e comida, ele lhe dá sexo e afeição, provavelmente simulada. O conflito social latente, por sua vez, resolve-se num ato individual de solidariedade, que a ela não custou nada, só lhe trouxe benefícios:

> Um ato solidário não custava nada de vez em quando, ela era dada a esses repentes. Fazia trabalhos voluntários sempre que podia, no Natal levava brinquedos para crianças em instituições assistenciais, esse gênero de coisa. Sua alma era mais bonita que seu corpo (Aquino, 2003, p. 61).

Dessa forma, a utilização do esquema melodramático (segredos, suspense, anúncios, sinais, emoções sem freio e revelações adiadas) simplifica as graves questões em pauta na sociedade, pela conciliação – apesar do realismo isento que Aquino advoga –, ficcionalizando a experiência dos injustiçados em clave irônica. As virtudes de Marilu são recompensadas, assim como a miséria de Jorge é dirimida; ele ascende socialmente, incorpora-se novamente à sociedade da qual fora expulso, por obra e graça de sua esperteza quase picaresca. Tal organização narrativa tem muito das convenções das tradicionais comédias domésticas e de costumes, que até hoje alimentam as telenovelas, por exemplo, em que a preocupação com dinheiro e estabilidade não pode ser desenredada de amores e apetites, reais ou fictícios.

Mesmo o final aberto, no qual Jorge aceita os termos da negociação e se dispõe a contar seu passado, seja qual for, em troca da permanência na casa, não desperta inquietação no leitor, pois este sabe que o acordo foi selado na "distância exata da vulva ao coração"; é isso que importa. O que seria o reconhecimento trágico, ou seja, a revelação do passado de Jorge, não se dá para o leitor, apenas para Marilu: "Senta aqui. Eu vou contar minha história para você" (p. 85). Assim termina a narrativa. Pode-se dizer que o *happy end* executa a catarse com maestria: a simpatia e a graça purificam o leitor, que, não sendo posto a par das desgraças que trouxeram Jorge para debaixo da figueira, no centro de uma avenida, num dia de inverno, entrevê com alívio possibilidades de solução individual para a tragédia social brasileira, com base apenas no espírito cristão e na troca de afetos hipocritamente solidários. Sem uma gota de sangue.

Trata-se de uma "versão *pop*" (Xavier, 2003: p. 88) do melodrama, que incorpora os deslocamentos de valores propiciados pelo hedonismo da sociedade de consumo, desestabiliza as normas tradicionais de relação entre os gêneros e mistura arcaico e moderno. Poderia até ser considerada paródia do folhetim, gêmeo do melodrama, mas como as intenções críticas geralmente ligadas ao termo paródia aqui são ambíguas, pode-se falar em apropriação, o que convém à economia da indústria, habituada a saquear todos os repertórios e a utilizá-los de acordo com as circunstâncias de cada momento.

Doce violência

Nos dois contos aqui sucintamente comentados, pode-se perceber uma espécie de dispositivo compensatório ou solução esperta, comuns na ficção de Aquino. Aparentando sobressaltar o leitor, na verdade ele o acalma, dirimindo-lhe medos e angústias conscientes ou inconscientes, gerados pela iniquidade social e seu fantasma maior, a violência, na medida em que o tratamento desta parece estar à vontade em relação às funções de controle social exercidas pela rotina da indústria cultural e seus gêneros de eleição. No primeiro conto, o trágico encenado assemelha-se ao mal triunfante, à vitória total da violência, que, todavia, ao invés de aterrorizar, conforta, porque se encarna num "boi expiatório", cujo fim libera o leitor de sua culpa, pois traz em si todos os signos da injustiça finalmente enxotada, fechada num lugar seguro, longe dos olhos e do coração.

No segundo, o intruso ou *alazón* (ao contrário do que acontece nesse antigo tema)[7] não desestabiliza ou destrói; é absorvido, ironicamente adequado à ordem social, graças ao espírito cristão, que mascara uma operação mercantil envolvendo sexo e bens materiais. Além disso, essa operação baseia-se em uma relação de gênero absolutamente conservadora, embora pareça o contrário: sob a capa de mulher emancipada, zombeteiramente desenhada, está a que anseia por uma relação tradicional, mesmo adequada aos tempos modernos. Como em qualquer melodrama ou folhetim, a redenção do desafortunado se faz por obra da generosidade e do altruísmo individuais. Apesar da ironia que comanda a narrativa, o *happy end*, fórmula mágica da indústria, sem uma gota de sangue, mostra-se mais uma vez de grande utilidade, reiterando-se como lugar ideal para as representações suavizadas, para os acertos complacentes, que têm mantido intacta a ordem social brasileira, marca de seu passado e presente. O *double coding* (Brooks, 1985), ou seja, a mistura de um "código alto", a tragédia, com um "código baixo", o melodrama, funciona à perfeição para se adequar às regras do jogo.

Mesmo descontentes com a própria civilização, embora sem ver alternativas para ela, ambos os textos podem ser considerados, em si -- pois fazem parte do industrial-popular –, formas de violência simbólica, trazendo embutido um corpo de representações, valores e crenças, que será interiorizado e partilhado por todos, mais ou menos, consciente ou inconscientemente. O traço essencial dessas narrativas realistas, que se podem considerar conciliatórias, em termos de sua função social, é justamente abordar problemas candentes, propiciando uma interpretação redutora deles, voltada para a reprodução de preconceitos e estereótipos e não para o esclarecimento. Como se vê, é possível, assim, tocar nas chagas sociais, "denunciá-las", sem resistir e sem comprometer o estado de coisas, pois o leitor é direcionado para uma catarse que, longe de ser ameaçadora, oferece uma expressão ambivalente, domesticada e reconfortante para as inquietações e medos presentes na sociedade.

---

7 Veja-se, por exemplo, o roteiro de próprio Aquino para O filme *O invasor*, de Beto Brant (2001).

A forma realista de representar, nos dois contos, expressa, portanto, uma contradição precisa nas relações sociais: o centro dos valores é o indivíduo, mas o modo de produção que o sustenta cria relações sociais diversificadas, amplas, complexas e arbitrárias. É a partir da tensão entre esses dois aspectos que se criam as nuances da representação realista contemporânea. É importante lembrar, mais uma vez, que o realismo, quando surgiu, profundamente descontente com a própria civilização, – embora sem ver alternativas para ela –, foi um movimento crítico, no qual as relações entre os homens e seus ambientes não eram apenas representadas, mas exploradas de modo ativo, constituindo a encenação de questões radicais: como vivemos, como podemos viver, como devemos viver neste local? (Williams, 2000).

Hoje, sem a postura radical e o impulso coletivo do nascedouro, sem a intenção (derrotada) de penetrar profunda e criticamente na vivência quotidiana, para devorá-la por dentro – o que o próprio processo histórico destruiu –, as refrações realistas brasileiras representam em profundidade as relações tensionadas entre o social e o pessoal, permeadas pela lógica mercantil, numa espécie de estratagema estético a encobrir o real, até então praticamente imutável.

Violência e crueldade

"Dizem que sempre falta uma palavra e é verdade. Nesses anos todos eu sei que sim, que sempre falta uma palavra, é verdade" (Freire, 2000: p. 27). Estas são as primeiras duas linhas de um outro conto, de Marcelino Freire. Roubando-lhe o achado, com que concordo totalmente, decidi, porém, juntar mais uma palavra à discussão sobre a centralidade da violência, sobre o gosto pela representação crua da realidade circundante, já de si trágica e brutal, de que Freire e Marçal Aquino são reconhecidos representantes.

Refletindo sobre os tantos autores, além deles, que se dedicam a esse tipo de representação, aos poucos percebi uma espécie de gradação nos modos de capturar a matéria do real, com vários matizes, evoluindo da violência para a crueldade. No meu modo de entender, violência é sinônimo de brutalidade, implicando força, ímpeto, intensidade, mostra-se abrupta, aberta, escancarada, sendo que o sujeito e o objeto dela podem se aniquilar mutuamente. Já a crueldade requer sutileza na aplicação, cuidado nas minúcias, argúcia na escolha dos métodos, apuro e cálculo na elaboração. A primeira, em geral, produz espanto, medo e horror; a segunda, além disso, causa repulsa e incredulidade. Assim, a violência viria primeiro, a crueldade depois; melhor, a violência conteria em si a crueldade, seu maior requinte; ou ainda, a crueldade poderia ser consequência voluntária da violência, como mais uma volta no parafuso. Seja como for, convém assim dizer que o limiar entre ambas, tanto nos atos que denominam, quanto na sua própria denominação, é tênue; mas para os fins a que se destina essa tentativa de identificação, mais que de objetividade, acredito que basta, por enquanto.

Relacionada à semântica da violência e da crueldade, não posso deixar de mencionar o termo "sadismo" – o gosto de causar, presenciar ou representar o sofrimento de outrem -, de acordo com o senso comum. Já praticamente naturalizado, de acordo com inúmeros estudiosos das mais diferentes áreas, foi, na verdade, para demonstrar como o gosto pela crueldade está enraizado na natureza humana que o Marquês de Sade, já no século XVIII, em suas obras, celebrou o desprezo pelo corpo alheio, o rebaixamento puro e simples do humano, a dor e a abjeção, trazendo outra carga de significados ao termo, tangenciando o mal absoluto e, como consequência, o fascínio que exerce.

No seu livro *História da feiura*, Umberto Eco (2007, p. 220) lembra que os seres humanos sempre amaram os espetáculos cruéis e as evidências concretas do mal inevitável, desde o tempo dos anfiteatros romanos, e ilustra com imagens e excertos documentais e literários aquilo que define como a disposição natural para a violência e o horror, o que induz a sua representação, das mais diferentes formas, ao longo dos séculos, fugindo das idealizações ligadas à beleza e à harmonia. Enfatiza que essa "disposição para o horrível" é um fenômeno geral da nossa natureza, sendo que o terrível e mesmo o horrendo atraem-nos com um fascínio irresistível.

Se isso é verdade, a disposição para o horrível, para as cenas de dor e terror, mescla de prazer e repulsa, seria algo contra o que não se poderia lutar, aproximando-se, de certo modo, da atração pelo belo e pelo sublime, por aquilo que de tão grandioso não pode ser completamente apreendido pela sensibilidade. Claro que, já há tempos, vimos, é impossível utilizar categorias como harmonia, beleza e graça para analisar a arte e a cultura de um mundo hiperreal, em que cresce uma espécie de dessubstancialização narcísica e hostil da matéria humana, tanto na literatura como nas artes visuais e nos produtos da indústria cultural.

Talvez grande parte do sucesso que experimentam hoje as narrativas dedicadas a tematizar tais assuntos possa ser explicada com base nesses argumentos, o dos efeitos da representação da violência e da crueldade em quem dela de alguma maneira compartilha, mas não é esse o objetivo aqui, que demandaria outra ordem de investigação. A proposta é assinalar como se articula a organização formal da matéria violenta oferecida pela realidade, até atingir a crueldade, e que funções ela cumpre, além da estética, visto que essas funções se manifestam sob certas condições, isto é, em contextos sociais específicos, plenos de situações e formações múltiplas e complexas, que é preciso levar em conta.

A suficiência do real

Nessa direção, partindo de todas as reflexões e argumentos sobre o realismo e suas funções, vistos até aqui, considero que toda ficção acaba estabelecendo uma espécie de teorização do real, na medida em que é o resultado de um olhar ao mesmo tempo criativo e interpretativo sobre as coisas. Assim, faz-se retrato e testemunho, por um lado, mas também criação, por outro, pois as imagens que propõe são recomposições, rearticulações do que retrata e testemunha. Essa teorização do real tem a sua especificidade, dada pela natureza do próprio objeto, a realidade, em todas as dimensões, concebida em sua totalidade, mas da qual se elegem um ou mais detalhes para representar, utilizando as convicções artísticas e convenções estéticas próprias de cada época.

Poder-se-ia argumentar, como fazem as teorias mais ligadas às questões textuais, que existe uma "insuficiência do real" – empresto o termo de Clement Rosset (1989, p. 14) –, pois o real é amplo demais para ser representado, tal como postularam as várias vanguardas do início do século passado, vimos, que o colocaram sob suspeita. Evidentemente subjazem aí questões a que só a filosofia poderia dar respostas satisfatórias e é nesse ponto que as considerações de Rosset importam. Ele afirma que a verdadeira dificuldade de levar em conta o real e apenas o real reside só secundariamente no caráter amplo e incompreensível da realidade, como se descobriu na "era da suspeita"; essa dificuldade de fato repousa, antes de tudo, em seu "caráter doloroso". Em suas palavras (1989, p. 17):

> Suspeito muito que a desavença filosófica com o real não tenha por origem o fato de que a realidade seja inexplicável, considerada apenas em si mesma, mas sim o fato de que ela seja cruel e que consequentemente a ideia de realidade suficiente (...) constitui um risco permanente de angústia e de angústia intolerável.

Essa "ideia de realidade suficiente" engloba, para ele (1989, p. 17), a apreensão de todos os aspectos do real, sem máscaras, por mais horríveis que sejam, até a dor e o dilaceramento, pois a natureza da realidade é mesmo dolorosa e trágica.

> Por "crueldade" do real entendo, em primeiro lugar, é claro, a natureza intrinsecamente dolorosa e trágica da realidade. (...) Mas entendo também por crueldade do real o caráter único, e consequentemente irremediável e inapelável desta realidade – caráter que impossibilita ao mesmo tempo conservá-la à distância e atenuar seu rigor pelo recurso a qualquer instância que fosse exterior a ela.

Considerando a representação como uma "instância exterior", na contramão das análises que descartam a inocuidade da tentativa de apreender o real e com base também nesse conceito de crueldade – na realidade suficiente nada falta, ela se basta, por isso se impõe sozinha – creio que o realismo pode estar desempenhando uma espécie de válvula de escape para a angústia, não da "insuficiência do real", mas da sua extrema suficiência, ou seja, de sua onipresença e crueldade intrínsecas. Isso porque, como assunção estilística, representa o ponto de tensão inescapável no qual se entrecruzam hoje as linhas da desigualdade, da tecnologia e do espetáculo, que compõem a paisagem brasileira, desenhada com a destituição dos valores que não sejam os do mercado e do prazer imediato. Dramatizando o mal-estar gerado pela desgastada crise da tradição e da representação, transformadas pela proliferação de recursos imagéticos e fantasmáticos da indústria cultural, boa parte da ficção de que falo, procurando se desviar dos padrões realistas, acaba por reencontrá-los, contraditoriamente, com outras posturas e métodos. Assim, seu resultado tem sido estetizar a desmedida, mergulhando na crueldade, como forma sutil e sedutora, encenando até um aparente compromisso com a transformação do real que, na verdade, não existe e, se existe, é sempre postergado. Este é meu principal ponto de interesse.

Tornando-se diretriz da organização formal de tantos e tantos textos, a dramatização do princípio de crueldade acima definido, no tipo de narrativa que aqui interessa, entende-se como impiedosa desumanização, embutida em imagens de promiscuidade, perversão, truculência e sangue, escancaradas ou sutis, diretas ou indiretas. Dir-se-ia que, salvaguardadas as óbvias diferenças, dadas por cada contexto histórico, isso ocorre em termos aproximados aos dos realistas e naturalistas anteriores, que escandalizaram a moral vigente com suas flores do mal, sendo combatidos porque punham em risco tanto a nação quanto os nacionalismos. A diferença é que, então, muitas vezes se conclamava, além dos aspectos estéticos, funções políticas e mesmo éticas, pois se procuravam elevar os setores marginalizados à dignidade da representação artística e literária, estabelecendo um pacto com a transformação da realidade concreta.

Hoje, ao contrário, percebe-se nas formas realistas em vigor, como recurso expressivo, um alto grau de valorização de cenas de violência e crueldade *per se*. Ao contrário do que advoga Rosset, para quem "a dureza da coisa não impede a coisa de ser indiferente aos que ela atormenta" (1989, p. 27), sendo que, por isso mesmo, pode e deve ser representada, acredito que esse excesso pode redundar, no plano político mais amplo, na naturalização das várias formas de violência que assombram o quotidiano, incluindo o autoritarismo. Em artigo sobre a produção cinematográfica atual, em que a mesma tendência prolifera, Vitor Hugo Adler Pereira (2004, p. 34) oportunamente considera:

> A justificativa, um tanto ingênua, da exposição obscena da violência, em qualquer contexto, como um exame identificado com a busca das verdades secretas do ser humano, acaba por oficializar essa compulsão a tudo mostrar, a tudo dizer, na cultura contemporânea, paralisando a investigação crítica sobre suas implicações. O discurso crítico se omite ou se torna cúmplice da espetacularização da violência.

Já se sabe que a violência e a crueldade têm sido a viga-mestra da organização e funcionamento da nossa própria ordem social, simbolicamente figurada na história e na tradição da literatura nacional; de fato, a tendência exacerbada de apresentá-la hoje de modo absolutamente verista é um dado sintomático das peculiaridades do processo excludente da modernização capitalista que aqui se cumpriu, consolidado durante a ditadura militar. Ou seja, questões históricas e sociais não têm apenas uma relação com os textos; elas os constituem e lhes dão forma. Assim, a análise de muitos textos desse tipo evidencia que sua organização formal, em termos de um realismo violento e cruel, corresponde às especificidades sociais do Brasil contemporâneo, ou seja, a um conjunto de formações e situações articuladas e complexas, tanto no nível nacional quanto no internacional, que se rearticulam simbolicamente nos textos ficcionais.

Sendo o realismo, como procurei mostrar desde o início, um tipo de narrativa que cria e atribui valor às especificidades e detalhes de um modo de vida, em termos das características particulares dos indivíduos, dando o mesmo valor ao conjunto da sociedade de que fazem parte, ele compõe uma visão do todo, organizado com as diversas modalidades de experiência representadas e, devido a essa complexidade e historicidade, não é homogêneo.

Desse modo, se violência e crueldade são dados significantes também da constituição da realidade figurada, englobando tanto o individual quanto o social, em primeiro lugar, esta não pode ser explorada como totalidade fechada, que em seus próprios termos se encerra; depois, essa realidade deve ser articulada textualmente de acordo com uma perspectiva ética, que exclui o sentido de "mal necessário" que se possa atribuir ao conjunto de um enredo, com a justificativa da crueldade intrínseca do real ou de sua correspondência fiel ao estado da realidade brasileira. Prender-se a esse tipo de realismo, que atende à demanda do público, seja por "inclinação natural", como apontou Eco, ou pelo "estímulo artificial" e constante da cultura industrial-popular, espanta para cada vez mais longe a possibilidade da perspectiva crítica que negue a realidade concreta.

Para Jaime Ginzburg (2012, p. 135), que retoma Adorno, uma perspectiva crítica da violência pode ser obtida não apenas pela tematização, mas pelos modos como se relacionam tema e forma, por meio dos "antagonismos formais", já referidos antes:

> Por antagonismos formais devemos entender situações de incorporação à forma artística de um impasse, de uma negatividade constitutiva, em que a forma de uma obra, em termos estilísticos e historiográficos, entra em confronto com as tendências hegemônicas de produção cultural, bem como com os valores ideológicos dominantes.

Ou seja, a negatividade constitutiva adorniana, como se viu, é justamente a negação do *status quo*, o enfrentamento das forças que hoje controlam o mundo: a supremacia do mercado, a hegemonia das redes tecnomidiáticas como lugar de informação e de produção da cultura industrial-popular, além da assumida impotência do sujeito ante a potência desses mecanismos de controle.

A suficiência da linguagem

Tentando elucidar melhor os argumentos esboçados acima, selecionei também dois contos de Marcelino Freire, cuja obra pode ser analisada de acordo com os vários aspectos até aqui expostos. É conhecida a trajetória do escritor que, ao lado de vários outros, integra o grupo Geração 90, a que já me referi, cujas características temáticas e estilísticas guardam semelhanças entre si: economia cinematográfica da linguagem, oralidade, fragmentação, erotismo, atribulações e neuroses urbanas, ênfase no grotesco, violência, crueldade e morte, temperados com um certo lirismo sujo e diluído, aspectos esses a que se pode, genericamente, aplicar o rótulo de realistas ou naturalistas. Os contos escolhidos pertencem, respectivamente, ao primeiro livro publicado por Freire, *Angu de sangue* (2000), e a *Amar é crime* (2010). Em mais de quinze anos transcorridos, o autor continua fiel ao seu estilo e à matéria de que se nutre. Não se pode perder de vista que o passaporte para ingressar definitivamente no seleto grupo dos então "novos", criado pela crítica jornalística e referendado por parte da acadêmica, foi o "Prefácio" a *Angu de sangue*, escrito pelo professor João Alexandre Barbosa (2000, p. 11), no qual ele se detém em aspectos estéticos, enfatizando o uso da oralidade como o recurso que autoriza o autor a falar sobre a violência sob outro prisma:

> A sua oralidade é de uma espécie mais rara, embora, como escolha e técnica narrativas termine por responder, certamente, à pungência de significados veiculados por alguns desses contos, uma vez que o narrador cede, nesses casos, o seu lugar a uma voz narrativa entroncada em camadas sociais herdeiras da tradição oral.

Ainda não surgira com a ênfase de hoje a chamada literatura marginal, na qual se expressam as vozes vivas das camadas pauperizadas da população, que finalmente se exprimem em primeira pessoa, sem a mediação de um narrador "de fora", de outra classe social, que lhe concede a voz. Ainda não se descobrira a força com que os habitantes das periferias elaboram um novo regime de criação e circulação de sua própria literatura. Não surgira ainda, no discurso crítico, a forte discussão sobre o "lugar da fala", que tenta conseguir legitimidade para essas narrativas "outras". Portanto, a oralidade a que se refere o crítico citado seria uma espécie de passaporte levando de uma classe a outra, ou seja, ela permite que o leitor perceba e entenda o "outro" que assim se expressa. Mas considera também o fato de que essa oralidade resulta da adaptação a que são forçadas muitas personagens de Freire, egressas do mundo rural e mergulhadas na vida turbulenta das cidades.

De fato, não é demais lembrar que a imaginação literária das últimas décadas tem sido predominantemente urbana, construindo-se em conjunto com os processos sociais de êxodo rural e crescimento desordenado dos grandes centros, com a guetificação dos subúrbios e periferias, propiciando o surgimento de grupos isolados com registros e dicções próprias, correspondente à emergência dolorosa de novas subjetividades, gestadas na miséria e exclusão. A essa transformação da malha social urbana e rural correspondem, portanto, mediações ficcionais próprias, nos mais diferentes registros, entre os quais se destaca a oralidade.

Lembro que a presença desse recurso aparece como tentativa de conferir fidedignidade ao que se narra, ou seja, para introduzir um toque etnográfico-documental de caráter realista no relato, e tem sido uma estratégia muito usada na ficção brasileira, desde os regionalistas ou sertanistas da virada do século XIX para o XX, como se viu, quando já se procurava diminuir a distância estética entre o narrador e a matéria de que se servia. O Modernismo retomou a tendência, combinando-a com a fragmentação e outros recursos, num amálgama que forjou o carimbo da identidade formal ao período. A diferença hoje reside na multiplicidade de falares gerada pelas próprias transformações da língua, ao longo do tempo, incluindo os registros específicos dos habitantes reais das comunidades pobres, dos becos, morros e calçadas, entremeadas a expressões geradas e veiculadas pelas mídias e pela cultura industrial-popular.

Esse "realismo linguístico", se assim se pode dizer, que inclui o uso acentuado de rimas de todos os tipos, salpicadas no relato, como a conferir ironicamente um toque poético contrastivo à matéria atroz, é a marca registrada de Marcelino Freire, já assinalada muitas vezes pela crítica em geral, que, talvez também pelo excesso desse recurso – e de outros –, tem dedicado a ele muitas resenhas, análises e interpretações.[8] Todavia, esses recursos propiciam ao leitor, interessado no "retrato da realidade brasileira" e perplexo com sua brutalidade, a oportunidade de desviar a atenção para o discurso, minimizando assim a contundência da matéria que o enforma, embora ela mesma seja representada por meio de um repertório já previsível –[9] desde que Rubem Fonseca elaborou a matriz, – de situações de san-

---

8 As resenhas e análises, todavia, não são unânimes nas considerações. Encontram-se, junto aos elogios, críticas bastante ácidas. Ver, por exemplo: Ginzburg, Jaime. "A violência em um conto de Marcelino Freire". *Letras de hoje*. Porto Alegre, v. 42, n.4, p. 42-48, dez. 2007 e Lísias, Ricardo. "Prosa faz injustiça social parecer exótica". *Entrelivros*. Ano I, no. 4, p. 72.

9 Desde o surgimento de *Cidade de Deus* (Paulo Lins, 1997), *Estação Carandiru* (Dráuzio Varela, 1999), *Capão Pecado* (Ferrez, 2000) e outros, tem-se multiplicado esse tipo de relato, muitos deles com claras características da literatura industrial-popular. Eles já contam com uma considerável fortuna crítica, que se baseia sobretudo na especificidade de seu lugar de fala.

gue e tormento físico, com figuras de crianças abandonadas, prostitutas, mendigos e outros rejeitos que a sociedade cospe ou encarcera.

Se, como disse, uma perspectiva crítica da violência se consegue não somente pelo tema escolhido, mas pelos modos como tema e forma estão relacionados, por meio de antagonismos formais, o que evidenciaria uma perspectiva ética, que se recusa à aceitação da citada suficiência do real e também da suficiência da linguagem, cabe verificar então se essa perspectiva efetivamente se aplica à literatura de Freire.

Escrever sob violência

Como já há tempos a visibilidade é um dos elementos fundamentais de divulgação de escritores e obras, é sempre interessante, como um elemento a mais para amparar a reflexão crítica, dar voz aos próprios autores. Em entrevista ao portal *Cronópios*,[10] Freire afirma:

> Costumo dizer que eu não escrevo "sobre" violência. Escrevo "sob" violência. Dizem sempre que meus contos são violentos, meus personagens são todos doentes. Doentes estamos todos, ou não? O nosso tempo é doente, violentamente. Eu sou um escritor deste meu tempo, do aqui e do agora. Quem quiser "felicidade", "conforto", não vá ler os meus livros. Vá atrás de autores de autoajuda. E mais: dizem idem que eu só escrevo sobre gente mal-sucedida. Eu respondo: eu não estou preocupado com gente bem-sucedida. Meus livros não são empresariais. Eu faço é literatura, entende?

Com efeito, não há como negar o esforço do autor, ao longo de sua obra, de buscar a voz dos deserdados e seu lugar de fala, em meio à tragédia social brasileira e ao lixo cultural. Mas seu empenho nem sempre tem produzido resultados que fogem do que se tem chamado, a torto e a direito, de banalização da violência na ficção atual.[11]

Sob violência vive J.C.J., o menino de rua de um conto de *Angu de sangue*, cujo título é exatamente esse: "J.C.J." Como todos os outros contos do livro, a primeira linha deste está impressa em vermelho: "há uma gota de sangue em cada poema", dizia Mário de Andrade, mas a constatação aqui é de outro tipo. Talvez

---

10 www.cronópios.com.br/site/artigos.asp?id=1943 (Acesso em 22/11/2012).

11 Marcelino Freire escreveu, depois de *Angu de sangue, BaléRalé* (2003), *Contos negreiros* (2005), *Rasif - mar que arrebenta* (2009), *Amar é crime* (2010) e *Nossos ossos* (2013).

uma advertência sobre o que o leitor vai encontrar em seguida; aliás, todos os contos têm essa característica, recurso óbvio para realçar o significado também óbvio do título.

Trata-se da narrativa do assalto a uma mulher dirigindo um carro, que para em um sinal fechado. J.C.J., moleque de rua, empunhando um caco de vidro, corta-lhe a garganta, rouba-lhe o relógio e foge. Várias pessoas em volta gritam por socorro, atônitas, enquanto sob o sol, o trânsito histérico buzina. Um frentista de posto de gasolina, parecendo acudir, furta-lhe da bolsa dinheiro e documentos; enquanto expira, a mulher tem pensamentos desencontrados e a cidade ruge em volta, indiferente. Tudo rápido, eficiente e fatal, em três páginas de contundência atroz: "Deus, Nosso Senhor, o menino nem tinha tamanho" (Freire, 2000, p. 126).

Na intermitência dos vocábulos, lampejos, *flashes*, a luz do sol, o calor do asfalto, o brilho do vidro, gritos, vozes, o sangue, o suspiro, a morte. Nessa vertigem, *videogame*, que coloca o leitor no centro do crime, chama a atenção, por contraste, a marca fácil de observar em todos os textos da coletânea: o ludismo verbal, o jogo sonoro-semântico e os recursos gráficos que pretendem sustentar a narrativa. Esse jogo, que não raras vezes produz efeitos dignos de nota, de fato luminosos, na maior parte das vezes parece esvaziado de sentido, o que lhe rouba o caráter de um possível antagonismo formal, de uma exigência real da matéria, como apontei acima. Vejamos:

> Adolesce o menino de rua, o menino cheirado à cola, sem sapato e sujo. Droga mole. Amola, esmola todo dia todo santo carro. À mulher do carro ele se chega, reto e disforme em direção. Ela não sabe e abre a janela para a morte, abre a janela para dizer um palavrão (espaço para sugestão.........) (2000, p. 123).

Mimetizando o ritmo nervoso da cidade empilhada, desde o início, o confronto, a violência e a crueldade são transferidos para a organização da linguagem, que, apesar do impacto do "real", além de ser manejada com sutilezas de um poema, sujo embora, pretende estabelecer com o leitor um pacto de leitura calcado na possibilidade de decifrar alguns códigos, o que atropela a interlocução e a eficácia da intenção, crítica à primeira vista, pois Freire "escreve sob violência", como diz. Apesar disso, o exercício lúdico, que inclui inversões sintáticas, rimas, ritmos e soluções copiadas da cultura de massa, em contraste com o peso da matéria, introduz uma nota de ligeireza, acentuada com a ironia vazia do "espaço para sugestão".

> "Quero moeda, mocreia" – diz J.C.J. – tava ele uma pistola.
> Ela diz que não tem, amém e merda, e mostra uma cara, gorda cara, e uma língua pastosa que não sabe quanto custa cuspir na cara de alguém. Mesmo alguém assim fininho, mesmo alguém assim desalguém.
> E ladra: "Não vem, nem vem, não vem. Que não tem, não tem, não tem" (2000, p. 123-4).

No conjunto dos textos de Freire, comumente os diálogos breves e certeiros, como tiros ou facadas, substituem a narração, constituindo uma junção aleatória de discursos, que saltam constantemente do direto para o indireto livre, estabelecendo-se assim uma ambiguidade discursiva proposital, obliterando a comunicação. Quem narra? Quem fala? Quem pensa? Quem vê? O efeito de transgressão das barreiras de significação, que revitaliza a estrutura dialógica, talvez tenha a intenção de tentar transferir para a linguagem a violência da própria estrutura social, buscando escapar do método clássico do realismo, a exposição minuciosa de cada detalhe. Seria, assim, mais contemporâneo.

> Ainda vê o menino na dobra da esquina. Ele corre, pequeno, já sumindo. O que ele viu nela? Nem veste-se mais suntuosa. A cada dia mais engorda. A cada mais nervosa. A cada dia mais de menos. O cinto de segurança tomando-lhe o decote e o oxigênio. Olhos lhe atropelam. O que foi? Se foi. Ela aponta, tonta. O menino nem nem (2000, p. 123-4).

Nas duas primeiras frases pode-se identificar o narrador em terceira pessoa, mas na seguinte, "o que ele viu nela?", sobrepõem-se a fala do narrador e o pensamento da personagem feminina, de modo que não é possível distingui-los, recurso que continua por todo o fragmento, até nova intromissão clara do narrador, "olhos lhe atropelam", indicando o surgimento de outras pessoas que perguntam "o que foi?". "Se foi" pode ser a resposta da personagem em relação à fuga do menino ou uma notação de dúvida em relação ao ocorrido: foi mesmo alguma coisa? Tão rápido foi... E o narrador em terceira pessoa reaparece nas duas últimas frases.

Esse esboço de análise faz-se necessário para evidenciar a estratégia narrativa e as soluções expressivas do autor, que não são exclusivas ou originais, como disse, podendo ser encontradas em muitos outros escritores voltados para temas semelhantes, sobretudo em narrativas curtas, como se a dureza da matéria de fato não suportasse outros voos. Nesse sentido, é emblemático o título do conto, carregado de ironia: "J.C.J.", o nome do moleque. Ao que tudo indica, trata-se de uma alusão às letras inscritas na cruz de Cristo, JCRJ (Jesus Cristo Rei dos Judeus), o que autoriza intuir uma empatia do narrador (e do autor) para com o menino assaltante, visto como mártir da infância crucificada pela sociedade injusta, "doente". Além disso, a ilustração que abre o conto,[12] uma tarja preta no meio da página branca, insinua que a identidade do pequeno assassino (ele apenas "adolesce"), deve ser preservada; assim, ele não tem nome, apenas iniciais, tal como não têm nome, em geral, quase todos as personagens de Freire.

Pode-se supor que o uso do nome de Cristo, ironicamente em vão, procura elaborar, como toda a arquitetura do conto, um viés transgressivo também com relação aos grandes relatos, a religião, a história, a ciência, que tentam explicar e organizar em um todo racional o mundo tido como completamente inapreensível e inexplicável. Que alternativas restam para a mulher e o menino, abandonados por Cristo? No reino do mal absoluto, só a violência, a crueldade, a morte, de fato a suficiência do real, indiferente à dor e ao dilaceramento que pode causar: "Sozinha e Deus, nos giros dos pneus" (2000, p. 124). Nessa direção, é importante notar que, enquanto o menino aparece como mártir, à mulher parece caber o papel de culpada pela situação política e social: "... Vota: em quem? Partido da situação não toma" (2000, p. 123). Para ela, o narrador não concede sequer uma gota de compaixão, acentuando apenas traços grotescos e pejorativos, em evidente maniqueísmo: "cara, gorda cara", "língua pastosa" (2000, p. 123), "mole, que nem toda mulher de bem"; "A cada dia mais engorda. A cada dia mais nervosa. A cada dia mais de menos" (2000, p. 124).

A análise do conto parece conduzir à constatação de que, devido ao choque causado pelo relato, por seu sentido aparente de crítica e acusação, pela transgressão dos limites da representação, o leitor é sacudido de sua passividade, abalado em suas certezas e chamado a um posicionamento, quando não político, pelo menos solidário. Mas, na verdade, devido aos próprios artifícios linguísticos e à organização do relato, evidencia-se um maniqueísmo apolítico, em que o mal está nos ricos e o bem nos pobres, sublinhando uma incapacidade de tentar negar a desumanização e a violência e caindo no absoluto niilismo, pois a suficiência do real impede qualquer movimento diferente. Não se desenha assim nenhum

12 Todos os contos do livro, nessa 1ª edição, abrem com imagens significativas: insetos, esqueletos, pássaros mortos, rostos humanos, cuja análise poderia constituir material de interesse.

antagonismo formal em relação ao realismo industrial-popular, apesar dos jogos expressivos modernos e/ou pós-modernos (repetições, assonâncias, aliterações, pontuação livre e lúdica, etc.), pois o mundo ali representado é uma totalidade fechada em si, autossuficiente, sem fissuras que lhe possam abalar a arquitetura. A conexão com o vivido da experiência histórica e social, que existe, e o cuidado na objetivação da narrativa de teor factual não conseguem evitar um sentimento de absurdo causado pelo real contundente que se expõe, como mais uma mercadoria na vitrine já cheia de produtos como esse.

A abjeção e o Mal

O outro conto escolhido para análise pertence à coletânea *Amar é crime*, na qual o conjunto de textos denota a reiteração, com pequenas variações, dos mesmos aspectos apontados no primeiro livro, ou seja, Freire continua a escrever "sob violência", utilizando os mesmos recursos, alguns deles aqui exacerbados. O que chamou minha atenção para o conto "Liquidação" (Freire, 2010), na mesma perspectiva, é a semelhança do seu tema com o de Marçal Aquino, "Boi", aqui analisado.

Em ambos têm-se como personagens moradores de rua, que se enfrentam até a morte na luta por sua quota de miséria. Lá, o móvel da disputa é um barraco debaixo do viaduto; aqui, é um sofá atirado na rua, num canto qualquer da cidade indiferente, que dois Homens da Carroça querem para si. O primeiro, que o prometeu ao filho pequeno, diz que o reservou no dia anterior, amarrando-o com cordas; o segundo não aceita o argumento, que ali naquela terra de ninguém não faz sentido. Propõe uma sociedade no sofá, recusada. Atracam-se, "foi juntando um povo em volta" (Freire, 2010, p. 84), uma faca aparece e ali jaz o corpo estendido no chão, em meio a uma poça de sangue. Enquanto isso, a Mulher do primeiro Homem da Carroça, apreensiva, espera no buraco escuro onde moram, debaixo do viaduto. O desfecho da luta não é, todavia, o final. Neste, logo depois, não fica claro se disputa e morte foram fatos "reais", se foi uma premonição da Mulher ou apenas um sonho do Homem da Carroça:

> O corpo do Homem da Carroça ali, como se deitado na sala de estar, no centro da cidade, pode?
> — Tire esse cachorro aí de cima, mulher!
> Ou:
> Acorda, Zé, acorda. Vem para cama, homem. Levanta deste sofá. Quanta folga! Daqui a pouco dá a hora de o Homem da Carroça ir trabalhar (2010, p. 88).

Aliás, o recurso à ambiguidade, propiciado por certo viés mágico e/ou fantástico, não está ausente da literatura de Freire, como neste caso, em que a brincadeira com os possíveis finais sugere uma tentativa irônica de minimizar o teor cruel da narrativa e o quociente de realidade da matéria.

Desde o início, repete-se a despersonalização dada pela ausência de nomes, característica exaustivamente explorada por Freire, como apontei; os personagens recebem denominações referentes apenas ao que fazem nas ruas: são os Homens das Carroças, alguns daqueles muitos sem-nome que se arrastam todos os dias pelos monturos, recolhendo restos aproveitáveis que a cidade rejeita (exceto no final, talvez onírico, em que o Zé, nomeado então, passa a ser alguém). Só o filho do protagonista tem um nome, que não é seu, Hering, a conhecida marca retirada da "camisa 100% suja que o Homem da Carroça usa" (2010, p. 82), traço que dispensa explicações. São todas personagens animalizadas, burros de carga a puxar carroças, insetos a rastejar: "socava-se o menino entre as pernas do pai. Manobrava um automóvel nas pernas do pai. Toda vez que o pai chegava. Feito barata" (2010, p. 84)

Essas personagens respiram lixo e podridão e o modo como o narrador os representa, sem resquício de piedade, parece insinuar que eles se comprazem com essa sordidez e refocilam nela. Talvez o narrador também. Por exemplo, a mulher, alimentando premonições sobre o que estará acontecendo com seu Homem da Carroça, pensa: "Se o Homem da Carroça morresse, sentiria falta, saiba. Do piolho do Homem. Da porquidão. Sentiria falta da frieira do Homem. Do bicho do Homem" (2010, p. 82). Ou ainda: "Sentiria falta do contágio do Homem. Das exalações. Do abafo do Homem. Nodoamento, podricalho. Da sebentice sentiria falta" (2010, p. 84). E também: "Sim, a Mulher sentiria falta, não ache que não. Da putrescência. Caspa. Sentirá falta do muco. Da langanha. Do pingão. Saudade de tirar sujidades dele. De lavar, descaquejar, escovar." (2010, p. 85).

A insistência do narrador, de novo em terceira pessoa, interpelando um possível interlocutor enquanto se mistura às divagações da Mulher ("não ache que não"), parece querer reiterar a distopia, assim como todos os outros termos dessa interlocução: "sim", "você vai ver", "saiba". Os aspectos nauseantes da fisiologia humana, relacionados à vida em condições de extrema miséria, acentuam a animalização num nível em que qualquer afirmação de que se escreve "sob violência" ou de que "a sociedade é doente" é um escárnio. O desprezo pelo corpo alheio e o rebaixamento puro e simples do humano, cernes do sadismo, como lembrei, vazados na enxurrada de termos relacionados à imundície, conduzem aos limites da abjeção, uma das marcas fortes da cultura contemporânea, não por acaso. As personagens deste conto são, assim, animais abjetos, burros de carga imundos, porcos, baratas, a quem se recusou qualquer traço de humanidade. E nada está ausente do bestiário: "Sim, o Homem da carroça também cria um cachorro. Cachorro não pode faltar" (2010, p. 83).

Nesse passeio pelo jardim zoológico da ficção, o leitor se vê confrontado, portanto, com os aspectos mais cruentos da realidade, em uma espécie de elogio da miséria, em que o ser humano é abandonado à própria sorte: "Cadê que ninguém aparece? Um advogado, uma prece. Uma salvação, sei lá" (2010, p. 85), grita o narrador, em busca de empatia. Assolados pela penúria extrema, as personagens deste conto, como as de Aquino, também vivem em sobressalto, em estado de guerra, articulando ações cujo único objetivo é tentar suprir a escassez total; isolados e em luta permanente, cercam e protegem seu território, mas não têm nada e direito à coisa nenhuma. A ação de cada um se limita apenas pela força do outro; seus atos, unicamente ligados à necessidade de sobrevivência, são ditados pelo "estado natural" animalesco e os horizontes entrevistos são mais miséria, violência e sangue.[13] Ninguém pode escapar, insinua o narrador, interpelando diretamente seu interlocutor: "Hering gosta de desenho violento. Quando crescer, você vai ver. O filho do Homem da Carroça não vai deixar barato" (2010, p. 85).

Nada ou ninguém vai retirá-los dessa situação, o que o fragmento acima insinua. Numa sociedade em que os indivíduos são abandonados à própria sorte, o mal prolifera implacável, como parece entender o narrador (o autor?), misturado às vozes de suas criaturas, rejeitando novamente todos os "grandes relatos": "Memória. Pertencimento. História. Iremos juntos ao fim do inferno, diziam. Deus estava vendo. Deus é justo. Quem disse? Deus? Justiça? Inferno? E ria o Outro Homem da Carroça" (2010, p. 83).

Desse modo, o realismo de Freire, nesses contos, de fato atribui valor representacional às especificidades de um modo de vida, a indivíduos excluídos das benesses da civilização, mas sem lhes atribuir um pingo de dignidade, nem o mesmo valor ao conjunto da sociedade de que são parte. Não existe a organização e o amálgama de diversas modalidades de experiência representadas, individual e social, subjetiva e objetiva, pessoal e geral, uma refletida na outra, como postula

---

13 As características que lembram o texto citado de Thomas Hobbes se repetem, não por acaso, pois os dois autores aqui analisados são muito semelhantes entre si na escolha da matéria humana e nas formas de utilizá-la em sua ficção.

Raymond Williams (2001); o que ele encena é a homogeneidade de um conjunto sem espessura, complexidade ou historicidade.

É possível entrever, assim, similaridades entre a visão de mundo hoje dominante, a que Freire dá voz, e alguns dos eixos que sustentam também o pensamento de George Bataille (2000),[14] banalizados, tais como a presença necessária do Mal, a ausência de Deus, a ideia de transgressão dos limites e a impossibilidade de comunicação, que desembocam no excesso. Poderíamos aqui enfatizar o "excesso de cena", significado também atribuído a obsceno, centrado na matéria humana abjeta, vazada no estilo fragmentário e desordenado do autor, que angustia e afasta, sem deixar de atrair. Com efeito, essa miséria, essa sujeira, essa falta, esse sangue, esses bichos, esses crimes, tudo se junta para produzir medo e repulsa, mesclado a uma atração insopitável pela negação da nossa humanidade, o que, em última instância, repousa no "caráter único, irremediável e inapelável da realidade" (Rosset, 1989, p. 17).

Tragédias mínimas

Por suas características de conteúdo e forma, a literatura de Freire e de outros autores semelhantes, pode, com afirmei, significar para o leitor um dispositivo de vazão - um mecanismo até certo ponto catártico, acredito - para o medo e a intolerável angústia despertados pela extrema suficiência do real, vivida a cada dia e sociologicamente traduzida como a "tragédia social brasileira". E, por analogia com esta última expressão, pode-se talvez pensar nesse tipo de literatura como um gênero novo e chamá-lo - com ironia - de tragédias mínimas, centradas no quotidiano das camadas mais desvalidas da população, aquelas para quem o caráter inapelável da realidade não é ficção. Brutalidade, sangue, torpeza, violência e crueldade seriam traços essenciais de sua constituição e organização formal.

> *Cruor*, de onde deriva *crudelis* (cruel), assim como *crudus* (cru, não digerido, indigesto) designa a carne escorchada e ensanguentada: ou seja, a coisa mesma privada de seus ornamentos ou acompanhamentos ordinários, no presente caso a pele, e reduzida assim à sua única realidade, tão sangrenta quanto indigesta. Assim, a

14 Bataille, George. *La literatura y el mal*. www.elaleph.com, 2000. Essa similaridade, apontada em muitos autores da citada "Geração 90", tem sido bastante explorada e constitui uma vertente crítica de interpretação muito atuante. Ver, a propósito: *Estéticas da crueldade*, cit. A palavra *Mal*, com maiúscula, aqui é usada nesse sentido.

> realidade é cruel – e indigesta – a partir do momento em que a despojamos de tudo o que não é ela para considerá-la apenas em si mesma (Rosset, 1989: p. 17).

Essa definição de crueldade trazida por Rosset, baseada na etimologia da palavra, pode ser aplicada ao novo gênero, do qual os contos de Freire são um exemplo, desde que assumem violência e crueldade como estruturantes, servindo-as aos leitores em um cardápio sem variações. De fato, constituindo-se como tragédias mínimas, poderiam ser tomadas como partículas da grande tragédia social brasileira, a "sociedade doente", como a define o autor, mas não é isso o que acontece; cada uma delas, como já disse, é uma totalidade fechada em si mesma, sem ligação de causa e/ou efeito com o todo maior que a engendra.

Nas tragédias mínimas não se tem apenas a representação da violência, do sofrimento e da morte (o realismo cruel ou brutalista de Fonseca, que aqui se revisita), mas um tipo específico de figuração desses elementos, que, a despeito de si mesmo, pode guardar similaridades com a tragédia literária clássica, cuja ação está centrada na queda de personagens nobres e dignos, como se sabe. A sintaxe e o tom não são os mesmos; foram alterados, pois aqui não há sujeitos, deuses ou heróis, só objetos, gente comum e mendigos em estado de natureza, iguais na miséria de seres abandonados por Deus. O trágico aqui encenado assemelha-se ao Mal triunfante, à vitória total da crueldade, que, todavia, ao invés de aterrorizar, conforta, porque se encarna, como acontece nesse tipo de narrativa, em bodes expiatórios: o boi de Marçal Aquino, o menino de rua e a mulher gorda, do primeiro conto de Freire, e os animais que puxam carroças, do segundo.

É preciso lembrar de novo que as experiências e vivências hoje comumente chamadas de trágicas são mais genéricas, com nada da nobreza e dignidade dos eventos sobre os quais repousava o gênero antigo. Cabe, então, a pergunta: é possível uma relação entre a tradição da tragédia e as experiências e vivências a que estamos sujeitos em nossa época, e que, no nível simbólico, podem estar representadas nas tragédias mínimas de Freire?

Talvez uma resposta resida em uma das maneiras por meio das quais se dá tal relação. Uma delas é a assunção hoje amplamente disseminada da suficiência do real, como ponderei acima, em que até a própria existência é vista como um crime inafiançável. Segundo essa visão, a violência e a crueldade têm raízes na natureza do homem, em relação à qual considerações históricas e sociais são irrelevantes. O que se vê, então, a alimentar as tragédias mínimas de hoje é o domínio do acaso, a naturalidade da dor e o triunfo do mal, contra o que nada se pode fazer; esse gênero novo seria, pois, um lembrete salutar contra qualquer ilusão de que é possível intervir no curso de um destino já traçado, no interior de uma sociedade imutável.

O Mal, assumido como realidade transcendental, produz, em termos de sua representação, segundo setores da crítica, a verdadeira natureza humana, dramaticamente revelada, contra todas as ilusões anteriores de civilização e progresso. Desse modo, a totalidade fechada que constitui o universo restrito, por onde circulam as personagens dessas tragédias mínimas, são territórios tomados por ele, sem que se vislumbre a causa de seu surgimento e conformação e muito menos suas consequências, além da destruição e da morte, pois isso não importa.

Todavia, contra a ideia deste "mal necessário", niilista e iniludível, Raymond Williams considera (2002, p. 85): "O que é apresentado como significação trágica é aqui, como em outra parte, uma significativa recusa da possibilidade de qualquer sentido". Haveria, então, um certo alívio em aceitar a análise das narrativas de Freire à luz dessas concepções, aliadas ao aporte cinematográfico,[15] ao apuro técnico da linguagem, aos jogos de palavras, às rimas, à conjunção de focos narrativos, aos diálogos rápidos e certeiros, comuns no realismo industrial-popular. Porém, "se as palavras importam, os sentidos também terão importância e ignorá-los formalmente significa, de maneira geral, aceitar alguns deles informalmente" (Williams, 2002, p. 87).

Nessa linha, o reconhecimento da presença da violência e do mal – qualquer mal –, como matéria representável não pode implicar sua aceitação como transcendente ou inescapável, devido à suficiência do real postulada por Rosset, nem como inerente à natureza humana, como se aventava no século XVIII, segundo Eco (2007). Deve implicar sua negação, sua negatividade, para que não sejam legitimados ou banalizados também fora da esfera da representação. Dito de outra maneira, a violência e seus corolários não podem submeter com força total o campo estético, pois isso seria abrir mão da possibilidade de oposição à própria barbárie que este pode representar.

No entanto, do mal é preciso falar, como argumenta Maria Rita Kehl (2000, p. 145), pois falar reduz sempre o objeto à dimensão humana: "Traz para perto do

---

15 O estilo de Freire, como o de Aquino, tem sido comparado ao dos filmes de Quentin Tarantino, guardadas as diferenças das linguagens. Essa comparação renderia muito se focasse mais na dimensão cínica que as formas expressivas de ambos compartilham.

nosso alcance, em partes menores forçosamente, o absoluto que nos oprime". Mas ela entende também:

> nesse ponto se coloca um problema ético: se o mal é representável, como falar dele sem produzir o efeito de um gozo? A pretensão de dizer tudo - ir até o abjeto (...) não é uma tentativa de promover o gozo na abjeção? Afinal, o que fica de fora, num texto, nem sempre é o indizível. (...) é o ponto onde o escritor escolheu recuar. A renúncia à pretensão de "dizer o real todo" produz outra linha de estilos (...) e outra ética também: a que consiste em implicar o leitor na continuação da escritura e responsabilizá-lo através do pensamento.

Assim, a carne escorchada e ensanguentada que se serve ao leitor, recoberta por uma pele de palavras em engenhosas combinações, não se apresenta como um antagonismo formal, mas como pura pretensão de dizer o real todo, que aí mesmo se esgota. Na verdade, como lúdico deleite, eleva a violência ao patamar da crueldade: sutileza na aplicação, cuidado nas minúcias, argúcia na escolha dos métodos, apuro e cálculo na elaboração, como disse. Ao contrário de uma visão negativa, que rejeita o real, o autor reitera um viés afirmativo e conformista com relação à "carne" que expõe, imbuído de um ceticismo regressivo, em que não há lugar para a verdadeira complexidade da experiência humana e social, mas que pode coruscar como um artefato a mais nas vitrines da contemporaneidade brasileira. Essa é, pois, sua função. Desse modo, tanto Freire como Aquino parecem acreditar que uma leitura ambígua da tragédia social brasileira pode ser estimulante, crítica e até reconfortante; seria melhor, assim, se faltasse sempre uma palavra.

Em suma

Depois do longo percurso até aqui, percebo que as interrogações sobre o realismo literário, sua sobrevivência e funções, continuam muito vivas nas próprias incertezas do tempo presente, ainda alimentando debates a respeito do que é realidade, representação e literatura. Mas corri o risco de assumir que as representações, figurativas ou não, no campo estético, são esquemas de entendimento e modelagem das estruturas e das relações sociais, sendo que em suas formas, suas convenções, estão implícitas funções e efeitos diversos, de acordo com cada contexto histórico. Sempre existiram esforços coletivos mantendo as representações, misturando-se interesses antagônicos movidos por diferentes interpretações do real, estabelecendo disputas explícitas ou implícitas pelo controle delas, que parecem sempre neutras ou naturalizadas. Ou seja, as formas de nomeação e classificação do real ou do que se entende por real são práticas que lhes atribuem sentidos, com efeitos efetivos na construção da realidade social. Representação e realismo sempre estiveram intrinsecamente ligados, na medida em este faz da realidade física e social a base representável sobre a qual se assentam o pensamento, a cultura e a literatura. Em outras palavras, pode-se dizer que o realismo sempre fez parte do ato de representar, pois, seja qual for o tipo de convenção estabelecida e do pensamento que a sustenta, o que se pretende é reapresentar, colocar em presença, por meio da linguagem, a realidade exterior (concreta) ou interior (abstrata).

Se, no início do meu trajeto, procurei entender questões conceituais e históricas ligadas ao surgimento do Realismo europeu, foi para evidenciar semelhanças aproximadas em relação ao Realismo brasileiro, ligado a própria formação da nossa literatura e sociedade. Viu-se que emergiu aqui um projeto nacionalista, político e ideológico, de que a literatura foi tributária, assumindo-o ou contestando-o, na medida em que recusava ou não, com gradações e nuances, a representação da existência das classes subalternas compostas pelos miseráveis, negros, mulheres, homossexuais, as "raças inferiores", indignas de figurar como personagens no amorável panorama da terra em construção. Criam-se, desse modo, mecanismos de controle ideológicos, expressos em temas e situações, implícitos e muitas vezes explícitos, tanto na prosa de ficção e na poesia, quanto na crítica do tempo, observados nas muitas contendas e debates que jornais e revistas documentaram. A análise dessa produção evidencia os interesses em disputa a respeito de projetos de sociedade diferentes, na tentativa de incluir ou excluir, de afirmar ou negar, de escamotear ou revelar desigualdades e injustiças sociais, além de concepções estéticas em processo de transformação. O realismo, então, enquanto postura e método, funcionou como uma cartografia das diferenças, constatando-as, durante o Romantismo, ou contestando-as, em maior ou menor grau, a partir do Realismo e do Naturalismo, revelando-se nesse ponto sua eficácia específica enquanto mecanismo de controle, em cada momento.

Tais mecanismos sempre estiveram presentes (e ainda estão), pois o projeto nacionalista, de conformação de uma identidade nacional moderna, com características civilizatórias, foi apenas mudando de figura. Atravessaram com força a segunda metade do século XIX e ingressaram no século XX, com o desejo de traduzir esteticamente a terra, o homem e a luta, na literatura, agora por meio das conquistas formais modernistas, também europeias, dando-lhes um sentido de brasilidade mais específica, deglutindo os modelos de fora, antropofagicamente, e questionando as possibilidades das refrações realistas.

Nesse processo incessante de continuidades e rupturas mais ou menos abruptas, o realismo se recupera e enfrenta controles mais explícitos e duros, durante as lutas ideológicas agudizadas a partir dos anos 1930 do século passado, quando ele próprio se fragmenta em vários modelos, mantendo-se inteiro, porém, com diferentes posturas e métodos, originados em credos políticos diametralmente opostos. Ainda está bem clara, nessa época, a necessidade de pensar a construção do Brasil como um projeto nacional coletivo vigoroso, do qual a literatura seria o espelho a refletir as agruras e malefícios da desigualdade econômica, além de sobreviver às lutas políticas do tempo.

Provavelmente a ruptura mais efetiva que em todo esse processo se fez tenha ocorrido durante a ditadura militar, a partir da década de 1960. Partindo do pressuposto de que as transformações técnicas alteram a percepção do mundo e, consequentemente, as formas de representá-lo, considerei a importância do aparato politico e ideológico da ditadura militar, expresso inclusive nos seus projetos para a cultura como um todo, como um agente determinante da transformação efetiva dos modos de produzir literatura no Brasil contemporâneo. Por meio desses projetos e seus mecanismos explícitos de controle, como a censura, essa ditadura conseguiu desmantelar gradativamente a ideia de nacional-popular, que continha ainda resíduos de antigos nacionalismos, substituindo-a pelo que chamei de industrial-popular, a literatura fabricada pela indústria cultural consolidada, para um público largamente ampliado, cuja linguagem preferencial veio a ser justamente o realismo, com a rasura de suas intenções mais progressistas, o que foi possível devido a suas próprias antinomias .

Concluindo, acredito que a adesão às instâncias de controle de hoje, organizadas e gerenciadas pelas cada vez mais poderosas indústrias globais de cultura, continuam a delimitar escolhas temáticas e expressivas de boa parte da literatura ficcional, não só a brasileira. Melhor dizendo, as alternativas que para ela se colocam, sob o controle dessas indústrias, estão muito longe de permitir novamente ao realismo ser um fator de descoberta, interpretação e contestação da realidade, sobretudo aquela em que vivem os setores subalternos da grande comunidade imaginária nacional. Ele hoje parece avesso à função de poderoso instrumento que foi para pensar a história e a si mesmo, durante tanto tempo, pois perdeu sua substância coletiva, diluindo-se no labirinto das subjetividades fragmentadas, nutridas nas fantasmagorias amealhadas nas redes digitais. Busca-se outro caminho para a reivindicação do real na literatura.

Aquilo que garantiu a força e a persistência do realismo literário não foi a ideia de unidade e de síntese, através dos tempos, mas a de refração, da possibilidade de reflexos cambiantes e multivários, em cada momento. Ou seja, o realismo sempre trouxe em si a ambiguidade, um antagonismo interno, uma espécie de unidade de atração e repulsa em relação a si mesmo e ao real que pretendia representar, pois, enquanto criticava a realidade de que surgiu, participava de sua construção. Sempre foi, de fato, uma unidade tensionada entre opostos, um atrito entre a realidade que pretendia ser e a realidade que de fato não era, expressando assim as próprias contradições da história e do tecido social, em cada momento. É por isso que importa analisar as narrativas centradas na violência, como as que eu trouxe aqui, pois elas mais facilmente aderem à própria realidade mercantil da literatura, pela exacerbação do detalhe cruel que captura leitores, ao invés de criticá-la como expoente de um mundo desajustado e indiferente.

O que no fundo prevalece no realismo de hoje – o que lhe dá forma e o constitui – é, mais uma vez, um problema não resolvido de ressonâncias éticas e morais, que ultrapassa questões de construção textual e discussões críticas a respeito de fidelidade ao real, que ocupou tanto a crítica do século XX. A visualidade, característica mais direta e sedutora da mercadoria, hoje dominante nos diferentes meios, acentuou ainda mais sua contradição interna. Ela introduziu questões que se abrem para as implicações não só estéticas das infinitas relações hoje possíveis entre textos e imagens eletrônicas e digitais, trazendo mudanças até então impensáveis, cujo alcance ainda é impossível auferir, tanto nas subjetividades quanto nas suas expressões artísticas. Talvez o realismo, na fantástica capacidade de continuamente se refratar, conforme a acepção aqui proposta, tenha finalmente perdido uma parte de seu valor de conhecimento, aquele que, utopicamente, poderia levar a uma crítica negativa radical e necessária da sociedade contemporânea, buscando pelo menos fraturar a outra, a da mercadoria.

Bibliografia

ABDALA Jr., Benjamin (Org.). *Ecos do Brasil: Eça de Queirós, Leituras brasileiras e portuguesas*. São Paulo: Senac Editora, 2000.

ADORNO, T. W. "A posição do narrador no romance contemporâneo". *Os Pensadores*. São Paulo: Abril Cultural, 1980.

______. " Posição do narrador no romance contemporâneo". *Notas de literatura I*. São Paulo: Duas Cidades; Ed. 34, 2003.

______. "Revendo o Surrealismo". *Notas de literatura I*. São Paulo: Duas Cidades/ Editora 34, 2006.

AGUIAR, Cláudio. *Franklin Távora e o seu tempo*. São Paulo: Ateliê, 1997.

ALMEIDA, Fialho. "Os escritores do Panúrgio". Ribeiro, Maria Aparecida (org.). *História Crítica da Literatura Portuguesa - Realismo e Naturalismo*. Lisboa: Editorial Verbo, 2000.

______. "Sobre *O crime do Padre Amaro*". Ribeiro, Maria Aparecida (org.). *História Crítica da Literatura Portuguesa - Realismo e Naturalismo*. Lisboa: Editorial Verbo, 2000.

ALMEIDA, José M. Gomes. *A tradição regionalista no romance brasileiro*. Rio de Janeiro: Topbooks, 1999.

ALMEIDA, Manuel Antônio. *Memórias de um sargento de milícias*. São Paulo, Ateliê Editorial, 2003.

AMADO, Gilberto. *Mocidade no Rio e primeira viagem à Europa*. Rio de Janeiro: José Olympio Editora, 1956.

AMADO, Jorge. *Cacau*. São Paulo: Livraria Martins, 1961.

ANDERSON, Benedict. *Comunidades imaginadas*. São Paulo: Companhia das Letras, 2008.

ANDRADE, Mário; ALVARENGA, Oneyda. *Cartas*. São Paulo: livraria Duas Cidades, 1983.

ANTÔNIO, João. *Leão-de-chácara*. São Paulo: Círculo do Livro, 1976.

AQUINO, Marçal. *Famílias terrivelmente felizes*. São Paulo: Cosac & Naify, 2003.

ARARIPE Jr., T.A. *Obra crítica*. Rio de Janeiro: Ministério de Educação e Cultura/ Casa Rui Barbosa, 1958.

ARISTÓTELES. "Poética". In: *Os pensadores*, vol.4. São Paulo: Abril Cultural, 1973.

ARRIGUCCI Jr., Davi. "Jornal, realismo, alegoria: o romance brasileiro recente". *Outros achados e perdidos*. São Paulo: Companhia das Letras, 1999.

ARRUDA, M. Arminda do Nascimento. "Modernismo e regionalismo no Brasil: entre renovação e tradição". *Tempo Social*. USP: v.23, n.2, 2011, p. 191-212.

ASSIS, Machado. *Obra completa*. Rio de Janeiro: Nova Aguilar, 1997. Vol. III. Poesia, teatro e crítica.

AUERBACH, Eric. *Mimesis. The Representation of Reality in Western Literature*. Princeton: Princeton University Press, 1974.

______. *Mimesis*. São Paulo: Perspectiva, 1976.

AUGUSTO, Sérgio. "A cultura, da caça às bruxas ao monopólio global". *Folha de S. Paulo*, 31/03/84, p. 5-6.

AZEVEDO, Aluísio. *O cortiço*. São Paulo: Ed. Moderna, 1999.

BAKHTIN, Mikhail. *Questões de literatura e estética (A teoria do romance)*. São Paulo: Edunesp/Hucitec, 1988.

BARBOSA, João Alexandre. "Prefácio". Freire, Marcelino. *Angu de sangue*. São Paulo: Ateliê Editorial, 2000.

______. *José Veríssimo: teoria, crítica e história literária*. Rio de Janeiro: Livros Técnicos e Científicos Editora, 1978.

BARRETO, Lima. *Diário íntimo. Memórias*. São Paulo: Editora Brasiliense, 1961.

______. *Feiras e mafuás – Artigos e crônicas*. São Paulo: Editora Brasiliense, 1961.

BARRETO, Luiz Antônio (Org.). *Literatura, história e crítica: Sílvio Romero.* Rio de Janeiro: Imago, 2002.

BARTHES, Roland. et allii. *Literatura e realidade – Que é o realismo?* Lisboa: Publicações D. Quixote, 1984.

______. *S/Z.* Paris: Seuil,1970.

______. *Essais critiques.* Paris: Editions du Seuil, 1964.

______. *Le bruissement de la langue.* Paris: Le Seuil, 1984.

BASTOS, Alcmeno. "Ficção: histórias para o prazer da leitura (Uma revista literária dos anos 70)". *Estudos de literatura brasileira contemporânea.* n. 23, jan./jun 2004, p. 137-150.

BATAILLE, George. *La literatura y el Mal.* Ediciones Elaleph.com , 2000.

BECKER, Colette. *Lire le réalisme et le naturalisme.* Paris: Armand Colin, 2005.

BERTELLI, Giordano B.; Pellegrini, Tânia. "Entre política e literatura: o Brasil de Oswald de Andrade". *Estudos de literatura brasileira contemporânea,* n. 34. Julho/dezembro, 2009.

BOSI, Alfredo; GARBUGLIO, J. Carlos; CURVELLO, Mário; FACIOLI, Valentim. *Machado de Assis.* São Paulo: Editora Ática, 1982.

________. Um boêmio entre duas cidades. In: ANTÔNIO, João. *Contos reunidos.* São Paulo: Cosac Naify, 2012, p. 595-600.

BOSI, Alfredo. *Céu, inferno.* São Paulo: Ática, 1988.

______. *Dialética da Colonização.* São Paulo: Companhia das Letras, 1992.

______. *História Concisa da literatura brasileira.* São Paulo: Cultrix, 1994.

______. *Ideologia e contraideologia.* São Paulo: Companhia das Letras, 2010.

BOURDIEU, Pierre. "A força da representação". *A economia das trocas linguísticas: o que falar quer dizer.* São Paulo: Edusp, 1996.

______. *O poder simbólico.* Rio de Janeiro: Bertrand Brasil, 2004.

BOURNECQUE, J.H.; COGNY, P. *Réalisme et Naturalisme.* Paris: Classiques Hachette, 1958.

BRANDÃO, Ignácio de Loyola. *Zero.* Rio de Janeiro: Codecri, 1982.

BRECHT, Bertolt. *El compromiso en literatura y arte.* Barcelona: Península, 1973.

BRETON, André. *Manifesto do Surrealismo*:

BROCA, Brito. *A vida literária no Brasil – 1900*. Rio de Janeiro: José Olympio Editora, 2004.

BROOKS, Peter. *The melodramatic imagination: melodrama and the mode of excess*. New York: Columbia University Press, 1985.

BUENO, Eva Paulino. *Resisting Boundaries: The Subject of Naturalism in Brazil*. New York and London. Garland Publishing Inc., 1995.

BUENO, Luís. "Nação, nações: os modernistas e a geração de 30". *Via Atlântica*, n. 7, out. 2004.

CACASO. "A democracia passa pela discussão do pluralismo cultural". *Folha de S. Paulo, Folhetim*, 1981, p. 6-9.

CALABRE, Lia (Org.). *Políticas culturais: diálogo indispensável*. Rio de Janeiro, Casa Rui Barbosa, 2005.

CAMARGO, Luís G. Bueno. *Uma história do romance brasileiro de 30*. Tese de Doutorado. Departamento de Teoria Literária do Instituto de Estudos da Linguagem, Unicamp, 2001.

CANDIDO, Antonio. *Formação da literatura brasileira: momentos decisivos*. São Paulo: Liv. Martins Ed. 1969. Vol II.

______. "A Revolução de 30 e a cultura". *A educação pela noite e outros ensaios*. São Paulo, Ática, 1987.

______. "De cortiço a cortiço". *O discurso e a cidade*. Rio de Janeiro: Ouro sobre azul, 2010.

______. "Eça de Queirós, passado e presente". Abdala Jr., Benjamin (Org.). *Ecos do Brasil: Eça de Queirós, leituras brasileiras e portuguesas*. São Paulo: Editora Senac, 2000.

______. "Literatura e subdesenvolvimento". *A educação pela noite e outros ensaios*. São Paulo, Ática, 1987.

______. "Nos limites do possível". *Veja*, 15/10/1975, p. 3-6.

______. "Os brasileiros e a literatura latino-americana". *Novos Estudos Cebrap*, vol.I, dez. 1981.

______. "Poesia, documento e história". *Brigada ligeira e outros escritos*. São Paulo: Editora da Unesp, 1992.

______. "Realidade e realismo". In: *Recortes*. São Paulo: Companhia das Letras, 1993.

______. *A educação pela noite e outros ensaios*. Rio de Janeiro: Ouro sobre azul, 2006.

______. *Formação da Literatura brasileira - Momentos decisivos*. São Paulo: Ouro sobre Azul, 2012.

______. *O método crítico de Silvio Romero*. Rio de Janeiro: Ouro sobre azul, 2006.

______. *Recortes*. Rio de Janeiro: Ouro sobre azul, 2005.

______. *Textos de intervenção*. São Paulo: Duas cidades/ Editora 34, 2002.

CARA, Salete de Almeida. *Marx, Zola e a prosa realista*. São Paulo: Ateliê Editoria, 2009.

CARPEAUX, Otto Maria. *História da literatura ocidental*. São Paulo: Leya, 2011. vol. III.

CARVALHO, José Murilo de. *Os bestializados*. São Paulo: Companhia das letras, 1997.

______ *A formação das almas - O imaginário da República no Brasil*. São Paulo: Companhia das Letras, 1990.

CASTELLO, José Aderaldo. *A literatura brasileira - Origens e unidade*. São Paulo: Edusp, 1999. Vol. II.

CERQUEIRA, Nelson. *A política do Partido Comunista e a questão do realismo em Jorge Amado*. Salvador: Fundação Casa de Jorge Amado, 1988.

CHARTIER, Pierre. *Introduction aux grandes théories du roman*. Paris: Armand Colin, 2005.

CHIAPPINI, Lígia. "Do beco ao belo: dez teses sobre o regionalismo em Literatura". *Estudos Históricos*. Rio de Janeiro: Cepedoc, 1995, p. 153-159.

______. "Velha praga? Regionalismo literário brasileiro". Pizarro, Ana (Org.). *América Latina, palavra, literatura e cultura*. São Paulo: Memorial da América Latina/ Editora da Unicamp,1994, v. 2., p. 665-702.

CHILDERS, Joseph W. "Industrial Culture and the Victorian Novel". Deirdre, David (Ed). *The Victorian Novel*. Cambridge: Cambridge University Press, 2006.

COHN, Gabriel. "A concepção oficial da política cultural nos anos 70". Micelli, Sérgio (Org.). *Estado e Cultura no Brasil*. São Paulo: Difel, 1984.

COLEMAN, Alexander. *Eça de Queirós and European Realism*. New York and

London: New York University Press, 1980.

COSTA, Emília Viotti. "Brasil: a era da reforma, 1870-1889". *História da América Latina. De 1870 a 1930.* Vol. V. Leslie Bethell (Org.). São Paulo: Edusp, 2008.

COUTINHO, Afrânio (Org.). *A literatura no Brasil.* São Paulo: Martins Fontes, 1997, vol.III.

COUTINHO, Carlos Nelson e outros. *Realismo e anti-realismo na literatura brasileira.* Rio de Janeiro: Paz e Terra, 1974.

CUNHA, Euclides da. *Os Sertões - Campanha de Canudos.* São Paulo: Ateliê Editorial/ Imprensa Oficial/Arquivo do Estado, 2002.

D'ANDREA, Selma Moema. *A tradição (re)descoberta - Gilberto Freyre e a literatura regionalista.* Campinas: Editora da Unicamp, 1992.

DALCASTAGNÈ, Regina (Org.). *Ver e imaginar o outro – Alteridade, desigualdade, violência na literatura brasileira contemporânea.* Vinhedo: Horizonte, 2008.

DEBORD, Guy. *A sociedade do espetáculo.* Rio de Janeiro: Contraponto, 1997

DEIRDRE, David. *The Victorian Novel.* Cambridge: Cambridge University Press, 2006.

DIAS, Marina Tavares. *A Lisboa de Eça de Queirós.* Coimbra: Quimera Editora, 2003.

DURIGAN, Jesus. "João Antonio: o leão e a estrela". Antônio, João. *Leão de chácara.* São Paulo, Estação Liberdade, 1989.

EAGLETON, Terry. *Sweet Violence - The Idea of the Tragic.* Oxford: Blackwell Publishing, 2003.

ECO, Umberto. *História da feiura.* Rio de Janeiro: Record, 2007.

FABRIS, Annateresa. *O futurismo paulista.* São Paulo: Edusp/Perspectiva, 1994.

FACIOLI, Valentim. "Um homem bruto da terra". Garbuglio, J.Carlos; Bosi, Alfredo; Facioli, Valentim. *Graciliano Ramos.* São Paulo: Editora Ática, 1987.

FAUSTO, Boris. "Brasil: estrutura social e política da Primeira República, 1889-1930". Bethell, Leslie (Org.). *História da América Latina- de 1870 a 1930.* São Paulo: Edusp, 2008.

FIGUEIREDO, Fidelino. *História da Literatura realista.* São Paulo: Anchieta, 1946.

FONSECA, Rubem. "Escritores desmentem crise de criatividade". *Visão,* 10/11/1975, p. 106-112.

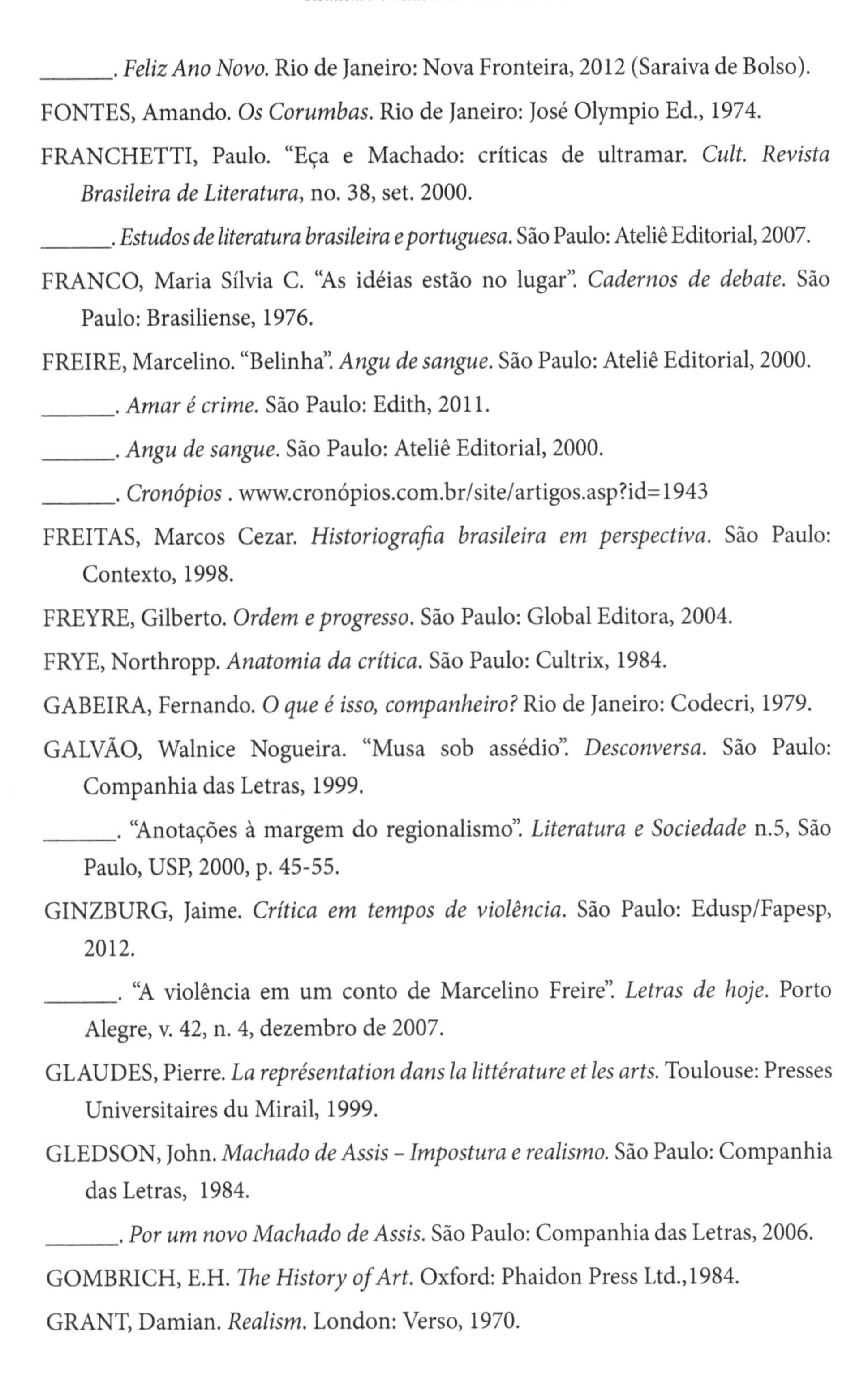

______. *Feliz Ano Novo*. Rio de Janeiro: Nova Fronteira, 2012 (Saraiva de Bolso).

FONTES, Amando. *Os Corumbas*. Rio de Janeiro: José Olympio Ed., 1974.

FRANCHETTI, Paulo. "Eça e Machado: críticas de ultramar. *Cult. Revista Brasileira de Literatura*, no. 38, set. 2000.

______. *Estudos de literatura brasileira e portuguesa*. São Paulo: Ateliê Editorial, 2007.

FRANCO, Maria Sílvia C. "As idéias estão no lugar". *Cadernos de debate*. São Paulo: Brasiliense, 1976.

FREIRE, Marcelino. "Belinha". *Angu de sangue*. São Paulo: Ateliê Editorial, 2000.

______. *Amar é crime*. São Paulo: Edith, 2011.

______. *Angu de sangue*. São Paulo: Ateliê Editorial, 2000.

______. *Cronópios* . www.cronópios.com.br/site/artigos.asp?id=1943

FREITAS, Marcos Cezar. *Historiografia brasileira em perspectiva*. São Paulo: Contexto, 1998.

FREYRE, Gilberto. *Ordem e progresso*. São Paulo: Global Editora, 2004.

FRYE, Northropp. *Anatomia da crítica*. São Paulo: Cultrix, 1984.

GABEIRA, Fernando. *O que é isso, companheiro?* Rio de Janeiro: Codecri, 1979.

GALVÃO, Walnice Nogueira. "Musa sob assédio". *Desconversa*. São Paulo: Companhia das Letras, 1999.

______. "Anotações à margem do regionalismo". *Literatura e Sociedade* n.5, São Paulo, USP, 2000, p. 45-55.

GINZBURG, Jaime. *Crítica em tempos de violência*. São Paulo: Edusp/Fapesp, 2012.

______. "A violência em um conto de Marcelino Freire". *Letras de hoje*. Porto Alegre, v. 42, n. 4, dezembro de 2007.

GLAUDES, Pierre. *La représentation dans la littérature et les arts*. Toulouse: Presses Universitaires du Mirail, 1999.

GLEDSON, John. *Machado de Assis – Impostura e realismo*. São Paulo: Companhia das Letras, 1984.

______. *Por um novo Machado de Assis*. São Paulo: Companhia das Letras, 2006.

GOMBRICH, E.H. *The History of Art*. Oxford: Phaidon Press Ltd.,1984.

GRANT, Damian. *Realism*. London: Verso, 1970.

GRIECO, Agrippino. *Obras Completas: Evolução da prosa brasileira*. Rio de Janeiro: José Olympio, 1947.

GUIDIN, Márcia L. et allii (Orgs.). *Machado de Assis - Ensaios de crítica contemporânea*. São Paulo: Editora Unesp, 2008.

GUIMARÃES, Hélio de Seixas. "Romero, Araripe, Verissimo e a recepção crítica de Machado de Assis". *Estudos Avançados*, v.18, n. 51, SP, ma/ag. 2004.

HAMON, Phillipe. "Um discurso determinado". In: Todorov, Tzvetan (org.). *Literatura e realidade - Que é o Realismo?*. Lisboa: Publicações Don Quixote, 1984.

HARDMAN, Francisco F. "Antigos modernistas". Novaes, Adauto (Org.) *Tempo e história*. São Paulo: Companhia das Letras, 1992.

HAUSER, Arnold. *História social da literatura e da arte*. São Paulo: Mestre Jou, 1988. 2 vol.

______. *The social History of Literature and Art*. London: Routledge and Kegan Paul, 1962.

HELENA, Lúcia. *Modernismo brasileiro e vanguarda*. São Paulo: Ática, 2000.

HEMMINGS,F. W. T. *The Age of Realism*. Harmondsworth: Penguin Books, 1974.

HOBBES, Thomas M. "Leviatã - I". *Os Pensadores*. São Paulo: Abril Cultural, 1974.

HOBSBAWN, Eric. *A era das revoluções*. Rio de Janeiro: Paz e Terra, 1981.

HOLLANDA, Heloisa Buarque; GONÇALVES, Marcos Augusto; FREITAS FILHO, Armando. *Anos 70 - Literatura*. Rio de Janeiro: Europa, 1979.

JAKOBSON, Roman. "Du réalisme artistique". In: Todorov, T. (Ed.). .*Théorie de la litterature*. Paris: Le Seuil, 1965.

JAMES, Henry. *The art of fiction*.

JAMESON, Fredric. "Pós-modernidade e sociedade de consumo". São Paulo: *Novos Estudos Cebrap*, n. 12, 1985, p. 16-26.

______. *The antinomies of realism*. London/New Youk: Verso, 2013.

KEHL, Maria Rita. "O sexo, a morte, a mãe e o mal". Nestrovski, A. e Seligman-Silva, M. *Catástrofe e representação*. São Paulo: Escuta, 2000.

LACAMBRE, Geneviève; LACAMBRE, Jean (Ed.). *Champfleury: Le Réalisme*. Paris: Herman Ed., 1973.

LAFETÁ, João Luís. *1930: a crítica e o Modernismo*. São Paulo: Livraria Duas Cidades, 1974.

LAJOLO, Marisa. "Regionalismo e história da literatura: quem é o vilão da história?". *Historiografia brasileira em perspectiva*. São Paulo: USF/Contexto, 1998.

LARKIN, Maurice. *Man and Society in Nineteenth-Century Realism*. London and Basingstoke: The Macmillan Press Ltd, 1977.

LARROUX, Guy. *Le Réalisme*. Paris: Editions Nathan, 1995.

LENTRICCHIA, Frank e McLaughlin, Thomas (Org.). *Critical Terms for Literary Study*. Chicago and London: University of Chicago Press, 1990.

LEONEL, M. Célia; SEGATTO, José Antonio. *Ficção e ensaio – Literatura e história no Brasil*. São Carlos Edufscar, 2013.

LIMA, Luís Costa. *Mímesis: desafio ao pensamento*. Rio de Janeiro: Civilização Brasileira, 2000.

______. *O controle do imaginário e a formação do romance*. São Paulo: Companhia das Letras, 2009.

LINS, Álvaro. *História literária de Eça de Queirós*. Rio de Janeiro: José Olympio, 1939.

LINS, Ronaldo Lima. *Violência e literatura*. Rio de Janeiro: Tempo Brasileiro, 1990.

LÍSIAS, Ricardo. "Prosa faz injustiça social parecer exótica". *Entrelivros*. Ano I, no. 4, p. 72.

LOOS, Dorothy Scott. *The naturalistic Novel of Brazil*. New York: Hispanic Institute in the United States, 1963.

LÓPES, Oscar; SARAIVA, Antônio José. *História da Literatura Portuguesa*. Porto: Porto Editora Ltda, 6ª. ed., s/d.

LUKÁCS, Georg. "Arte y verdad objetiva". In: *Problemas del realismo*. México: Fondo de Cultura Económica, 1968.

______. "Narrar ou descrever". In: *Ensaios sobre literatura*. Rio de Janeiro: Civilização Brasileira, 1968.

______. *Teoria do romance*. Lisboa: Editorial Presença, s/d

______. "Narrar ou descrever". *Marxismo e teoria da literatura*. São Paulo: Editora Expressão Popular, 2010.

MACHADO, Antônio de Alcântara. "Nacionalidade". *Novelas Paulistanas*. Rio de Janeiro: José Olympio Editora, 1973.

______. *Vida e morte do Bandeirante*. São Paulo: Livraria Martins Editora, 1965.

MARQUES, Wilton J. *Gonçalves Dias, o poeta na contramão - Literatura e escravidão no Romantismo brasileiro*. São Carlos: Edufscar, 2010.

MARTIN, Gerald. "A literatura, a música e a arte da América Latina". *História da América Latina. De 1870 a 1930*. Vol. IV. Leslie Bethell (Org.). São Paulo: Edusp, 2009.

MARTINS, Eduardo Vieira (Org.). *Franklin Távora: Cartas a Cincinato*. Campinas: Editora da Unicamp, 2011.

MARTINS, Wilson. "Rachel de Queiroz em perspectiva". *Cadernos de Literatura Brasileira - Rachel de Queiroz*. n. 4. São Paulo: Instituto Moreira Salles, 1977.

______. *História da inteligência brasileira*. Ponta Grossa: Editora da Universidade Estadual de Ponta Grossa, 2010, v. IV.

______. *O Modernismo*. São Paulo: Cultrix, 1969.

MATOS, A. Campo. *Eça de Queiroz - Uma biografia*. São Paulo/Campinas: Ateliê/ Editora da Unicamp, 2014.

______. "Sobre a recepção literária de Eça de Queirós". *Estudos em homenagem a João Francisco Marques*. Vol. III. Porto: Faculdade de Letras da Universidade do Porto.

MAYRINK, Geraldo." Saldos do desenlace". *Veja*, 13/13/1978, p. 29-30.

MEDINA, João. *As Conferências do Casino e o socialismo em Portugal*. Lisboa: D. Quixote, 1984.

______. *Eça de Queirós e a Geração de 70*. Lisboa: Moraes, 1980.

MELLO, Maria Elizabeth Chaves. *Lições de crítica. Conceitos europeus, crítica literária e literatura crítica no Brasil do século XIX*. Niterói, EdUFF, 1997.

MERQUIOR, José Guilherme. *De Anchieta a Euclides - Breve história da literatura brasileira*. Rio de janeiro: José Olympio Ed., 1977.

MICELLI, Sérgio. "Teoria e prática da política cultural oficial no Brasil". *Revista de Administração de Eempresas*. Rio de Janeiro, v.24, n.01, 1984, p. 27-31.

______. *Intelectuais e classe dirigente no Brasil (1920-1945)*. Rio de Janeiro/São Paulo: Difel, 1979.

MITCHELL, W.J.T. "Representation". In: Lentricchia, Frank e McLaughlin, Thomas (orgs.). *Critical Terms for Literary Study*. Chicago and London: University of

Chicago Press, 1990.

MÓNICA, Maria Filomena. "O Sr. Ávila e as Conferências do Casino". *Análise Social*, XXXI (157) Lisboa, 2001.

MORAES, Eduardo Jardim de. "Modernismo revisitado". *Estudos Históricos*. Rio de Janeiro: v. 1, n. 2, p. 220-238.

MORAN, Maureen. *Victorian Literature and Culture*. London: Continuum, 2006.

MURARI, Luciana. "O espírito da terra e a teoria da cultura brasileira de Araripe Jr." *Luso-Brazilian Review*. v. 44, n. 1, 2007.

NAPOLITANO, Marcos. "Relação entre arte e política: uma introdução teórico-metodológica". In: *Temáticas*. Campinas, 19 (37/38): p. 25-56, jan./dez. 2001.

NASCIMENTO, José Leonardo. *O Primo Basílio na imprensa brasileira do século XIX - Estética e Política*. São Paulo: Editora da Unesp, 2007.

NESTROVSKI, Arthur (Org.). *Aquela canção*. São Paulo: Publifolha, 2005.

PACHECO, João. *O Realismo*. São Paulo, Cultrix: 1978. Col. A literatura brasileira, v. III.

PELLEGRINI, Tânia. "Relíquias da casa velha: literatura e ditadura militar, 50 anos depois". *Estudos de literatura brasileira contemporânea*, n. 43, 2014, p. 151-178.

______. " Realismo: postura e método". *Letras de hoje*. Porto Alegre, v. 42, n. 4, dezembro de 2007.

______. "De bois e outros bichos: nuances do novo realismo brasileiro". *Estudos de literatura brasileira contemporânea*, n. 39 – Brasília, janeiro/junho de 2012.

______. *A imagem e a letra - Aspectos da ficção brasileira contemporânea*. Campinas/São Paulo: Mercado de Letras/Fapesp, 1999.

______. *Despropósitos - Estudos de ficção brasileira contemporânea*. São Paulo: Annablume/Fapesp, 2008.

______. *Gavetas vazias - Ficção e política nos anos 70*. Campinas/ São Carlos: Mercado de Letras/Editora da UFSCar, 1996

PEREIRA, Astrojildo. "O cronista Eça de Queiroz". *Crítica Impura*. Rio de Janeiro: Civilização Brasileira, 1963.

PEREIRA, Carlos Alberto M. e outros (Org.). *Linguagens da violência*. Rio de Janeiro: Rocco, 2000.

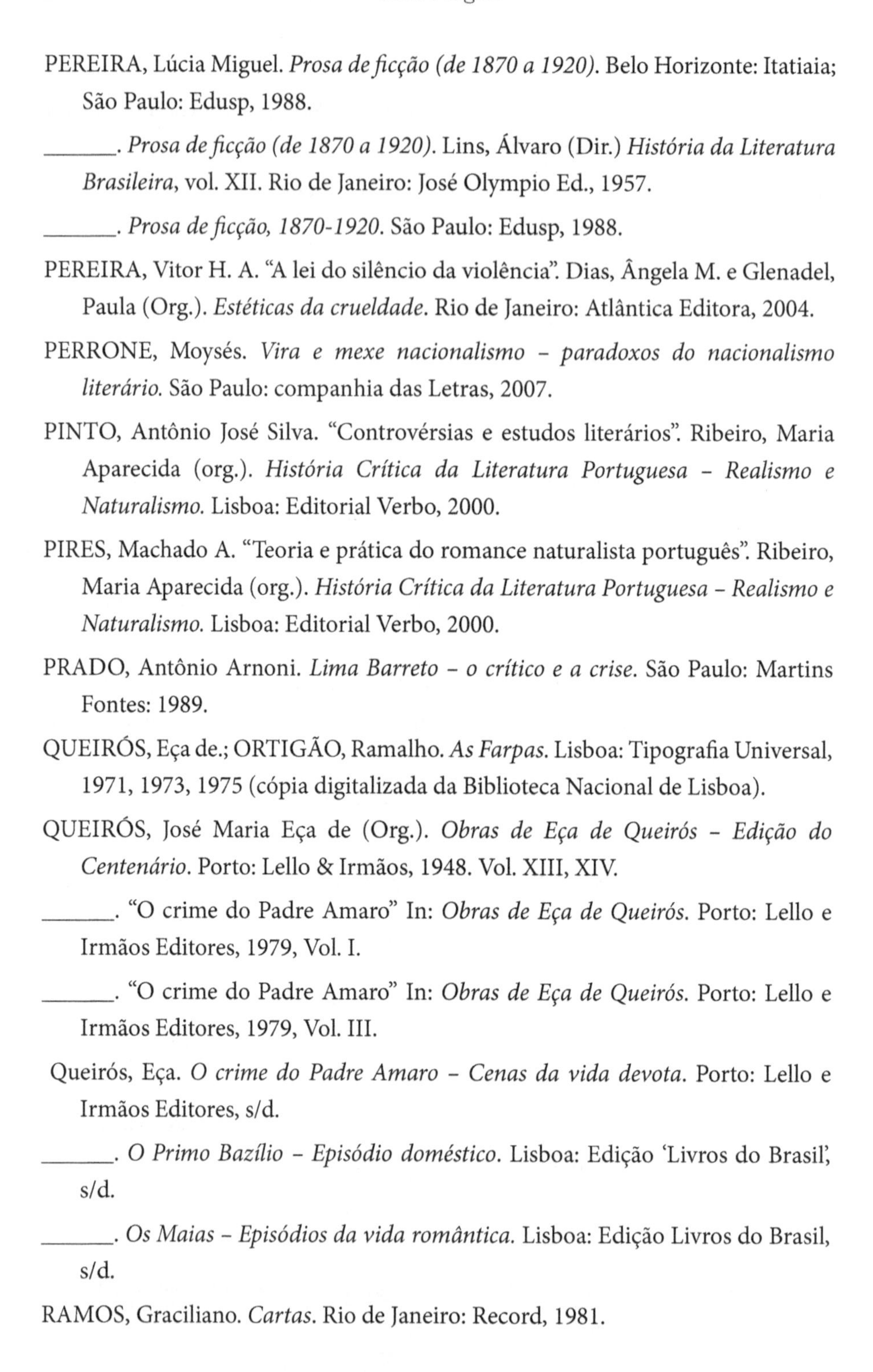

PEREIRA, Lúcia Miguel. *Prosa de ficção (de 1870 a 1920)*. Belo Horizonte: Itatiaia; São Paulo: Edusp, 1988.

______. *Prosa de ficção (de 1870 a 1920)*. Lins, Álvaro (Dir.) *História da Literatura Brasileira*, vol. XII. Rio de Janeiro: José Olympio Ed., 1957.

______. *Prosa de ficção, 1870-1920*. São Paulo: Edusp, 1988.

PEREIRA, Vitor H. A. "A lei do silêncio da violência". Dias, Ângela M. e Glenadel, Paula (Org.). *Estéticas da crueldade*. Rio de Janeiro: Atlântica Editora, 2004.

PERRONE, Moysés. *Vira e mexe nacionalismo – paradoxos do nacionalismo literário*. São Paulo: companhia das Letras, 2007.

PINTO, Antônio José Silva. "Controvérsias e estudos literários". Ribeiro, Maria Aparecida (org.). *História Crítica da Literatura Portuguesa – Realismo e Naturalismo*. Lisboa: Editorial Verbo, 2000.

PIRES, Machado A. "Teoria e prática do romance naturalista português". Ribeiro, Maria Aparecida (org.). *História Crítica da Literatura Portuguesa – Realismo e Naturalismo*. Lisboa: Editorial Verbo, 2000.

PRADO, Antônio Arnoni. *Lima Barreto – o crítico e a crise*. São Paulo: Martins Fontes: 1989.

QUEIRÓS, Eça de.; ORTIGÃO, Ramalho. *As Farpas*. Lisboa: Tipografia Universal, 1971, 1973, 1975 (cópia digitalizada da Biblioteca Nacional de Lisboa).

QUEIRÓS, José Maria Eça de (Org.). *Obras de Eça de Queirós – Edição do Centenário*. Porto: Lello & Irmãos, 1948. Vol. XIII, XIV.

______. "O crime do Padre Amaro" In: *Obras de Eça de Queirós*. Porto: Lello e Irmãos Editores, 1979, Vol. I.

______. "O crime do Padre Amaro" In: *Obras de Eça de Queirós*. Porto: Lello e Irmãos Editores, 1979, Vol. III.

Queirós, Eça. *O crime do Padre Amaro – Cenas da vida devota*. Porto: Lello e Irmãos Editores, s/d.

______. *O Primo Bazílio – Episódio doméstico*. Lisboa: Edição 'Livros do Brasil', s/d.

______. *Os Maias – Episódios da vida romântica*. Lisboa: Edição Livros do Brasil, s/d.

RAMOS, Graciliano. *Cartas*. Rio de Janeiro: Record, 1981.

______. *Garranchos - Textos inéditos*. Salla, Thiago Mio (Org.). Rio de Janeiro/São Paulo: Record, 2012.

______. *São Bernardo*. Rio de Janeiro: Edições Best-bolso, 2010.

RANCIÈRE, Jacques. *A política da ficção*. Lisboa: Ed. J.F. Figueira e V. Silva, 2014.

REIS, Carlos. "Leitores brasileiros de Eça de Queirós: algumas reflexões". Abdala Jr., Benjamin (Org.). *Ecos do Brasil: Eça de Queirós, Leituras brasileiras e portuguesas*. São Paulo: Senac Editora, 2000.

RESENDE, Beatriz. *Contemporâneos - Expressões da Literatura brasileira no século XXI*. Rio de Janeiro: Casa da Palavra, 2008.

______. *Poéticas do contemporâneo*. Coleção S/Z, Rio de Janeiro: UFRJ, 2017.

RIBEIRO, Maria Aparecida (org.). *História Crítica da Literatura Portuguesa - Realismo e Naturalismo*. Lisboa: Editorial Verbo, 2000.

RICHETTI, John. *Popular Fiction Before Richardson (1700-1739)*. Oxford: Clarendon Press, 1992.

RIFFATERRE, Michel. *Fictional Truth*. Baltimore and London: The John's Hopkin's University Press, 1990.

ROBBE-GRILLET, Alain. *Pour un nouveau roman*. Paris: Editions de Minuit, 1963.

ROCHA, João Cezar de Castro. "Machado de Assis e Eça de Queirós: formas de apropriação". *Floema*. Ano VII, n. 9, jan./jun. 2011.

______. *Machado de Assis. Por uma poética da emulação*. Rio de Janeiro: Civilização brasileira, 2013.

ROSA, Alberto Machado da. *Eça, discípulo de Machado?* São Paulo, Fundo de Cultura, 1963.

ROSSET, Clément. *O princípio da crueldade*. Rio de Janeiro: Rocco, 1989.

S/a. "Voltando das trevas?". *Veja* n. 530, 1978, p. 177.

SALGADO Júnior, Antônio. *História das Conferências do Casino*. Lisboa: Tipografia da Cooperativa Militar, 1930.

SANTANA, Maria Helena Jacinto. *Imagens da França nas crônicas de Eça de Queirós*. Universidade de Coimbra, Dissertação de Mestrado, 1988.

SANTIAGO, Silviano. "Retórica da verossimilhança". *Uma literatura nos trópicos*. Rio de Janeiro: Rocco, 2000.

SANTOS, Cássia dos. "Romance (a)político e crítica literária nos anos 30 e 40". *Letras*. Curitiba, n. 49, 1998, p. 107-124.

SANTOS, Wanderley G. *Ordem burguesa e liberalismo político*. São Paulo: Duas Cidades, 1978.

SARAIVA, Antônio José. *As ideias de Eça de Queirós*. Lisboa: Bertand Brasil, 1982.

SARRAUTE, Natalie. *L'ère du soupçon*. Paris: Gallimard, 1997.

SCHNEIDER, Alberto Luiz. *Sílvio Romero: Hermeneuta do Brasil*. São Paulo: Annablume, 2005.

SCHOLLHAMMER, Karl Eric. "Os novos realismos na arte e na cultura contemporâneas". Pereira, Miguel; Gomes, Renato C; Figueiredo, Vera F. (Org.). *Comunicação, representação e práticas sociais*. Rio de Janeiro,: Ideias e Letras, 2004, p. 219-229.

SCHWARZ, Roberto. "A democracia passa pela discussão do pluralismo cultural". *Folha de S. Paulo, Folhetim*, 1981, p. 6-9.

______. "Criando o romance brasileiro". *Argumento*. n. 4, fev., 1974.

______. "Nacional por subtração". *Que horas são?* São Paulo: Companhia das Letras, 1987.

______. *Ao vencedor as batatas*. São Paulo: Duas cidades, 1981.

______. *Martinha versus Lucrécia - Ensaios e entrevistas*. São Paulo: Companhia das letras, 2012.

______. *O pai de família e outros ensaios*. São Paulo:

______. *Que horas são?* São Paulo: Companhia das letras, 1987.

______. *Sequências brasileiras*. São Paulo: Companhia das letras, 1999.

______. *Um mestre na periferia do capitalismo*. São Paulo: Duas cidades, 1990.

______. "A carroça, o bonde e o poeta modernista". *Que horas são? – Ensaios*. São Paulo: Companhia das Letras, 1987.

SEGATO, José Antônio; BALDAN, Ude. *Sociedade e literatura no Brasil*. São Paulo: Edunesp, 1999.

SEREZA, Haroldo Ceravolo. *O Brasil na Internacional Naturalista: Adequação da estética, do método e da temática naturalista ao romance brasileiro do século XIX*. 2012. Tese (Doutorado), Faculdade de Filosofia, Ciências e Letras, USP.

SEVCENKO, Nicolau. *Literatura como missão: tensões sociais e criação cultural na Primeira República*. São Paulo: Brasiliense, 1985.

SILVA, Hebe Cristina. *Teixeira e Souza entre seus contemporâneos - Vida e obra*. Cabo Frio: Secretaria de Cultura, 2012.

SILVEIRA, Valdomiro. "Desengano". *Nas serras e nas furnas*. Rio de Janeiro: Civilização Brasileira, 1975.

SILVERMAN, Malcom. *Protesto e o novo romance brasileiro*. Porto Alegre/ São Carlos: Editora da UFRGS/Editora da UFSCar, 1995.

SODRÉ, Nelson Werneck. *História da Literatura Brasileira*. Rio de Janeiro: Bertrand Brasil, 1995.

______. *O Naturalismo no Brasil*. Belo Horizonte: Oficina de livros, 2002.

SUSSEKIND, Flora. *Literatura e vida literária - polêmicas, diários & retratos*. Rio de Janeiro: Jorge Zahar Editor, 1985.

______. *Tal Brasil, qual romance?* Rio de Janeiro: Achiamé, 1984.

TAPAJÓS, Renato. *Em câmara lenta*. São Paulo: Alfa-Ômega, 1977.

TAUNAY, Visconde de (Alfredo d'Escragnolle). *Inocência*. São Paulo: Editora Três, 1972.

TÁVORA, Franklin. *O cabeleira*. São Paulo: Editora Três, 1973.

TELLES, Gilberto Mendonça. *Vanguarda europeia e Modernismo brasileiro*. Petrópolis, Vozes, 1986.

TINHORÃO, J. R. *A província e o naturalismo*. Rio de Janeiro: Civilização brasileira, 1966.

TODOROV, Tzvetan. (Ed.). *Théorie de la littérature*. Paris: Le Seuil, 1965.

______. (org.). *Literatura e realidade - Que é o Realismo?* Lisboa: Publicações Don Quixote, 1984.

TOLOMEI, Cristiane Navarreti. *A recepção de Eça de Queirós no Brasil. Leituras críticas do século XX*. São Paulo: Scorteci, 2014.

VASCONCELOS, Sandra Guardini. *Dez lições sobre o romance inglês do século XVIII*. São Paulo: Boitempo Editorial, 2002.

VENTURA, R. *Estilo tropical: história cultural e polêmicas literárias no Brasil, 1870-1914*. São Paulo: Companhia das Letras, 1991.

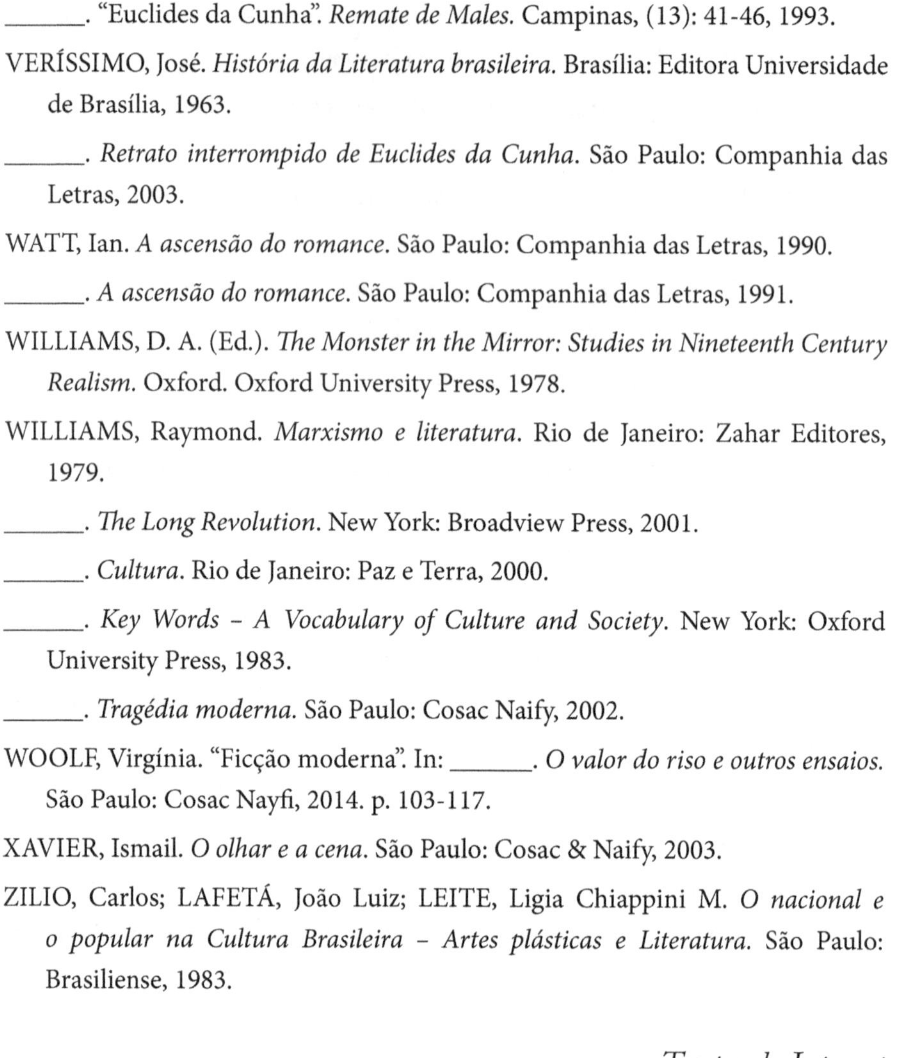

______. "Euclides da Cunha". *Remate de Males*. Campinas, (13): 41-46, 1993.

VERÍSSIMO, José. *História da Literatura brasileira*. Brasília: Editora Universidade de Brasília, 1963.

______. *Retrato interrompido de Euclides da Cunha*. São Paulo: Companhia das Letras, 2003.

WATT, Ian. *A ascensão do romance*. São Paulo: Companhia das Letras, 1990.

______. *A ascensão do romance*. São Paulo: Companhia das Letras, 1991.

WILLIAMS, D. A. (Ed.). *The Monster in the Mirror: Studies in Nineteenth Century Realism*. Oxford. Oxford University Press, 1978.

WILLIAMS, Raymond. *Marxismo e literatura*. Rio de Janeiro: Zahar Editores, 1979.

______. *The Long Revolution*. New York: Broadview Press, 2001.

______. *Cultura*. Rio de Janeiro: Paz e Terra, 2000.

______. *Key Words - A Vocabulary of Culture and Society*. New York: Oxford University Press, 1983.

______. *Tragédia moderna*. São Paulo: Cosac Naify, 2002.

WOOLF, Virgínia. "Ficção moderna". In: ______. *O valor do riso e outros ensaios*. São Paulo: Cosac Nayfi, 2014. p. 103-117.

XAVIER, Ismail. *O olhar e a cena*. São Paulo: Cosac & Naify, 2003.

ZILIO, Carlos; LAFETÁ, João Luiz; LEITE, Ligia Chiappini M. *O nacional e o popular na Cultura Brasileira - Artes plásticas e Literatura*. São Paulo: Brasiliense, 1983.

Textos da Internet

BRETON, André. *Manifesto do Surrealismo*. Disponível em: www.culturalbrasil.org/zip/breton.pdf

JAMES, Henry. *The art of fiction*. Disponível em: www.mantex.co.uk/ou/aa810/james-o5.htm

Agradecimentos

Este livro demorou muito para ser escrito e publicado. Levei-o comigo, desde a primeira vez em que pensei nele, a diversas partes do mundo. Ele foi crescendo, sendo feito e refeito, aqui e lá fora, em situações diferentes, com auxílio de instituições, na companhia de colegas e das muitas pessoas que conheci, daquelas com quem convivi mais de perto e que me ajudaram com livros, textos e sugestões, com atenção e afeto, e a quem agora quero agradecer.

Sou muito grata às instituições de fomento, CNPq e FAPESP, pelas bolsas que me permitiram pesquisar na Universidade de Oxford, em 2006 e 2013, investigando a bibliografia específica e elaborando o que viria a ser a fundamentação histórica e teórico-crítica do livro. Nessa cidade única, com seus sinos e pináculos, sou particularmente grata a Leslie Bethel, então Diretor do Centre for Brazilian Studies, hoje extinto, pela acolhida e acompanhamento interessado; a Timothy e Valéria Power, pela amizade calorosa, que humanizou aqueles dias frios, mas prolíficos. Agradeço imenso o convite das universidades no exterior, como a estadia de um mês na Universidade de Waikato, Nova Zelândia, em 2009. Naquele país tão distante quanto belo, sou especialmente agradecida a Daniel Zirker e sua mulher, Carolyn, que hospedaram a mim e João Roberto, com excelentes condições de trabalho. Lá pude escrever com calma, olhando a amena paisagem da janela, minhas primeiras hipóteses sobre o realismo em Portugal.

Um grande reconhecimento também eu devo a Anthony Pereira, diretor do Brazil Institute do King's College de Londres, pelas condições excepcionais de pesquisa que ali tive, durante o primeiro semestre de 2014, escrevendo sobre o "intervalo" pré-modernista e as fanfarras de 1922. E, finalizando essas andanças, agradeço a Marianne Wisenbronn por ter podido refletir sobre o "romance de 30" no Centro de Estudos Latino-americanos da Universidade de Leiden, cidade que me seduziu com suas pontes e canais. Ali, meus agradecimentos especiais vão para Sara Brandellero, pela amizade duradoura, já de tantos anos, pelos jantares prazerosos, passeios, livros emprestados e inquietações divididas.

Como não poderia deixar de ser, no Brasil, onde reescrevi todo o livro, agradeço imensamente a dois colegas do Curso de Letras e do Programa de Pós-graduação em Estudos de Literatura da UFSCar: Wilton José Marques pela amizade, pelas leituras trocadas, conversas e almoços; e a Rejane Cristina Rocha, além de tudo isso, pela juventude, entusiasmo, responsabilidade e afeto. E durante todo o desafio que este projeto representou para mim, às vezes quase acima do que pensei que pudesse, sou extremamente grata à presença, à força, ao estímulo e amor constantes de João Roberto.

Alameda nas redes sociais:

Site: www.alamedaeditorial.com.br
Facebook.com/alamedaeditorial/
Twitter.com/editoraalameda
Instagram.com/editora_alameda/

Esta obra foi impressa em São Paulo
no inverno de 2018. No texto foi
utilizada a fonte Minion Pro em corpo
10,5 e entrelinha de 15,5 pontos.